Printed in the United States
By Bookmasters

مشروعية أدلة الإثبات وأوجه بطلانها

المعاينة - سلطة مباشرة المعاينة - الشهادة - قواعد سماع الشهادة - إجراءات سماع الشهادة - واجبات الشهود وجزاء الإخلال بها - الاعتراف - شروط صحة الاعتراف - صور الدفع ببطلان الاعتراف - موقف القضاء من الدفع ببطلان الاعتراف - أحكام الدفع ببطلان الاعتراف - سلطة محكمة الموضوع في تقدير الدفع ببطلان الاعتراف - الخبرة - سلطة المحقق في انتداب الخبراء - سلطة المحكمة في الاستعانة بالخبراء - مدى التزام المحكمة برأي الخبير - سلطة مأمور الضبط القضائي في انتداب الخبراء - ضبط المراسلات - مراقبة المحادثات الشخصية أو تسجيلها - ضمانات تسجيل الأحاديث الشخصية.

المستشار

إيهـاب عبـد المطلـب

نائب رئيس محكمة النقض

الطبعة الأولى

2015

المركـز القومـي للإصـدارات القانونيـة

42 ش عبد الخالق ثروت مدخل (أ) / 165ش محمد فريد مدخل (ب)

عمارة حلاوة أعلى مكتبة الأنجلو ومكتبة الأهرام - وسط البلد - القاهرة

Mob:002/ 01115555760 - 01002551696 - 01224900337

Tel:002/02/23957807 - Fax: 002/02/23957807

Email: walied_gun@yahoo.com   law_book2003@yahoo.com

www.publicationlaw.com

عنوان الكتاب: مشروعية أدلة الاثبات واوجه البطلان

اسم المؤلف : المستشار / ايهاب عبد المطلب

رقم الطبعة : الأولى

تاريخ الطبعة : 2015

عدد الصفحات : 231

المقاس : 17 × 24

المركز القومي للإصدارات القانونية

42 ش عبد الخالق ثروت مدخل (أ) / 165ش محمد فريد مدخل(ب)

عمارة حلاوة أعلى مكتبة الأنجلو ومكتبة الأهرام – وسط البلد – القاهرة

Mob: 01115555760 – 01002551696 – 01224900337

Tel:002/02/23957807 – Fax: 002/02/23957807

Email: walied_gun@yahoo.com law_book2003@yahoo.com

www.publicationlaw.com

بسم الـله الرحمن الرحيم

﴿۞ وَقُلِ اعْمَلُواْ فَسَيَرَى الـلهُ عَمَلَكُمْ وَرَسُولُهُ وَالْمُؤْمِنُونَ ۞﴾ [1]

صدق الـله العظيم

(1) الآية رقم 105 من سورة التوبة.

شكر وتقدير

■ نتقدم بخالص الشكر والتقدير للمركز القومي للإصدارات القانونية ...

■ على الجهد الذي بذله لإخراج هذا العمل على هذه الصورة المتميزة..

■ ونختص بالشكر السيد/وليد مصطفى

رئيس مجلس الإدارة

■ راجين له التوفيق فيما ينشره المركز من إصدارات تسهم في نشر الثقافة والمعرفة القانونية.

بسم الـلـه الرحمن الرحيم

مقدمة

موضوع هذا الكتاب هو «مشروعية أدلة الإثبات وأوجه بطلانها»، وقد تناولنا فيه أدلة الإثبات الجنائي وهي المعاينة والشهادة، والإعتراف، والتفتيش، وبعض الإجراءات الماسة بالحياة الخاصة والخبرة، من خلال عرض مفصل وشرح وافى، وقد قمنا بعرض كل ذلك في سهولة ويسر آملين أن يكون هذا الإصدار عوناً لكل باحث في القانون، راجين من الـلـه عز وجل أن نحظى بالتوفيق في تحقيق بعض ما نصبو إليه في تقديم يد العون للإخوة رجال القانون للقيام بعملهم وأن ينال منهم الثناء المحمود والنفع المنشود.

والـلـه من وراء القصد

المستشار

إيهاب عبد المطلب

نائب رئيس محكمة النقض

تمهيد

يكون الدليل باطلاً إذا إستحصل عليه بالمخالفة للقانون. ولهذا البحث أهمية بالغة لما يترتب على بطلان الدليل من آثار. فإذا كان الدليل الباطل هو الدليل الوحيد فلا يصح الإستناد إليه في إدانة المتهم، وإلا كان الحكم مشوباً بعيب التسبيب، ولو كان هناك إستدلالات. وبطلان الدليل يتناول جميع الآثار المترتبة عليه مباشرة، فإذا شاب التفتيش عيب يبطله فإنه يتناول ضبط الأشياء وإعتراف المتهم إثر مجابهته بالضبط. وتنص المادة (173) من قانون الإجراءات الفرنسي على إستبعاد الأوراق التي تتضمن الأعمال الباطلة ولا يجوز الإستناد إليها حتى على سبيل الإستدلال. وهذا الحل واجب الإتباع في مصر ولو لم يرد به نص صريح، وقد قررته محكمة النقض في ظل قانون تحقيق الجنايات الذي لم يتضمن نظرية للبطلان. إذ قضت بأن على المحكمة أن تطرح الدليل المستمد من التفتيش الباطل، فلا يصح لها الإعتماد عليه ولا على شهادة من أجروه ولا على ما أثبتوه في أثناء التفتيش من أقوال وإعترافات مقول بحصولها أمامهم من المتهم، لأن مثل هذه الشهادة تتضمن في الواقع إخباراً منهم عن أمر إرتكبوه مخالف للقانون[1]. وفي ظل قانون الإجراءات الجنائية قضت المحكمة بأنه إذا كانت شهادة الشاهدين التي إستندت عليها المحكمة في قضائها بالإدانة لا تخرج عن أن تكون تقريراً لما كشف عنه القبض والتفتيش الباطلان وتأكيداً لهما، ولا يمكن أن يتصور لها وجود لولا وقوع التفتيش الباطل الذي أسفر عنه وجود المخدر، وكل ما قرره المتهم من العثور على المخدر في السلة لا يعد إعترافاً منه بحيازته أو إحرازه له ولا يعدو أن يكون تقريراً لما نتج عن التفتيش الباطل، كما أن التحليل أثر من آثار التفتيش

(1) نقض 12 مارس و11 يونيه سنة 1934 مجموعة القواعد القانونية جـ3 رقم 219 و266 ص290 و356.

الباطل، وإذ إنهارت هذه الأدلة فلا يبقى في الدعوى دليل على نسبة إحراز المخدر إلى المتهم، ومن ثم فإن الحكم المطعون فيه إذ قضى بالإدانة إستناداً إلى تلك الأدلة يكون معيباً[1].

بل أنه إذا إستندت المحكمة إلى أدلة صحيحة بجانب الدليل الباطل، فإن حكمها يكون مشوباً بفساد الإستدلال. ذلك أن الأدلة في المواد الجنائية متساندة يكمل بعضها بعضاً تكون المحكمة عقيدتها منها مجتمعة، فلا يستطاع مع ما جاء في الحكم الوقوف على مبلغ الأثر الذي كان للدليل الباطل في الرأي الذي إنتهت إليه المحكمة[2].

وقد يكون بطلان الدليل راجعاً لمخالفة حكم في الدستور، أو في قانون العقوبات، وفي الحالتين يكون البطلان متعلقاً بالنظام العام. وقد يرجع البطلان إلى مخالفة قاعدة أساسية من قواعد الإجراءات الجنائية، وعندئذ قد تكون القاعدة متعلقة بالمصلحة العامة أو بمصلحة لأحد الخصوم. وقد سبق بيان أحكام الدستور في الفصل الثالث من هذا الكتاب بإعتبار الدستور مصدراً من مصادر قواعد الإثبات.

والقانون المصري لا ينظم الأدلة الجنائية، ولكنه يقتصر على تنظيم إجراءات الإثبات المؤدية إليها. وينبثق هذا التنظيم من أصل البراءة، ومن ثم فإن هذه الإجراءات يجب أن تكون محاطة بالضمانات الكافية لحرية المتهم. وتزداد قيمة هذه الضمانات في النظام الإتهامي بوجه عام حيث يتساوى الإتهام والدفاع في الحقوق الإجرائية المخولة لكل منهما. وتقل هذه القيمة في نظام التحري والتنقيب بوجه عام حيث تقوي سلطة الإتهام للبحث عن الحقيقة في مرحلة التحقيق الإبتدائي. إلا أن هذه الضمانات تزاد قيمتها في ذلك النظام في مرحلة المحاكمة، حيث يتساوى الخصوم في الحق في تقديم ما يشاءون من أدلة الإثبات.

---

(1) نقض 27 نوفمبر سنة 1962 مجموعة أحكام النقض س13 رقم 191 س785.

(2) نقض 11 مارس سنة 1946 مجموعة القواعد القانونية جـ7 رقم 101 ص89.

وتعتبر إجراءات الإثبات التي نظمها القانون هي المصادر التي تنتج الأدلة الجنائية. ويستوي في هذه الإجراءات أن تتعلق مباشرة بالواقعة المراد إثباتها، أو أن تكون علاقتها غير مباشرة بهذه الواقعة. ولا عبرة بالسلطة التي قامت بهذه الإجراءات، طالما أن القانون قد أجاز لها القيام بها. فيستوي أن تكون قد بوشرت بواسطة مأموري الضبط القضائي. أو سلطة التحقيق الإبتدائي، أو المحكمة. مع ملاحظة أن كافة الأدلة التي تنتج عن هذه الإجراءات على إختلاف القائمين بها، لا تصلح أساساً للحكم الجنائي ما لم تكن قد طرحت أمام القاضي في الجلسة.

وفيما يلي نبحث أدلة الإثبات الجنائي وهي المعاينة والشهادة، والإعتراف، والتفتيش، وبعض الإجراءات الماسة بالحياة الخاصة والخبرة.

الفصل الأول

المعاينة[1]

ماهيتها:

المعاينة هي إثبات مباشر ومادي لحالة شيء أو شخص معين. ويكون ذلك من خلال الرؤية أو الفحص المباشر للشيء أو للشخص بواسطة من باشر الإجراء.

وقد يكون محل إثبات الحالة شيئاً من الأشياء كالسلاح والخطاب الذي يتضمن عبارات القذف أو الرسالة التي تحمل عبارات التهديد، أو العملة المزيفة أو المحرر المزور، أو مكان الجريمة. ويستوي أن يكون الشيء متمثلاً في جسم الجريمة أو آثارها أو ذات المكان الذي وقعت فيه. وتتم معاينة الأشياء من خلال الإنتقال إليها سواء كان ذلك مقصوداً من أجل إثبات الحالة. أو عرضاً أثناء تفتيش المنازل أو دخولها بوجه قانوني.

وقد يرد محل إثبات الحالة على الشخص، سواء كان هو المجني عليه أو المتهم. فمثلاً في جرائم الإعتداء على الأشخاص يمكن فحص الحالة البدنية للمجني عليه لإثبات آثار الجريمة (الضرب أو الجرح أو القتل). ويمكن فحص حالة المتهم نفسه سواء لإثبات حالته المرضية أو لفحص شخصيته أو إثبات ما عليه من آثار التعذيب، أو تحليل دمه لإثبات نسبة ما به من خمر في حالة إتهامه بإرتكاب جريمة في حالة سكر.

سلطة مباشرة المعاينة:

(أ) قبل المحاكمة: نصت المادة (1/24) إجراءات على و اجب مأمور الضبط القضائي في إجراء المعاينات اللازمة لتسهيل تحقيق الوقائع التي تبلغ

---

(1) أحمد فتحي سرور – المرجع السابق – ص348 وما بعدها.

إليهم، وإتخاذ جميع الوسائل التحفظية اللازمة للمحافظة على أدلة الجريمة. والإنتقال للمعاينة واجب على النيابة العامة بمجرد إخطارها بجناية متلبس بها (المادة 2/31 إجراءات). أما في الجنح فالأمر متروك إلى تقديرها. ونصت المادة (90) إجراءات على أن ينتقل قاضي التحقيق إلى أي مكان كلما رأى ذلك ليثبت حالة الأمكنة والأشياء والأشخاص ووجود الجريمة مادياً وكل ما يلزم إثبات حالته.

ويكون جميع الوسائل التحفظية للمحافظة على حالة الأشياء بوضع الأختام على باب المكان أو تكليف الشر طة بالحراسة أو إستدعاء خبير تحقيق الشخصية لتصوير مكان الجريمة وإلتقاط البصمات أو إستدعاء خبير المعمل الجنائي لرفع غير ذلك من آثار الجريمة تمهيداً لفحصها. وكل هذه الإجراءات يجب إثباتها في محاضر موقع عليها ممن باشرها مبيناً بها وقت إتخاذها ومكان وصولها. ويجب أن تشمل تلك المحاضر زيادة على ما تقدم توقيع الشهود والخبراء الذين سمعوا (المادة 2/24 إجراءات).

وللمحقق عند المعاينة ألا يقتصر على إثبات حالة الأشياء، بل يعمل على التأكيد من إمكان وقوع الجريمة في مكان الحادث وفقاً لرواية الشهود أو تحريات مأمور الضبط القضائي.

ب) أثناء المحاكمة: للمحكمة أن تنتقل إلى محل الواقعة لإجراء المعاينة سواء من تلقاء نفسها أو بناء على طلب الخصوم. ويتم ذلك بإنتقال أعضاء المحكمة بكامل تشكيلها - أي بصحبة عضو النيابة وكاتب الجلسة - وذلك بإعتبار أن الجلسة تكون منعقدة قانوناً في مكان المعاينة، وبالتالي تخضع لكافة القواعد التي تحكم التحقيق النهائي. ويتطلب ذلك إعلان المتهم والمدعي المدني للحضور وإذا كانت أهمية المعاينة تبدو بوجه خاص في مرحلة التحقيق الإبتدائي حيث تكون آثار الجريمة واضحة جلية،

إلا أنه في بعض الأحوال قد تكون للمعاينة أهميتها في مرحلة المحاكمة؛ كما إذا كان القصد منها تحقيق دفاع المتهم حول إستحالة رؤية شاهد الإثبات، أو شيوع المكان الذي ضبط فيه المخدر.

وواقع الأمر أن للمعاينة أهمية كبيرة في إقناع المحكمة بحقيقة الواقعة المراد إثباتها، فهي تؤثر في تكوين عقيدة القاضي تأثيراً مباشرةً، لأنها تعطيه فكرة مادية محسوسة لا تعطيها إياه أوراق الدعوى والمحاضر المثبتة لإجراءات الإستدلال أو التحقيق أو سماع الشهود أو تقارير الخبراء. فهي تمنحه تأثيراً مباشراً بعيداً عن وساطة الغير من الشهود أو الخبراء. ويلاحظ أن المعاينة التي يجريها مأمور الضبط القضائي أو سلطة التحقيق الإبتدائي، يعتمد تأثيرها على مدى ثقة المحكمة في القائمين بهذه المعاينة وظروف إجرائها سواء من حيث الزمان أو المكان وغير ذلك من الملابسات المحيطة بالواقعة المراد إثباتها.

أحكام محكمة النقض

1) من المقرر أن المعاينة ليست إلا إجراء من إجراءات التحقيق يجوز للنيابة أن تقوم به في غيبة المتهم.

(نقض جلسة 1977/4/3 س28 ق91 ص441)

2) إن المعاينة من إجراءات التحقيق التي يترك أمر تقدير لزوم القيام بها إلى السلطة التي تباشره.

(نقض جلسة 1958/6/16 س9 ق171 ص676)

3) من المقرر أن المعاينة التي تجريها النيابة لمحل الحادث لا يلحقها البطلان لسبب غياب المتهم، إذ أن تلك المعاينة ليست إلا إجراء من إجراءات التحقيق يجوز للنيابة أن تقوم به في غيبة المتهم إذا هي رأت لذلك موجبا، وكل ما يكون للمتهم هو أن يتمسك لدى المحكمة الموضوع بما قد

يكون في المعاينة من نقص أو عيب حتى تقدرها المحكمة وهي على بينة من أمرها كما هو الشان في سائر الأدلة.

(نقض جلسة 1964/5/11 س15 ق71 ص362)

4) لا محل لما يثيره الطاعن من الإخلال بحقه في الدفاع بسبب عدم حضور محاميه معه أثناء إجراء معاينة النيابة، ذلك أن المادة 124 إجراءات جنائية التي يتمسك بها خاصة باستجواب المتهم في الحالات وبالشروط المبينة فيها.

(نقض جلسة 1964/5/11 س15 ق71 ص362)

5) بين القانون مأموري الضبط القضائي في المادة 23 إجراءات جنائية علي سبيل الحصر وهو لا يشمل مرءوسيهم كرجال البوليس والمخبرين منهم، فهم لا يعدون من مأموري الضبط القضائي ولا يضفي عليهم قيامهم بعمل رؤسائهم سلطة لم يسبغها عليهم القانون، وكل ما لديهم وفقاً للمادة (24) إجراءات جنائية هو الحصول على جميع الإيضاحات وإجراء المعاينات اللازمة لتحقيق الوقائع الجنائية التي تبلغ إليهم واتخاذ الوسائل التحفظية اللازمة للمحافظة علي أدلة الجريمة وليس من ذلك القبض والتفتيش، وإذن فإحضار متهم إلى مركز البوليس لا يخول للجاويش النوبتجى القبض عليه ولا تفتيشه.

(نقض جلسة 1956/4/24 س7 ق184ص659)

6) إن حالة التلبس الجنائية توجب على مأمور الضبط القضائي – طبقا للمادة (31) من قانون الإجراءات الجنائية – الانتقال فورا إلى محل الواقعة ومعاينة الآثار المادية للجريمة والمحافظة عليها ، فضلا عن أنها – طبقاً للمادتين (34، 46) من هذا القانون – تبيح له أن يقبض على المتهم الحاضر الذي توجد دلائل كافية على اتهامه وأن يفتشه.

(نقض 1985/5/30 مجموعة المكتب الفني س36 ص736)

7) من المقرر انه لا يترتب البطلان على إجراء المعاينة في غيبة المتهم، وكل ما يملكه في هذه الحالة هو التمسك لدى المحكمة بما شاب المعاينة التي تمت في غيبته من نقص أو عيب.

(نقض 1959/12/7 مجموعة القواعد القانونية)

و (نقض 1980/1/31 مجموعة القواعد القانونية س31 ص27)

8) من المقرر أن المشرع لم يقصد حين أوجب على مأموري الضبط القضائي المبادرة إلى تبليغ النيابة العامة عن الحوادث إلا تنظيم العمل والمحافظة على الدليل لعدم توهين قوته في الإثبات.

(نقض 1994/2/6 في الطعن رقم 3784 لسنة 62ق)

9) لما كان الثابت من مطالعة محضر جلسة المحاكمة التي اختتمت بصدور الحكم المطعون فيه أن المدافع عن الطاعن الثاني اقتصر في مرافعته على النعي على النيابة العامة عدم إجراء معاينة لجيب بنطال الطاعن لبيان إمكانية استقرار المخدر فيه ولم يطلب من محكمة الموضوع تدارك هذا النقص فلا يحل به من بعد أن يثر شيئاً من ذلك لأول مرة أمام محكمة النقض إذ هو لا يعدو وأن يكون تعييباً للإجراءات السابقة على المحاكمة مما لا يصح أن يكون سبباً للطعن ويكون منعاه في هذا الشأن غير سديد.

(الطعن رقم 2180 لسنة 80ق جلسة 2010/7/27)

الفصل الثاني
الشهــــــادة

ماهيتها:

الشهادة هي إثبات واقعة معينة من خلال ما يقوله أحد الأشخاص عما شاهده أو سمعه أو أدركه بحواسه عن هذه الواقعة بطريقة مباشرة ويحتل الدليل المستند من الشهادة إهتمام القاضي، لأنه غالباً ما يحتاج في مقام وزن الأدلة إلى من رأى الواقعة أو سمع عنها أو أدركها بحواسه. ولهذا قيل بأن الشهود هم عيون المحكمة وآذانها.

ويجب أن تنصب الشهادة على ما رآه الشاهد ببصره أو سمعه بأذنيه أو أدركه بحواسه الأخرى مثل شم رائحة المخدرات. فلا يجوز أن تتناول الشهادة آراء الشاهد أو معتقداته الشخصية أو تقديره لجسامة الواقعة أو مسئولية المتهم، فتلك أمور تخرج تماماً عن دوائر الشهادة بوصفها محض أخبار عن مشاهدة وعيان لا عن تخمين وحسبان. وليس للقاضي أن يستعين بآراء الغير ومعتقداتهم إلا في المسائل الفنية التي يشق عليه وحده إبداء الرأي فيه. فإذا إستأنس القاضي في تقديره للدليل بمعتقدات الشاهد مهما بلغت ثقته في شخصه وحسن تقديره، يكون وكأنه قد تداول في الدعوى مع هذا الشاهد مما يبطل قضاءه.

وقد ثار البحث حول ما يسمى بالشهادة السماعية والتي تنصب على رواية سمعها الشاهد بطريقة غير مباشرة نقلاً عن شخص آخر. وهذه الشهادة غير مقبولة في الشريعة الإسلامية عملاً بالحديث النبوي الشريف (إذا علمت مثل الشمس فاشهد وإلا فدع). ولا يجيز القانون الأنجلو سكسوني أيضاً هذا النوع من الشهادة. وواقع الأمر أن الشهادة بطبيعتها لا تكون موضع الثقة إلا إذا كانت ثمرة معلومات أدركها الشاهد بحواسه. وما عدا ذلك من معلومات متواترة تناهت إلى

سمع الشاهد نقلاً عن الغير، فإنها بلا شك معرضة للتحريف ويشوبها الشك. ولذلك فإن حظ هذا النوع من الشهادة في ثقة القضاء ضئيل محدود. ولا يمكن أن يعتبر وحده دليلاً كافياً في الدعوى. وإنما لا بأس من أن تعتمد عليه المحكمة لتعزيز أدلة أخرى مثل الشهادة المباشر. فإذا إعتمدت المحكمة على الشهادة السماعية وحدها كان حكمها مشوباً "بالفساد في الإستدلال".

أهلية الشهادة:

لا خلاف في أن الشاهد الحسن السيرة الأمين على الحقيقة الذي يخشى الله، ضمان كبير للعدالة. وقد عبرت الشريعة الإسلامية عن هذا الشاهد بعبارة (الشاهد العدل).

وقد حرص المشرع على ضمان توافر هذه الأهلية من خلال ضوابط معينة. إلا أن توافر هذه الضوابط لا يحول دون سلطة المحكمة في تقدير قيمة الشهادة في ضوء العوامل الشخصية التي تؤثر في الشهادة.

وتتمثل الضوابط القانونية لأهلية الشهادة فيما يلي:

1 - حلف اليمين:

لا تصبح الشهادة إلا إذا كانت مسبوقة بحلف اليمين بأن تكون الشهادة بالحق ولا يقول الشاهد إلا الحق [1] هو ضمان يجب توافره عند الإدلاء بالشهادة سواء أمام المحقق أو أمام المحكمة. لما فيه من إستشهاد بالله رقيباً على أقوال الشاهد.

ولا يملك مأمور الضبط القضائي تحليف الشاهد اليمين. ويقتصر دوره على جمع الإيضاحات اللازمة منه. وذلك إلا إذا خيف ألا يستطاع فيما بعد سماع أقوال الشاهد بعد تحليفه اليمين. كما إذا كان الشاهد مشرفاً

---

(1) نقض 26 فبراير سنة 1955 مجموعة الأحكام س6 رقم 186 ص572؛ أول أبريل سنة 1957 س8 رقم 86 ص323.

على الوفاة أو مقبلاً على سفر إلى مكان بعيد في الخارج يتعذر عليه العودة منه بسهولة. ففي هذه الحالة يمكن لمأمور الضبط سماع شهادته بعد تحليفه اليمين (المادة 29 إجراءات).

ويشترط لحلف اليمين أن يكون الشاهد قد بلغ من العمر أربع عشرة عاماً على الأقل (المادة 283 إجراءات) ويجب تمشياً مع سن الأهلية الجنائية الكاملة وفقاً لقانون الأحداث المصري الصادر سنة 1972 رفع سن أهلية الشاهد إلى خمسة عشر عاماً[1].

والشهادة غير المسبوقة باليمين، سواء لأن الشاهد لم يبلغ الرابعة عشرة، أو لسماعها بواسطة مأمور الضبط القضائي في غير حالة الضرورة، لا تكون شهادة بالمعنى الدقيق للدليل. فهي محض أقوال أو إيضاحات تحتاج إلى تدعيم وتأييد. ومع ذلك فقد جرى العمل على الخلط بين الشهادة والأقوال المسبوقة بحلف اليمين. وواقع الأمر أن الإختلاف بين الإثنين هو في قيمة كل منها في الإثبات. ولكنه لا يصادر حرية القاضي في الإقتناع. فهو يملك تكوين إقتناعه من مجرد الأقوال ولو سماها خطأ بأنها شهادة[2]، بشرط أن يكون القاضي متبيناً بحق مصدر الدليل.

وقد نص القانون على أن كل حكم بعقوبة جناية يستلزم حتماً حرمان المحكوم عليه من الشهادة أمام المحاكم مدة العقوبة إلا على سبيل الإستدلال (المادة 25 عقوبات) . ومقتضى ذلك أن المحكوم عليه بعقوبة جناية لا تتوافر لديه الأهلية الإجرائية للشهادة أمام المحاكم، فلا يجوز تبعاً لذلك تحليفه اليمين. وكل ما يجوز هو سماع أقواله وإيضاحاته. وللمحكمة في حدود سلطاتها التقديرية أن تقتنع بهذه الأقوال ولو لم تعتبر شهادة بالمعنى القانوني.

(1) محمود مصطفى، الإثبات في المواد الجنائية في القانون المقارن، جـ1 النظرية العامة سنة 1977 ص46.

(2) نقض 21 أكتوبر سنة 1968 مجموعة الأحكام س19 رقم 166 ص841.

وواقع الأمر أن حرمان المحكوم عليه من حلف اليمين ليس له ما يبرره، لأنه تفريط في ضمان لقول الحق. والشهادة مهما كانت مصحوبة بحلف اليمين لا تصلح دليلاً ما لم تقتنع بها المحكمة وفقاً لتقديرها. ولا شك أن الثقة في الشاهد هي أحد عناصر هذا التقدير.

2 - عدم التعارض:

يجب أن يتمتع الشاهد بالحياد التام، فلا تكون له مصلحة شخصية تتعارض مع شهادته، أو أن تتعارض صفته في الدعوى مع صفة الشاهد.

(أ) وعن التعارض بين المصالح نص القانون المصري على أنه يجوز أن يمتنع عن أداء الشهادة ضد المتهم أصوله وفروعه وأقاربه وأصهاره إلى الدرجة الثانية وزوجته ولو بعد إنقضاء رابطة الزوجية، وذلك ما لم تكن الجريمة قد وقعت على الشاهد أو على أحد أقاربه أو أصهاره الأقربين، أو إذا كان هو المبلغ عنها أو إذا لم تكن هناك أدلة إثبات أخرى (المادة 286 إجراءات). وتسري أيضاً القواعد المقررة في قانون المرافعات لمنع الشاهد من أداء لشهادة أو لإعفائه من أدائها (المادة 287 إجراءات). وقد نصت المادة (65) من قانون الإثبات على أن "الموظفون والمكلفون بخدمة عامة لا يشهدون ولو بعد تركهم العمل عما يكون قد وصل إلى علمهم في أثناء قيامهم به من معلومات لم تنشر بالطريق القانوني ولم تأذن السلطة المختصة في إذاعتها. ومع ذلك فلهذه السلطة أن تأذن لهم في الشهادة بناء على طلب المحكمة أو أحد الخصوم". كما نصت المادة (66) من هذا القانون على أنه "لا يجوز لمن علم من المحامين أو الوكلاء أو الأطباء أو غيرهم عن طريق مهنتهم أو صنعته بواقعة أو بمعلومات أن يفشيها ولو بعد إنتهاء مهمته أو زوال صفته، ما لم يكن ذكرها له مقصوداً به إرتكاب جناية أو جنحة، ومع ذلك يجب على الأشخاص المذكورين أن يؤدوا الشهادة عن تلك الواقعة أو المعلومات متى طلب منهم ذلك من أسرها إليهم على

ألا يخل ذلك بأحكام القوانين الخاصة بهم". ويبين مما تقدم أن الشارع قد إفترض التعارض بين واجب المحافظة على الأسرار وواجب الشهادة وأعطى الأولوية لواجب المحافظة على الأسرار في الأحوال التي حددها القانون أما المحافظة على الأسرار الشخصية التي لا علاقة لها بالمهنة فلا تخلق حالة التعارض مع واجب أداء الشهادة في حياد تام. فالمحافظة على أسرار المهنة وحدها هي المصلحة الجديرة بالحماية. ومع ذلك فقد نصت المادة (67) من قانون الإثبات على أنه "لا يجوز لأحد الزوجين أن يفشي بغير رضاء الآخر ما أبلغه إليه أثناء الزوجية ولو بعد إنفصالهما، إلا في حالة رفع دعوى من أحدهما على الآخر أو إقامة دعوى على أحدهما بسبب جناية أو جنحة وقعت منه على الآخر". والإفشاء المحظور يسري على جميع الوسائل ومنها الشهادة أمام المحاكم في غير الحالتين اللتين إستثناهما القانون.

ويلاحظ في الأحوال المتقدمة أن عدم صلاحية الشاهد للشهادة أمانة متروك تقديرها للشاهد وذلك في الأحوال المنصوص عليها في المادة (286) إجراءات سالفة الذكر. وأما أن المشرع قد قررها بصورة باتة في الأحوال المنصوص عليها في المواد (65 و66 و67) من قانون الإثبات إلا ما إستثناه بنص خاص. وننبه إلى أن حظر الشهادة في هذه الأحوال ليس محض إعفاء للشاهد من أداء واجب معين، وليس محض رفع الحرج عنه في أحوال معينة، وإنما هو سلب لصلاحيته في أداء الشهادة في أحوال تتعارض فيها مصالحه (أو واجباته) مع واجب الشهادة مما يؤثر في حياته. فإذا سمعت الشهادة رغم هذا الحظر كان إجراء باطلاً وإمتنع الإستناد إليها كدليل وإلا كان الحكم مشوباً بالبطلان.

(ب)   أما عن التعارض بين الصفات في الدعوى فيكون إذا ما جمع الشاهد بين صفة أخرى متعارضة في ذات الدعوى. ويكون ذلك إذا ما كان الشاهد في وضع الخصم، أو وضع أحد أعضاء هيئة المحكمة.

أما عن التعارض بين صفة الشاهد والخصم. فمـن المقرر أن الإنسان لا يمكن أن يكون في الدعوى الواحدة خصماً وشـاهداً في آن واحد. ولـذلك ثـار ا لبحث حول مدى جواز الجمع بين صفة المدعي المدني والشاهد. فنص القانون الفرنسي على عدم جواز تحليف المدعي المدني اليمين عند إبداء شهادته أمام المحكمة (المادة 335 إجراءات). ومن المقرر سريان هذا الحظر في مر حلة التحقيق الإبتدائي أيضاً. ولم يأخذ القانون المصري - بحق - بهذا الحكم، وذلك بإعتبار أن اليمين فيه تنبيه للنفس وليس إمتيازاً خاصاً لا يمـنح إلا لمـن يخشى تأثرهم بالمصلحة الشخصية. هذا فضلاً عن أنه إذا سمحنا للمجني عليه الـذي لم يطالب بالحق المدني بحلف اليمين، فإن ذلك لا يسقط حقه في الإدعاء المدني أمام المحكمة المدنية بعد صدور الحكم الجنائي، ومن ثم فلا محل لعدم التعويل على شهادة المدعي المدني بعدم تحليفه اليمين. والمحكمـة حـرة في تقديرها لما تسمعه من أقوال أو شهادات. لذلك نص القانون المصري عـلى أن يسمع المدعي المدني كشاهد ويحلف اليمين (المادة 288 إجراءات). وواقع الأمر أن سلطة المحكمة في تقديـر قيمـة الشـهادة تكفـل مواجهـة إعتبـارات التعارض التي دفعت القانون الفرنسي إلى عدم تحليف المدعي المدني اليمين.

ومن المقرر أنه لا يجوز سماع المتهم شاهداً ضد نفسه لما يترتب عليه مـن حرمانه من الحق في الدفاع. ولهذا لا يجوز للمحقـق تأخيـر إسـتجواب المـتهم حتى يسمعه كشاهد في بعض الوقائع ضد نفسه. ولا يشترط لـذلك أن يكون المحقق قد سبق له توجيه الإتهام صراحة إلى المتهم، بـل يكفـي إتهامـه ضمنـاً بإتخاذ إجراء ضده ممـا يمـس حريتـه كالقبض أو التفتيش. وفي هـذه الحالـة تتحول هذه الشهادة إلى إستجواب باطل حتى ولو لم يحلف المتهم اليمين. ويقضي واجب عدم جواز سماع شهادة المتهم ضد نفسه، أن يخطر الشاهد دائماً بأنه في موضع الشهادة لا في مكان الإتهام، وخاصة إذا رأى المحقق عـدم تحليفه اليمين والإكتفاء بسماع أقواله عـلى سـبيل الإستدلال. وهو إخطار ضروري، لأن الشاهد الذي لا يحلف اليمين أمام المحقق لا يدري مركزه في

الدعوى، وهو أمر يؤثر في حياده في الشهادة. وفي جميع الأحوال يجوز لهذا الشاهد أن يمتنع عن إبداء شهادته غير المسبوقة بحلف اليمين، دون أن يتعرض للمساءلة الجنائية. وذلك لأن جريمة الإمتناع عن الشهادة لا تقوم إلا في حق الشاهد الذي يتعين عليه حلف اليمين هذا فضلاً عن أن الشهادة دون حلف اليمين تنطوي على إثارة الشك في مركز الشاهد. ومن حقه أن يمتنع عن الشهادة ضد نفسه.

ويلاحظ أن القضاء قد جرى على الأخذ بأقوال متهم على آخر، وسماعها تجاوزاً بأنها إعتراف متهم على آخر. وهي في الحقيقة ليست إعترافاً، لأن الإعتراف لا يصدق إلا بالنسبة إلى الوقائع التي يسلم بنسبتها إليه لا إلى الغير. وقد إستقر قضاء محكمة النقض على أن لمحكمة الموضوع أن تستند في إدانة متهم إلى أقوال متهم آخر بما لها من كامل الحرية في تكوين عقيدتها من كافة العناصر المطروحة أمامها ما دام قد إطمأن وجدانها إلى هذه الأقوال[1]، ولو كانت واردة في محضر الشرطة أو في تحقيق إداري متى إطمأنت إلى صدقها ومطابقتها للواقع ولو عدل عنها في مراحل التحقيق الأخرى[2]. ونلاحظ على هذا القضاء أنه أجاز لمحكمة الموضوع أن تعتمد على أقوال متهم على غيره ولو لم يكن في الدعوى من دليل سواها متى رأت أنها صحيحة وصادقة[3]. ولكن التأكد من صحة هذه الأقوال وصدقها ينبعث بلا شك من عناصر إضافية إلى تلك الأقوال.

ولا يوجد تعارض بين صفة المحامي عن المتهم والشهادة في الدعوى، طالما أن هذه الشهادة لا تنصب على أسرار المهنة ولا تمس حق الدفاع ولا يجوز أن

(1) نقض 9 ديسمبر سنة 1963 مجموعة الأحكام س14 رقم 163 ص894؛ 7 يونيه سنة 1965 س16 رقم 111 ص556.

(2) نقض 7 أبريل سنة 1969 مجموعة الأحكام س20 رقم 10 ص476.

(3) نقض 3 مايو سنة 1956 مجموعة الأحكام س16 رقم 85 ص415.

ينبني على حق المتهم في إختيار محاميه حرمان المحكمة من سماع شهادة هذا المحامي إذا كانت هذه الشهادة لازمة لإظهار الحقيقة[1].

وعن التعارض بين صفة الشهادة وعضوية هيئة المحكمة، فهو بديهي بالنسبة إلى القاضي. فلا يصلح القاضي لنظر الدعوى إذا كان شاهداً فيها (المادة 247 إجراءات). فإذا لجأ المتهم إلى إعلان القاضي للشهادة في الدعوى لمنعه من نظرها، فإن هذا الإعلان لا يكفي لإعتباره شاهداً، ومن ثم فيجوز للقاضي أن يقرر بطلان هذا الإعلان. ولا يجوز أيضاً الجمع بين صفة الشاهد وعضو النيابة العامة المكمل لتشكيل المحكمة. ولا يخفي أن ترك عضو النيابة لموقعه في تشكيل المحكمة لأداء الشهادة يترتب عليه نقض هذا التشكيل مما يؤدي أيضاً إلى بطلان الشهادة التي أبدت. و لا يجوز – كذلك – الجمع بين صفة الشاهد وكاتب الجلسة لأنه مؤتمن على تدوين ذات الشهادة في محضر الجلسة، وهي صفة متعارضة مع صفة الشاهد. وإذا أوجب سماع شهادة عضو النيابة أو كاتب الجلسة الممثلين في تشكيل المحكمة تعين في هذه الحالة إستبدالها بغيرهما وإلا كانت الشهادة باطلة.

على أنه لا تثريب إذا سمعت المحكمة المحقق كشاهد في الدعوى. فيجوز سماع شهادة مأمور الضبط القضائي أو عضو النيابة العامة أو قاض التحقيق للتأكد من واقعة حدثت أثناء التحقيق أو لإستيضاح غموض في أحد محاضرهم[2].

العوامل الشخصية التي تؤثر في الشهادة:

فضلاً عن الضوابط القانونية لأهلية الشاهد، فيجب أن يراعي القاضي العوامل الشخصية التي تؤثر في قيمة الشهادة. وتتمثل هذه العوامل أساساً في خلق الشاهد وحسن سيرته، وسنه، ومدى تعرضه للإيحاء، أو تعرضه للأسئلة

---

(1) أنظر نقض 3 يناير سنة 1929 مجموعة القواعد جـ1 ص118.

(2) أنظر نقض 15 نوفمبر سنة 1928 المحاماة س9 ص342.

لإيقاعـه في جـو مملـوء بالتهديـد، ومـدى تعرضـه للكـذب المـرضي أو ضـعف الذاكرة، ومـا لديـه مـن مصـلحة شخصـية أو عاطفـة أو شـهوة أو ميـل لأحـد الخصوم، فضلاً عن العوامل العقلية المؤثرة في إمكان ذكر الحقيقة.

وقد أجازت المادة (82) من قانون الإثبات في المواد المدنية والتجارية التي أحالت إليها المادة (287) من قانون الإجـراءات الجنائيـة، رد الشـاهد إذا كـان غير قادر على التمييز لهرم أو حداثـة أو مـرض أو لأي سـبب بمـا مقتضـاه أنـه يتعين على محكمة الموضوع إن هي رأت الأخذ بشهادة شـاهد قامـت منازعـة جدية حول قدرته على التمييز أن تحقق هـذه المنازعـة بلوغـاً إلى غايـة الأمـر فيها للإستيثاق من قدرة هذا الشاهد عـلى تحمـل الشـهادة أو تـرد عليهـا بمـا يفنـدها[1]. فـإذا لم يكـن الشـاهد مميـزاً لا تقبـل شـهادته ولـو عـلى سـبيل الإستدلال[2].

قواعد سماع الشهود:

يفترض في الشاهد أن يبدي شهادته حـراً مختـاراً. ومـن ثـم فللمحقـق أن يسـلك نحـوه سـلوكاً موضـوعياً وأمينـاً، فـلا يسـتخدم معـه وسـائل الحيلـة أو التهديد أو التخويف. ولا يجوز له أن يوحي له بإجابـة معينـة، أو يوجـه إليـه أسئلة تنطوي على الخداع والإيقاع. فسـؤال الشـاهد لا يجـوز أن يحملـه عـلى الكلام بأكثر أو بغير ما يريده أو أن يدلي ببيانات لا يفهمها.

ومن المقرر أن الشاهد يسمع ولا يستجوب. فلا يجوز للمحقق أن يسلك معه سبيل الإستجواب. وعلى المحقق أن يتركه يدلي بشهادته عن الواقعة المـراد إثباتهـا بحرية تامة ودون تدخل منـه. وبعـد ذلـك يتـدخل المحقـق بأسـئلته التفصـيلية لتحديد إطار الشهادة وحدودها. ومن خلال ذلك يجوز لـه أن يسـترعي إنتباهـه إلى ما قد تقع في شهادته مـن تناقضـات أو أن يواجهـه بواقعـة ثبـت عكسـها في التحقيق. ويجب أن يستجلي المحقق ما إذا كانت الوقائع التي يدلي بهـا الشـاهد

(1) نقض 25 يناير سنة 1976 مجموعة الأحكام س27 رقم 20 ص94.
(2) نقض 17 نوفمبر سنة 1975 مجموعة الأحكام س26 رقم 154 ص701.

من معلوماته المباشرة والشخصية، أم هي مجرد معلومات سماعية غير مباشرة منقولة عن الغير، أم هي مجرد إستنتاجات ظنية. وفي جميع الأحوال يجب على المحقق أن يحافظ على أن تكون الشهادة معبرة عن شخصية الشاهد، وأن ترد على معلوماته الحسية لا على إستنتاجاته الظنية.

ويجب على المحقق مراعاة تدوين الشهادة بأسلوب الشاهد نفسه مهما إتصف بالعامية أو الركاكة. وكل تدخل من المحقق لتصحيح أسلوب الشاهد أو إختصاره بدون موافقته ينطوي على تغيير في الحقيقة.

إجراءات سماع الشهود:

أولاً: أمام سلطة التحقيق الإبتدائي:

نظم القانون سلطة قاضي التحقيق في سماع الشهود، وهي تسري على النيابة العامة عندما تتولى التحقيق (المادة 1/208 إجراءات) - عدا ما يتعلق بإمتناع الشاهد عن الحضور أو عن الإجابة.

وتتمثل هذه الإجراءات فيما يلي:

(1) يسمع المحقق شهادة الشهود الذين يطلب الخصوم سماعهم ما لم ير عدم الفائدة من سماعهم. وله أن يسمع شهادة من يرى لزوم سماعه من الشهود عن الوقائع التي تثبت أو تؤدي إلى ثبوت الجريمة وظروفها وإسنادها إلى المتهم أو براءته منها (المادة 110 إجراءات).

(2) تقوم النيابة العامة بإعلان الشهود الذين ترى سماعهم- أو يقرر قاضي التحقيق سماعهم. ويكون تكليفهم بالحضور بواسطة المحضرين أو بواسطة رجال السلطة العامة. وللمحقق أن يسمع شهادة أي شاهد يحضر من تلقاء نفسه. وفي هذه الحالة يثبت ذلك في المحضر (المادة 111 إجراءات). ويقدر المحقق بناء على طلب الشهود المصاريف والتعويضات التي يستحقونها بسبب حضورهم لأداء الشهادة (المادة 122 إجراءات).

(3) يسمع المحقق كل شاهد على انفراد. وله أن يواجه الشهود بعضهم ببعض وبالمتهم (المادة 112 إجراءات). ويقدر المحقق مدى ملاءمة المواجهة بين الشهود.

(4) يطلب المحقق من كل شاهد أن يبين اسمه ولقبه وسنه وصناعته وسكنه وعلاقته بالمتهم. ويدون هذه البيانات وشهادة الشهود بغير كشط أو تحشير. ولا يعتمد أي تصحيح أو شطب أو تجريح إلا إذا صدق عليه القاضي والكاتب والشاهد (المادة 113 إجراءات).

(5) إذا عجز الشاهد عن التكلم باللغة العربية على نحو مفهوم، فللمحقق أن يستعين بمترجم بعد أن يحلفه اليمين. ويعتبر هذا المترجم بمثابة شاهد في الدعوى على ما قرره الشاهد الذي ترجم أقواله.

(6) يضع كل من المحقق والكاتب إمضاءه على الشهادة وكذلك الشاهد بعد تلاوتها عليه وإقراره بأنه مُصِر عليها. فإن امتنع عن وضع إمضائه أو ختمه أو لم يمكن وضعه أثبت ذلك في لمحضر مع ذكر الأسباب التي يبديها. وفي كل الأحوال يضع كل من القاضي والنائب إمضاءه على كل صفحة أولاً بأول (المادة 114 إجراءات).

(7) عند الإنتهاء من سماع أقوال الشاهد، يجوز للخصوم إبداء ملاحظاتهم عليها. ولهم أن يطلبوا من المحقق سماع أقوال الشاهد عن نقاط أخرى. وللمحقق دائماً أن يرفض توجيه أي سؤال ليس له علاقة بالدعوى أو يكون فيه مساس بالغير (المادة 115 إجراءات).

ثانياً: أمام المحكمة:

(1) عندما تسمع المحكمة شهادة شهود الإثبات يكون توجيه الأسئلة للشهود من النيابة العامة أولاً ثم من المجني عليه ثم من المدعي بالحقوق المدنية، ثم من المتهم ثم من المسئول عن الحقوق المدنية. وللنيابة وللمجني عليه وللمدعي بالحقوق المدنية أن يسألوا الشهود المذكورين مرة ثانية لإيضاح الوقائع التي أدوا الشهادة عنها في أجوبتهم (المادة 2/171 و3 إجراءات).

(2) وبعد سماع شهود الإثبات يسمع شهود النفي ويسألهم المتهم أولاً، ثم المسئول عن الحقوق المدنية، ثم بمعرفة النيابة العامة، ثم المجني عليه، ثم المدعي بالحقوق المدنية. وللمتهم وللمسئول عن الحقوق المدنية أن يوجها للشهود المذكورين أسئلة مرة ثانية لإيضاح الوقائع التي أدوا الشهادة عنها في أجوبتهم عن الأسئلة التي وجهت إليهم.

ولكل من الخصوم أن يطلب إعادة سماع الشهود المذكورين لإيضاح أو تحقيق الوقائع التي أدوا شهادتهم عنها أو أن يطلب سماع شهود غيرهم لهذا الغرض (المادة 272 إجراءات). وقد رسم القانون في المواد (185 و186 و187) من قانون الإجراءات الجنائية الطريق لسماع الشهود الذين لم تدرج أسماءهم في قائمة الشهود. وقضت محكمة النقض بأنه إذا لم يسلك المتهم هذا الطريق، فإنه لا تثريب على المحكمة إن هي أعرضت عن طلب سماعهم بجلسة المحاكمة[1]. على أن ذلك لا يعني الإخلال بالأسس الجوهرية للمحاكمات الجنائية والتي تقوم على التحقيق الشفوي بجلسة المحاكمة. لذا يتعين إجابة الدفاع إلى طلبه سماع شهود الواقعة ولو لم يرد ذكرهم في قائمة شهود الإثبات أو يقم المتهم بإعلانهم، ذلك أن المحكمة هي الساحة التي يجب أن تتسع لتحقيق الواقعة على الوجه الصحيح دون تقيد بالشهود الذين تعينهم النيابة للإثبات، وإلا أدى ذلك إلى إضعاف الدور الإيجابي للمحكمة في معرفة الحقيقة وفي تحقيق الدفاع[2].

(3) يكلف الشهود بالحضور بناء على طلب الخصوم بواسطة المحضرين أو أحد رجال الضبط قبل الجلسة بأربع وعشرين ساعة غير مواعيد المسافة، إلا في حالة التلبس بالجريمة فإنه يجوز تكليفهم في أي وقت ولو شفهياً

---

(1) نقض أول إبريل سنة 1968 مجموعة الأحكام س19 رقم 73 ص383.

(2) نقض 18 فبراير سنة 1974 مجموعة الأحكام س25 رقم 33 ص148.

بواسطة أحد مأموري الضبط القضائي أو أحد رجال الضبط. ويجوز أن يحضر الشاهد في الجلسة بغير إعلان بناء على طلب الخصوم. وللمحكمة أثناء نظر الدعوى أن تستدعي وأن تسمع أقوال أي شخص ولو بإصدار أمر بالضبط والإحضار إذا دعت الضرورة لذلك. ولها أن تأمر بتكليفه بالحضور في جلسة أخرى. وللمحكمة أن تسمع شهادة أي إنسان يحضر من تلقاء نفسه لإبداء معلومات في الدعوى (المادة 277 إجراءات).

وينادي على الشهود بأسمائهم. وبعد الإجابة عنهم يحجزون في الغرفة المخصصة لهم ولا يخرجون منها إلا بالتوالي لتأدية الشهادة أمام المحكمة ومن تسمع شهادته منهم يبقى في قاعة الجلسة إلى حين إقفال باب المرافعة ما لم ترخص له المحكمة بالخروج. ويجوز عند الإقتضاء أن يوجد شاهد أثناء سماع شاهد آخر، وتسوغ مواجهة الشهود بعضهم ببعض (المادة 178 إجراءات).

(4) يجب على المحكمة منع توجيه أسئلة للشاهد إذا كانت غير متعلقة بالدعوى أو غير جائزة القبول ويجب عليها أن تمنع عن الشاهد كل كلام بالتصريح أو بالتلميح وكل إشارة مما يبني عليه اضطراب أفكاره أو تخويفه (المادة 273/ 2 إجراءات).

وللمحكمة أن تمتنع عن سماع شهادة شهود عن وقائع ترى أنها واضحة وضوحاً كافياً (المادة 3/273 إجراءات).

شفوية سماع الشهود:

يجب على المحكمة أن تسمع بنفسها وأن تناقش شفوياً الشهود، وتمكن سائر الخصوم من مناقشتهم. فالأصل أنه لا يجوز الاكتفاء بالشهادة المدونة في المحضر، بل يجب على المحكمة أن تسمع هذه الشهادة بنفسها لكي تقدر تمام التقدير مدى صحتها أو صدقها. ويتطلب ذلك بطبيعة الحال أن يدلي الشاهد بشهادته تلقائياً، فلا يكتفي بقراءة مذكرة مكتوبة، اللهم إلا إذا

احتاج إلى التحقق من بيان معين أو أرقام أو إحصائيات يستعصي حفظها على الذاكرة، وذلك بعد موافقة المحكمة.

ولا تلتـزم المحكمـة بسـماع جميـع الشهـود الـذين أدلـوا بـأقوالهم أثنـاء التحقيق، وكل ما لها هـو أن تختـار الشهـود الـذين تـرى شهادتهم مفيـدة في كشف الحقيقة وفي هذه الحالة لا يجوز لها التعويل على الشهود الذين قررت عدم سماعهم ما لم يرجع ذلك إلى أحد الإستثناءات على مبدأ شفوية سماع الشهود.

وتتمثل الإستثناءات الواردة على هذا المبدأ فيما يلي:

(1) تعذر سماع الشهود: نصت المادة (289) إجراءات علـى أنـه للمحكمـة أن تقرر تلاوة الشهـادة التي أبديت في التحقيق الابتدائي أو في محضـر جمـع الإستدلالات أو أمام الخبير إذا تعذر سماع الشاهد لأي سبب من الأسباب. ويتعذر سماع الشاهد إذا لم يسـتدل عليـه[1] وإذا أصر علـى الإمتنـاع عـن أداء الشهادة. وقد قضت محكمة النقض بأن مرض الشاهد[2] أو تغيبـه في الخارج لمدة محدودة[3] لا يعتبر عذراً يحول دون سماعه.

(2) قبول المتهم- أو المدافع عنه- الاكتفاء بـتلاوة أقوال الشاهد وهذا القبول قد يكون صريحاً أو ضمنياً[4]. ولكنه لا يحـول دون حـق المحكمـة في الإصرار على سماع الشاهد عند الإقتضاء، لأن هـذا القبول لا يتعدى في أثـره مجـرد عـدم تمسك المتهم بسماع الشاهد. كما أنه لا يغير من عـدم إلتزام المحكمـة بسماع الشاهد إذا قبل المتهم ذلك، أن تكون المحكمـة قـد أصدرت قراراً

---

(1) نقض 2 فبراير سنة 1948 مجموعة القواعد س7 رقم 429 ص487؛ 3 فبراير سنة 1974 س25 رقم20 ص91.

(2) نقض 20 يناير سنة 1958 مجموعة الأحكام س9 رقم 10 ص48.

(3) نقض 21 مايو سنة 1963 مجموعة الأحكام س13 رقم 122 ص481.

(4) نقض 5 فبراير سنة 1963 مجموعة الأحكام س4 رقم 21 ص97.

بإعلان الشاهد ثم عدلت عنه، ذلك بأن القرار الـذي تصدره في هـذا الشـأن هو مجرد قرار تحضيري لا يولد حقوقاً للخصوم[1]. كما أن تنازل المـتهم عـن سماع الشاهد لا يسلبه حقه في العدول عن ذلك النزول وإعادة التمسـك بطلب سماعه، ما دامت المرافعة في الدعوى لا زالت دائرة[2].

ويترتب على هـذا القبول جـواز الإستغناء عـن سماع الشـاهد، وإلتـزام المحكمة بتلاوة أقواله المثبتة في محاضر الإستدلالات أو التحقيق الابتدائي. وهذا الإلتزام هو البديل عـن سماع الشهود في هـذه الحالة عند تعـزر سماعهم. على أنه كما تقول محكمة النقض أن الغرض من تلاوة الشهادة هو تنبيه المتهم ليدافع عن نفسه، فإذا كان المـتهم على علم بالشهادة وناقشها في الجلسة فلا يجوز له أن يتخذ مـن مجرد عـدم تلاوتها وجهاً للطعن على الحكم الصادر ضده بناء عليها.

وقد قضت محكمة النقض بأنه يستوي أن يكون القبول من جانب المـتهم أو المدعي بالحقوق المدنية إذ لا يعقل أن يكون لهذا الأخير مـن الحقـوق أكثر مما للمتهم[3].

(3) غيـاب المـتهم: على أنه إذا لم يـحضر الخصم المكلف بالحضور حسـب القانون في اليوم المبين بورقـة التكليف، ولم يرسل وكيلاً عنه في الأحوال التي يسوغ فيها ذلك، فيجوز الحكم في غيبته بعد الإطلاع على الأوراق (المادتان 1/238 و386 إجراءات) ويلاحظ أنه في هـذه الحالة قد يتاح تحقيق شفوية المرافعة عند معارضة المـتهم في الحكم الغيابي (في الجنح والمخالفات) أو عنـد حضـور المحكـوم عليـه (في جناية) أو القبض عليـه وإعادة إجراءات محاكمته.

---

(1) نقض 3 يونيه سنة 1968 مجموعة الأحكام س16 رقم 124 ص622.
(2) نقض 26 يناير سنة 1970 مجموعة الأحكام س21 رقم 42 ص176.
(3) نقض 7 أبريل سنة 1969 مجموعة الأحكام س20 رقم 95 ص449.

(4) إعتراف المتهم: إذا اعترف المتهم في الجلسة بارتكاب الفعل المسند إليه، جاز للمحكمة الاكتفاء بإعترافه والحكم عليه بغير سماع الشهود (المادة 271). وهنا يلاحظ أن الإعتراف يجب أن يتم شفوياً في الجلسة، فلا يغني عن ذلك الإعتراف في محاضر الإستدلالات أو التحقيق الابتدائي. ويجب أن يكون الإعتراف صريحاً واضحاً مستوفياً لشروط صحته الإجرائية. وهذا الإستثناء منتقد لأن إعتراف المتهم ليس وحده دليلاً حاسماً في الدعوى ما لم تتأكد المحكمة من صدقه. وحتى يتم ذلك فيجب أن تستخلص إقتناعها من خلال شفوية المرافعة. أن هذا النص هو أثر من آثار قوانين القرون الوسطى التي كانت تعتبر الإعتراف دليلاً قانونياً يجب الحصول عليه في بعض الجرائم، كما أنه أثر من آثار قول بائد بأن الإعتراف هو سيد الأدلة. والأخرى أنه عند الإعتراف يجب أن تبدأ المحكمة في التحقق من صدق ما أدلى به المتهم لأنه من غير المألوف أن يقر المجرم بجرمه. ونرى أن مناط سلطة المحكمة في الحكم على المتهم المعترف بغير سماع الشهود هو أن تبني إقتناعها بالإدانة على مجرد الإعتراف وحده. أما إذا رأت وجوب تعزيز هذا الإعتراف بشهادة الشهود، فيتعين عليها سماعهم ولا يجوز لها الاكتفاء بأقوالهم في التحقيقات الأولية.

(5) أمام المحكمة الإستئنافية: الأصل أن المحكمة الإستئنافية تحكم وفقاً للأدلة التي كانت معروضة أمام محكمة أول درجة. فهي إذن لا تلتزم بتحقيق شفوية المرافعة. على أن نطاق هذا الأصل هو في احترام محكمة أول درجة لمبدأ شفوية المرافعة. فإذا لم يكن قد تم ذلك وجب على المحكمة الاستئنافية تدارك هذا الخطأ بسماع الشهود الذين كان يجب سماعهم أمام محكمة أول درجة واستيفاء كل نقض آخر في إجراءات التحقيق (المادة 1/413 إجراءات) وإلا كان حكمها باطلاً[1].

(1) نقض 22 فبراير سنة 1966 و7 مارس سنة 1966 و31 أكتوبر مجموعة الأحكام س17 رقم 33 و49 و197 ص185 و247 و1049.

واجبات الشهود وجزاء الإخلال بها:

(1) يجب على كل من دعي للحضور أمام قاضي التحقيق لتأدية شهادته أن يحضر بناء على الطلب المحرر إليه، وإلا جاز للقاضي الحكم عليه بعد سماع أقوال النيابة العامة بدفع غرامة لا تتجاوز عشرة جنيهات. ويجوز له أن يصدر أمراً بتكليفه بالحضور ثانياً بمصاريف من طرفه، أو أن يصدر أمراً بضبطه وإحضاره (المادة 117 إجراءات). وإذا حضر الشاهد أمام القاضي بعد تكليفه بالحضور ثانياً أو من تلقاء نفسه وأبدى أعذاراً مقبولة، جاز إعفاؤه من الغرامة بعد سماع أقوال النيابة العامة كما يجوز إعفاؤه بناء على طلب يقدم منه إذا لم يستطع الحضور بنفسه (المادة 118 إجراءات).

فإذا كان الشاهد قد دعي للحضور أمام النيابة العامة كسلطة تحقيق فامتنع عن الحضور، فإن الحكم عليه يكون من القاضي الجزئي في الجهة التي طلب حضور الشاهد فيها حسب الأصول المعتادة (المادة 2/208 إجراءات).

ومن المقرر أن الإعلان الصحيح للشهادة هو الذي يفرض على الشاهد واجب الحضور فلا تقع الجريمة إذا كان الإعلان باطلاً لأن هذا الواجب لا ينشأ إلا عند إعلان صحيح.

(2) إذا حضر الشاهد أمام قاضي التحقيق فيجب عليه أداء الشهادة وحلف اليمين. فإذا امتنع عن أحد هذين الواجبين يحكم عليه القاضي في الجنح والجنايات بعد سماع أقوال النيابة العامة بالحبس مدة لا تزيد على ثلاثة أشهر وبغرامة لا تزيد على ستين جنيهاً. ويجوز إعفاؤه من كل أو بعض العقوبة إذا عدل عن إمتناعه قبل انتهاء التحقيق (المادة 119 إجراءات). فإذا كانت النيابة العامة هي التي تقوم بالتحقيق وامتنع الشاهد عن الإجابة فإن الحكم عليه يكون من القاضي الجزئي في الجهة التي طلب حضور الشاهد فيها حسب الأحوال المعتادة (المادة 208 إجراءات).

(3) إذا كان الشاهد مريضاً أو لديه ما يمنعه من الحضور تسمع شهادته في محل وجوده، فإذا انتقل قاضي التحقيق لسماع شهادته وتبين له عدم صحة العذر جاز له أن يحكم عليه بالحبس مدة لا تتجاوز ثلاثة أشهر أو بغرامة لا تتجاوز عشرة جنيهات (المادة 121 إجراءات). ويختص القاضي الجزئي بذلك إذا كانت النيابة العامة هي التي باشرت التحقيق.

(4) يجوز الطعن في الأحكام الصادرة على الشهود من قاضي التحقيق لإمتناعه عن الحضور أو لإمتناعه عن الشهادة أو حلف اليمين (المادتان 117 و119 إجراءات). وتراعى في ذلك القواعد والأوضاع المقررة بالقانون (المادة 120 إجراءات). وللمحكوم عليه أن يطعن في الحكم الصادرة عليه بسبب عدم صحة عذر المرض الذي منعه من الحضور وذلك بطريق المعارضة أو الاستئناف (المادة 2/121 إجراءات).

أحكام محكمة النقض

تلاوة أقوال الشهود :

1) إن المادة 289 إجراءات جنائية خولت المحكمة تقرير تلاوة الشهادة السابق إبداؤها في التحقيق الابتدائي أو في محضر جمع الاستدلالات أو أمام الخبير إذا ما قبل المتهم أو المدافع عنه ذلك. وهي وإن وردت في الباب الثاني الخاص بمحاكم المخالفات والجنح من الكتاب الثاني من ذلك القانون إلا أن حكمها يتبع أمام محاكم الجنايات عملا بالفقرة الأولى من المادة 381 من القانون نفسه.

(نقض 1976/12/27 س27 ق730 ص1021)

2) تلاوة أقوال الشهود التي أبديت في التحقيق هي من الإجازات التي خولها الشارع للمحكمة إلا أن استعمال المحكمة لحقها هذا مشروط بتعذر

سماع الشاهد لي سبب من الأسباب كما هو صريح نص المادة 289 إجراءات جنائية.

(نقض 1955/11/28 س6 ق409 ص1391)

3) للمحكمة أن تعتمد إلى جانب شهادة الشهود الذين سمعتهم على ما في التحقيقات الابتدائية لأنها من عناصر الدعوى المطروحة أمامها، وعلى الخصوم فيها أن يعرضوا لمناقشة ما يريدون مناقشته فيها وأن يطلبوا من المحكمة أن تأمر بتلاوة أقوال الشهود الذين سمعوا في التحقيقات الابتدائية، فإن هم لم يفعلوا فلا يصح لهم النعي عليها بأنها استندت في حكمها إلى تلك الأقوال.

(نقض 1954/6/9 س5 ق245 ص732)

4) لما كان الثابت بمحاضر جلسات المحاكمة أن الشاهد التاسع قد توفي إلى رحمة الله وبات سماع شهادته متعذرا فلا على المحكمة إن هي لم تقرر تلاوة أقواله بالجلسة، ذلك أن تلاوة أقوال الشاهد الغائب هي من الإجازات ولا تكون واجبة غلا إذا طلب المتهم أو المدافع عنه ذلك، وهو ما خلت محاضر جلسات المحاكمة من إثباته الأمر الذي ينتفي معه وجه الطعن على الحكم في هذا الخصوص.

(نقض 1981/1/26 س32 ق12 ص79)

5) إن القانون لا يوجب على المحكمة تلاوة أقوال المجني عليه المتوفى، بل يكفي أن يكون الدليل المستفاد منها مطروحا على بساط البحث في الجلسة.

(نقض 1953/10/12 س5 ق2 ص4)

6) إذا تعارضت شهادة الشاهد في الجلسة مع أقواله السابقة في تحقيق جاز أن تتلى شهادته التي أقرها في التحقيق عملا بالمادة 290 إجراءات جنائية.

(نقض 1952/6/10 س3 ق407 ص1089)

7) التحقيقات الابتدائية المقدمة لمحكمة الموضوع تعتبر جميعها من الأدلة التي يجوز لها أن تستند إليها في إدانة المتهم أو تبرئته، وعلى النيابة والدفاع أن يعرض كل منهما لمناقشة ما يرى مناقشته منها، فإذا كان أحد لم يطلب تلاوة أقوال الشهود بالجلسة فلا يصح النعي على المحكمة أنها استندت إلى شهادتهم دون أن تسمعها أو تتلوها.

(نقض 1949/4/18 مجموعة القواعد القانونية ج7 ق878ص823)

8) إنه وإن كان يجب بحسب الأصل لصحة الحكم بالإدانة أن تسمع المحكمة بنفسها في الجلسة غي مواجهة المتهم شهادة الشهود الذين تعتمد على أقوالهم في القضاء بالإدانة بعد أن تناقشهم هي والدفاع فيها، غلا أن ذلك محله أن يكون هؤلاء الشهود قد حضروا أمامها، أو أن يكونوا قد تخلفوا عن الحضور ويكون في تخلفهم ما يثير مظنة هربهم من تحمل أداء الشهادة والمناقشة في صحتها في حضرة المتهم أمام المحكمة بجلسة المحاكمة، الأمر الذي يستتبع أن تكون أقوالهم في التحقيقات الابتدائية غير جديرة بالثقة. أما في الأحوال التي تكون فيها هذه المظنة منتفية فلا تثريب على المحكمة إذا اعتمدت على أقوال الشهود في التحقيقات بعد تلاوتها في الجلسة، اللهم غلا إذا كانت هذه الأقوال هي الدليل الوحيد في الدعوى، وكان من الممكن انتظار حضور الشاهد وسماعه في جلسة أخرى بغير أن يضار بذلك سير العدالة.

(نقض 1941/4/28 مجموعة القواعد القانونية ج5 ق248 ص449)

9) إن الغرض من تلاوة الشهادة هو تنبيه المتهم ليدافع عن نفسه، فإذا كان المتهم على علم بالشهادة وناقشها بالجلسة فلا يجوز له أن يتخذ من مجرد عدم تلاوتها وجها للطعن على الحكم الصادر ضده بناء عليها.

(نقض 1940/2/26 مجموعة القواعد القانونية ج5 ق70 ص121)

10) نص المادة 165 تحقيق جنايات صريح في أن تلاوة شـهادة مـن لم يحضر الجلسة جوازية، على أنه إذا لم يكن من دليل على نسبة الجريمـة للمـتهم سوى أقوال شاهد متوفى وكانت النيابة لم تعتمد على أقواله ولم تذكرها في مرافعتها وكان الدفاع أيضا لم يذكرها ولم يفندها وكانت المحكمة – رغـم هذا السكوت من طرفي الخصومة – لم تأمر هي أيضا بتلاوتها ولكنها اعتمدت عليها وحدها في الحم، ففي هـذه الصـورة فقـط يكـون الحكـم باطلا لابتنائه على نقص في الإجراءات مـاس بشـفهية المرافعـات الجنائيـة وصار ضررا ظاهرا بحقوق الدفاع.

(نقض 1928/12/20 مجموعة القواعد القانونية ج1 ق66 ص87)

11) استعانة الشاهد بورقة مكتوبة أثنـاء أدائـه الشـهادة أمـر يقـدره القاضي حسب طبيعة الدعوى، ولا على المحكمة إن هـي رأت فـي حـدود سـلطتها التقديريـة عـرض الأوراق عـلى هـذا الشاهد لتذكيره بواقعة رأت هـي ضرورتها لصالح تحقيق الدعوى.

(نقض 1983/1/24 س34 ق25 ص147)

12) تلاوة أقوال الشاهد عن الوقائع التي لم يعد يذكرها هي من الإجازات وفقا للمادة 290 إجراءات جنائية، فلا تكون واجبة إلا إذا طلبها المتهم أو المدافع.

(نقض 1963/12/9 س14 ق164 ص910)

13) إذا قرر الشاهد أنه لم يعد يذكر الواقعة وكان الواضح من محضر الجلسـة أن المحكمة ناقشت الشاهد مناقشة مستفيضة فيما أدلى به من أقوال في التحقيقات الابتدائية، وأن محامي الطاعن تعرض لتلك الأقوال في مرافعته وتلا بعضها وأبدى دفاعه في شأنها دون أن يستعمل الرخصة التـي خولها له القانون من طلب تلاوة تلك الأقوال فإنه لا يقبل منـه أن يثير أمـام محكمة النقض أمر عدم تلاوة المحكمة لها.

(نقض 1953/2/15 س5 ق108 ص330)

14) إن المادة 290 إجراءات جنائية إذ نصت على أنه إذا قرر الشاهد أنه لم يعد يذكر واقعة من الوقائع يجوز أن يتلى من شهادته التي قررها في التحقيق أو من أقواله في محضر جمع الاستدلالات الجزء الخاص بهذه الشهادة، فإنها لم توجب هذه التلاوة بل جعلت الأمر فيها جوازيا. (نقض 1953/1/26 س4 ق160 ص418)

15) إن المادة 290 من قانون الإجراءات الجنائية تنص على إذا تعارضت شهادة الشاهد التي أداها في الجلسة مع شهادته في أقواله السابقة جاز أن يتلى من شهادته التي أقرها في التحقيق أو من أقواله في محضر جمع الاستدلالات الجزء الخاص بالواقعة موضوع الشهادة. (نقض 1952/6/10 مجموعة القواعد القانونية س3 ص1089)

16) إذا كان الطاعن لم يطلب من المحكمة تلاوة أقوال أحد من الشهود غير من سمعتهم كما لم يطلب تلاوة أقوال الشاهد الذي قال أمامها أنه لا يذكر الواقعة وأحال إلى أقواله المدونة في التحقيق بشأنها، فلا يقبل من المتهم أن يعترض على الحكم لعدم تلاوة المحكمة هذه الأقوال، فإن المادة 290 من قانون الإجراءات الجنائية إذ نصت على أنه إذا قرر الشاهد أنه لم يعد يذكر واقعة من الوقائع يجوز أن يتلى من شهادته التي قررها في التحقيق أو من أقواله في محضر جمع الاستدلالات الجزء الخاص بهذه الوقائع، فإنها لم توجب هذه التلاوة، بل جعلت الأمر فيها جوازيا. (نقض 1953/1/26 مجموعة القواعد القانونية س4 ص418) (ونقض 1983/1/24 مجموعة القواعد القانونية س34 ص147)

17) لما كان تناقض أقوال الشاهد على فرض حصوله لا يعيب الحكم ما دام قد استخلص الإدانة من أقواله استخلاصا سائغا لا تناقض فيه كما هي الحال في الدعوى. فإن منازعة الطاعن في القوة التدليلية لشهادة شاهد الإثبات على النحو الذي ذهب إليه في طعنه لا يعدو أن يكون

جدلا موضوعيا في تقدير الـدليل مـما يقبـل التصـدي لـه أمـام محكمـة النقض.

(الطعن رقم 5948 لسنة 56ق جلسة 1987/2/1س38 ص347)

18) وزن أقوال الشهود وتقدير الظـروف التـي يـؤدون فيهـا الشـهادة متروكـاً لتقدير محكمة الموضوع ومتى أخذت بشهادة شاهد فإن ذلك يفيـد أنهـا اطرحت جميع الاعتبارات التي ساقها الدفاع لحملها على عدم الأخذ بها.

(الطعن رقم 8872 لسنة 79ق جلسة 2010/9/27)

19) لما كان المدافع عـن الطاعن وإن طلب بجلسة 2009/5/9 سماع أقوال شاهد الإثبات إلا إنه لم يصر على ذلك بالجلسة الختامية مما يعـدو معـه هذا الطلب غير جاز فلا على المحكمة إن هي التفتت عنه ومن ثم فإن ما يثيره الطاعن في هذا الخصوص لا يكون سديداً.

(الطعن رقم 8872 لسنة 79ق جلسة 2010/9/27)

تكليف الشهود بالحضور:

1) لما كان تكليف شهود الإثبات بالحضور أمرا منوطا بالنيابة العامة ولا شأن للمتهم به، وكان الحكم المطعون فيه قد رفض طلب سماع المجنـي عليـه لتغيبه في الكويت كما رفض تكليفه بتقديم الشـيكين موضـوع الـدعوى، وإن كان الحكم قد ذكر أن بيانـات هـذين الشـيكين مبينـة بمحضر جمـع الاستدلالات إلا أنـه يتضمن مـا يفيـد أن المحكمـة قـد اطلعـت عليهـما وتحققت من أنهـما قـد استوفيا الشـروط اللازمة لاعتبار كـل مـنهما شـيكا، ومن ثم فإنه يكون مشوبا بالقصور والإخلال بحق الدفاع ممـا يسـتوجب نقضه والإحالة.

(نقض 1969/12/8 مجموعة القواعد القانونية س20 ص1384)

2) من حق المحكمة أن تستدعي وتسمع أقوال أي شخص لم يكن قد سبق إعلانه قبل الجلسة بالحضور أمامها ولا جناح إن هي أخذت بأقواله واستندت إليها في قضائها.

(نقض 1956/5/4 مجموعة القواعد القانونية س7 ص803)

3) يجوز للمحكمة أثناء نظر الدعوى أن تستدعي وتسمع أقوال أي شخص، فإذا هي استعملت هذا الحق فاستدعت شخصا تصادف وجوده بالجلسة ولم تحلفه اليمين ولم يعترض الطاعن على هذا الإجراء أمامها، فلا يصح له أن يثيره أمام محكمة النقض.

(نقض 1951/5/29 مج س2 ص1185)

4) ليس في القانون ما يمنع استدعاء الضابط وقضاة التحقيق وأعضاء النيابة شهودا في القضايا التي لهم عمل فيها - إلا أن استدعاء أي منهم لا يكون إلا متى رأت المحكمة أو السلطة التي تؤدي الشهادة أمامها محلا لذلك فإذا كان المتهم وإن أشار في صدر دفاعه إلى أن وكيل النيابة المحقق يعتبر شاهدا في الدعوى، إلا أن المحكمة لم تر مبررا لمسايرة المتهم فيما أشار إليه واطمأنت إلى ما أثبته في حضوره، وكان للمحكمة أن تأخذ إلى جانب أقوال من سمعتهم من الشهود أمامها بما ورد في التحقيقات الابتدائية والتقارير الطبية ومحاضر المعاينة ما دام كل ذلك كان معروضا على بساط البحث متاحا للدفاع أن يناقشه، فإن ما يعيبه المتهم على الحكم من استناده إلى ما أثبته وكيل النيابة في محضره دون سماعه لا يستند إلى أساس.

(نقض 1961/1/9 مج س12 ص58)

5) إذا كان الثابت أن المحكمة تولت بنفسها سؤال وكيل النيابة الذي قام بإجراء المعاينة نظرا إلى فقد محضرها، فإن المحكمة بذلك تكون قد استكملت النقض الذي نشأ عن فقد المحضر المذكور على

الوجه الذي ارتأته أخذا بما يجري به نص المادة 558 من قانون الإجراءات الجنائية.

(نقض 1960/12/26 مج س11 ص947)

6) إذا كانت المحكمة قد أوردت في أسباب الحكم من أقوال شهود النفي الذين استشهد بهم في التحقيقات ما يفيد أنها لم تكن قد أتمت تكوين عقيدتها في الدعوى وأن الواقعة لم تكن قد وضحت لديها وضوحا كافيا، بل كانت في حاجة إلى أن تستزيد من الأدلة حتى تقول كلمتها فيها، وأنه لم يمنعها من ذلك سوى أن المتهم لم يقم بإعلان شهود النفي حتى تتمكن من المناقشة التي تطمئن إليها، ومع ذلك أدانت المتهم، فإنها تكون قد خالفت القانون، إذ للقاضي الجنائي أن يستدعي ويسمع أي شخص يرى لزوما لسماع أقواله ليكشف وجه الحق في الدعوى بغض النظر عن إعلانه بمعرفة من يرى المصلحة في حضوره أو عدم إعلانه، وبقطع النظر عن التمسك بطلبه أو عدم التمسك به، ولا يؤثر في ذلك النظر ما يكون قد استطردت إليه المحكمة من الحكم على الشهادة كما هي واردة بالتحقيقات ما دامت هي قد أوردت في حكمها عن مناقشة شهود النفي ما ذكرته عن تبين الحقيقة والاطمئنان إليها مما يفيد احتمال تغيير رأيها في حالة سماعها إياهم.

(نقض 1950/4/24 مج س1 ص536)

7) الشهادة في الأصل هي تقرير الشخص لما يكون قد رآه أو سمعه بنفسه أو أدركه على وجه العموم بحواسه.

(نقض 1978/2/6 س29 ق25 ص36)

8) خوض المحكمة في الموضوع المراد الاستشهاد به والقول بعدم جدوى سماع الشهود هو افتراض من عندها قد يدحضه الواقع، فتقدير أقوال الشاهد يراعى فيها كيفية أدائه للشهادة والمناقشات التي تدور حول شهادته.

(نقض 1977/2/14 س28 ق58 ص264)

9) لا يصح للمحكمة استباق الرأي بالحكم على شهادة شاهد بالقول بأنها غير مجدية قبل أن تسمعه لتقف على حقيقة الأمر فيما أثاره المتهم من دفاع في هذا الصدد، لاحتمال أن تسفر مناقشته عن حقيقة قد يتغير بها وجه الرأي في الدعوى.

(نقض 1966/11/28 س17 ق217 ص1154)

10) إن القانون يوجب سؤال الشاهد أولا وعندئذ يحق للمحكمة أن تبدي ما تراه في شهادته.

(نقض 1958/3/17 س9 ق80 ص291)

11) لا يجوز للمحكمة أن ترفض طلب سماع شاهد بدعوى أنه سوف يقول لها إذا ما سئل أقوالا معينة أو أنها سوف تنتهي على كل حال إلى حقيقة معينة بغض النظر عن الأقوال التي يدلي بها أمامها، ذلك لأنها في هذه الحالة إنما تبني حكمها على افتراضات تفترضها وقد يكون الواقع غير ما افترضت فيدلي الشاهد بشهادة أمامها بالجلسة بأقوال من شأنها أن تغير النظر الذي بدا لها قبل أن تسمعه، كما أن تقدير المحكمة لشهادة الشاهد لا يقتصر على الحكم على أقواله المجردة، بل وبالمناقشات التي تدور حول شهادته أثناء الإدلاء بها وكيفية إدلائه بالشهادة.

(نقض 1951/6/14 س2 ق444 ص1216)

12) لا جدال في أن لمحكمة الموضوع السلطة التامة في تقدير أقوال الشهود والأخذ بما تطمئن إليه منها وتطرح ما عداه، إلا أن محل هذا أن تكون قد سمعتهم وناقشتهم في أقوالهم حتى يتسنى لها وزنها ومعرفة غثها من سمينها، أما أن تحكم عليهم قبل أن تسمعهم بأنهم كاذبون وأنها لن تصدقهم مهما تكن شهاداتهم فهذا ليس من حقها.

(نقض 1945/12/24 مجموعة القواعد القانونية ج7 ق46 ص35)

13) لا يجوز للمحكمة أن تتكهن أو تفترض أقوالا أو روايات لشاهد لم تسمعه بنفسها، فإذا كان الدفاع عن المتهم قد طلب إلى المحكمة سماع شهادة عسكري مسلّم في التحقيق بوجوده بمكان الحادث، فلا يجوز لها متى كان الميسور الاهتداء عليه من واقع دفاتر البوليس أن لا تستجيب إلى هذا الطلب متعللة لذلك بأقوال افترضت أنه سيقولها إذا ما سمع أمامها.

(نقض 1947/5/12 مجموعة القواعد القانونية ج7 ق367 ص346)

14) إن تقدير ضرورة سماع شاهد النفي أمر تستقل به محكمة الموضوع إذ هو يتعلق بسلطتها في تقدير الدليل. ومن ثم فإنه إذا كان الحكم قد رفض طلب سماع المقاول الذي أعاد إقامة البرج المنهار بسبب انه لم يشترك في التنفيذ الأول موضوع الاتهام، وأن التقرير الفني الخاص بالموضوع تعرض لكافة الاحتمالات التي أحاطت بالحادث فإنه لا تثريب على المحكمة إن هي اطمأنت إلى التقرير الفني المقدم في الدعوى ورفضت سماع شاهد النفي ما دامت قد عللت هذا الرفض تعليلا مقبولا.

(نقض 1969/11/17 س20 ق260 ص1280)

15) إن استدعاء النيابة الطبيب لسماع أقواله بناء على طلب المتهم ورده بإشارة تليفونية تفيد اعتذاره عن الحضور لعدم وجود معلومات لديه تفيد المتهم ليس فيه ما يشوب الإجراءات في شئ.

(نقض 1958/1/27 س9 ق27 ص99)

16) المحكمة غير ملزمة بسماع شهود النفي الذين تنازل الدفاع عنهم.

(نقض 1947/12/29مجموعة القواعد القانونية ج7 ق476ص440)

17) إذا كان عدم سماع المحكمة الشهود راجعا إلى عدم الاستدلال عليهم وكان المتهم مع تعهده بالإرشاد عنهم وتأجيل القضية عدة مرات لإتمام

ذلك لم يذكر للمحكمة أنه قد صار ممكنا الاهتداء إليهم وسماعهم فلا يقبل منه النعي على الحكم لهذا السبب.

(نقض 1948/5/17 مجموعة القواعد القانونية ج7 ق605 ص563)

18) إن المحكمة بالبداهة لا تسمع سوى الشهود الذين يمكن إعلانهم.

(نقض 1945/3/26 مجموعة القواعد القانونية ج6 ق530 ص668)

19) يجوز لمحكمة الموضوع ألا تسمع شهود النفي إذا رأت أن شهادتهم غير متعلقة بموضوع الدعوى المطلوب سماعهم فيها.

(نقض 1938/12/19 مجموعة القواعد القانونية ج4 ق310ص402)

20) يجوز استدعاء الضباط وقضاة التحقيق وأعضاء النيابة وكذلك كتبة التحقيق شهودا في القضايا التي لهم فيها عمل متى رأت المحكمة أو السلطة التي تؤدى الشهادة أمامها محلا لذلك.

(نقض 1987/2/5 الطعن رقم 6200 لسنة 56ق)

21) للمحكمة أن تسمع شهودا من الحاضرين بالجلسة ما دام المتهم لم يعترض على سماعهم أو على تحليفهم اليمين فلا يحق له أن يثير ذلك أمام محكمة النقض.

(نقض 1951/12/31 س3 ق135 ص353)

22) على المحكمة إجابة طلب الدفاع سماع شهود الواقعة ولو لم يذكروا في قائمة شهود الإثبات – وسواء أعلنهم أم لم يعلنهم -.

(نقض 1993/3/7 الطعن رقم 11493 س61 ق)

23) الاسترسال في المرافعة لا يحرم المدافع من العدول عن طلب سماع شهود.

(نقض 1988/12/7 الطعن رقم 398 س58 ق)

24) لا يقدح في ضرورة سماع الشاهد أن يكون مقيما في كندا ما دام لم يثبت للمحكمة أنه امتنع عليها ذلك بعد إعلانه إعلانا قانونيا.

(نقض 1985/12/12 س36 ق204 ص1106)

25) المجني عليه في الدعوى لا يعتبر خصما للمتهم بل خصم المتهم في الدعوى هو النيابة العمومية، وإذن فللمحكمة أن تسمع المجني عليه في الدعوى كشاهد على المتهم.

(نقض 1951/3/12 س2 ق287 ص758)

26) إذا كان الثابت أن والد المجني عليه لم يبد منه أثناء المحاكمة سوى أنه تقدم إلى المحكمة الاستئنافية وعرف أن ابنه الذي لم يسأل أمام محكمة الدرجة الأولى حضر معه وأنه طلب سماعه فأجابته المحكمة إلى ما طلب فليس في ذلك ما يؤثر على صحة إجراءات المحاكمة، إذ هذا لا يعدو أن يكون مجرد تنبيه إلى أنه لا حاجة إلى تأجيل الدعوى لإعلان المجني عليه لوجوده في دار المحكمة عند نظر القضية.

(نقض 1948/3/1 مجموعة القواعد القانونية ج7 ق553 ص515)

27) ما دام القانون لم يجعل لأي خصم في الدعوى سوى حق الاعتراض على سماع شهادة الشاهد الذي لم يكلف بالحضور بناء على طلبه أو لم يعلن له اسمه، ثم لم يرتب أي بطلان على سماع مثل هذا الشاهد لو تخطت المحكمة الاعتراض وسمعته، وما دام أنه لم يحرم سماع شهادة الشهود الذين ترى المحكمة الجنائية سماعهم فلا وجه للبحث في طريقة استدعاء هؤلاء الشهود ولا البواعث التي أدت بالمحكمة إلى هذا الاستدعاء. كما لا محل للقول بتحريم سماع شهادة من يتقدم من تلقاء نفسه إلى ساحة المحكمة طالبا سماع شهادته بعلة أن مثل هذا الشاهد مريب، فإنه إذا صح أن من يحضرون من تلقاء أنفسهم للشهادة يكونون مندفعين بعامل التحيز لمصلحة المتهم أو المجني عليه فإنه يصح أيضا أنهم يكونون مندفعين بدافع إحقاق الحق في ذاته. كل ما في الأمر أن على محكمة الموضوع أن تلاحظ ظروف عرض الشاهد نفسه على القضاء وأن تمكن من

أن ترفض معارضته في سماعه وأن يقدم لها ما ينقض شهادته وأن تعطيه من الوقت ما يكفي لتحضير أدلته في هذا الصدد.

(نقض 1932/3/31 مجموعة القواعد القانونية ج2 ق342 ص492)

28) تكليف شهود الإثبات بالحضور أمر منوط بالنيابة العامة ولا شأن للمتهم به.

(نقض 1969/12/8 س20 ق283 ص1384)

29) تكليف شهود الإثبات بالحضور أمر منوط بالنيابة العامة ولا شأن للمتهم به حتى يسوغ معه القول بأن الطاعن قصد تعطيل الفصل في الدعوى حين أصر على طلب سماع شاهدي الإثبات الغائبين.

(نقض 1966/10/24 س17 ق189 ص1011)

30) إن القانون قد بين الطريق الواجب إتباعه بصدد إعلان الشهود، فإذا كان المتهم لم يعلن موظفا لسؤاله كشاهد نفي - كما تقضي بذلك المادة 18 من قانون تشكيل محاكم الجنايات - بل اقتصر الدفاع عنه على طلب استدعاء المحكمة له، فإطراح المحكمة لهذا الطلب لا يعد إخلالا بحق الدفاع، إذ للمحكمة في هذا الحالة - بصريح نص المادة 46 من قانون تشكيل محاكم الجنايات - السلطة في تقرير ما إذا كانت الدعوى بحاجة إلى سماع مثل هذا الشاهد أم لا، فإطراحها لهذا الطلب فيه ما يفيد بذاته أنها رأت عدم حاجة الدعوى إلى سماعه.

(نقض 1950/12/5 س2 ق120 ص325)

31) إذا كان المتهم قد تمسك بضرورة سماع شاهد من شهود الإثبات تنازلت النيابة عن سماعه فاستجابت المحكمة لطلبه وكلفت النيابة أكثر من مرة بإعلانه، فإنه يكون من الواجب عليها أن تعمل على إحضاره ما دام ذلك ممكنا، لتعلق حق المتهم بوجوب سماعه باعتباره شاهدا على أساس أنه أعده شاهد نفي له، ولا يرد على ذلك بأنه هو لم يعلنه وفقا للقانون

ما دامت المحكمة نفسها هي التي كلفت النيابة بإعلانه مع تصريح الدفاع أمامها بأنه مستعد لذلك.

(نقض 1948/3/23 مجموعة القواعد القانونية ج7 ق565 ص528)

32) استدعاء الطبيب الشرعي بطريقة الإعلان ليس واجبا قانونا، لأن علة الإعلان الاحتياط ضد المطلوب حضوره لترتيب حكم القانون عليه إن تخلف عن الحضور، فإن أمكن للمحكمة أو للنيابة أن تستحضره بغير هذا فلا مصلحة في الاعتراض على ذلك.

(نقض 1928/12/20 مجموعة القواعد القانونية ج1 ق57 ص72)

33) من المقرر أنه ليس في القانون ما يمنع استدعاء الضباط وقضاة التحقيق وأعضاء النيابة شهودا في القضايا التي لهم عمل فيها إلا أن استدعاء أي منهم لا يكون إلا متى رأت المحكمة أو السلطة التي تؤدي الشهادة أمامها محلا لذلك.

(نقض 1977/12/4 س28 ق208 ص1016)

34) سماع أقوال الخصوم ومن بينهم النيابة العامة من الإجازات التي تركها الشارع لمطلق تقدير محكمة النقض.

(الطعن رقم 2943 لسنة 60ق جلسة 1995/2/8)

المناداة على الشهود بأسمائهم:

1) لا توجب المادة 278 من قانون الإجراءات الجنائية على المحكمة سماع الشهود جميعا في جلسة واحدة أو ضرورة إجراء مواجهة بينهم وإن سوغت ذلك ولم يرتب القانون البطلان على مخالفة الإجراءات المنصوص عليها في المادة المذكورة. ومن ثم فإن ما يثيره الطاعن في هذا الصدد لا يكون سديدا ولا يعدو أن يكون نعيا واردا على سلطة محكمة الموضوع في تقدير الدليل والأخذ منه بما تطمئن إليه وإطراح ما عداه مما لا يجوز الخوض فيه لمحكمة النقض.

(الطعن رقم 1782 لسنة 39ق جلسة 1970/2/8 س21 ص238)

2) من المقرر أن المادة 278 من قانون الإجراءات الجنائية والتي أحالت إليها المادة 381 من هـذا القانون وإن نصـت عـلى أن " ينادى عـلى الشهود بأسمائهم وبعد الإجابة منهم يحجزون في الغرفة المخصصة لهـم ولا يخرجون منهم إلا بـالتوالي لتأديـة الشهادة أمام المحكمة، ومن تسمع شهادته يبقى في قاعة الجلسة إلى حين إقفال بـاب المرافعة "، فإنها لا ترتب على مخالفة هذه الإجراءات بطلانا وكل مـا في الأمـر أن للمحكمة تقدير شهادة الشاهد المؤداة في هذه الظروف عـلى أنه مـا دام الشاهد سمع بحضور المتهم ولم يعترض على سماعه، فإن حقـه في هـذا الاعتراض يسقط بعدم تمسكه به في الوقت المناسب، ومن ثم فإن منعى الطاعن على الحكم بدعوى البطلان لا يكون له وجه.

(نقض 1974/6/16 مج س25 ص600)

3) إذا ثبت في محضر جلسة المحاكمة أن شاهدي الإثبات حضرا واستبعدا عن قاعة الجلسة دل ذلك على أنهما اقتيدا إلى الغرفة المخصصة للشهود طبقا للقانون.

(نقض 1939/5/15 المحاماة س20 ص48)

4) مـن المقرر أن المادة 278 مـن قـانون الإجـراءات الجنائية التي تـنظم إجراءات المنـاداة عـلى الشـهود وسـماع أقـوالهم، لم ترتب عـلى مخالفة الإجراءات أو عدم الإشارة إلى اتباعها في محضر الجلسة بطلانا.

(نقض 1963/12/9 س14 ق163 ص894)

5) إن المادة 166 تحقيق جنايات وإن كانت قد أوجبت إبعاد الشهود عـن قاعة الجلسة ثم استدعائهم إليها واحدا بعد الآخر. إلا أنها لم ترتب على مخالفة ذلك بطلانا مـا، وكل مـا في الأمـر أن المحكمة تراعي في تقدير شهادة الشاهد أنها أديت في هذا الظرف. وعلى كل حال فما دام الشاهد

قد سمع بعد تحليفه اليمين بحضور المتهم ولم يعترض على سماعه فإن حقه في الاعتراض يسقط لعدم تمسكه به في حينه.

(نقض 1938/5/2 مجموعة القواعد القانونية ج4 ق215 ص226)

6) لا وجه للنقض في حالة ما إذا سمعت شهادة بعض الشهود في جلسة الصباح وتركوا أحرارا إلى جلسة بعد الظهر هم والشهود الذين لم تكن سمعت شهادتهم فأمكنهم الاختلاط ببعضهم البعض.

(نقض 1920/4/24 المجموعة الرسمية س22 ق18)

7) قضت المادة 166 جنايات بأن يقاد الشهود لغرفة تخصص لهم ولا يخرجون منها إلا بالتوالي لتأدية الشهادة أمام المحكمة، والغرض من ذلك منع الشهود الذين لم تسمع شهادتهم من الوجود في الجلسة وقت تأدية شهادة الذين قبلهم. وبناء عليه لا تنطبق على حالة ما إذا تمكن الشهود الذين لم تسمع شهادتهم من الاختلاط مع من سمعت شهادتهم أثناء الفترة التي توسطت جلستي الصباح والمساء.

(نقض 1911/1/28 المجموعة الرسمية س12 ق34)

8) إذا طلب الدفاع عن المتهم من المحكمة إبعاد بعض شهود الإثبات عن قاعة الجلسة ريثما يسمع شهود النفي خشية التأثير عيهم وفوض الرأي للمحكمة في ذلك، ثم عارضت النيابة في هذا الطلب فلم تجبه المحكمة فهذا من حقها ولا تثريب عليها فيه، حتى ولو كانت لم تشر إليه في حكمها لتعلقه بإجراءات التحقيق بالجلسة التي تفصل فيها المحكمة أثناء سير الدعوى وقبل صدور الحكم فيها.

(نقض 1936/11/2 مجموعة القواعد القانونية ج4 ق2 ص2)

9) سماع المحكمة الجزئية شهادة شهود مجتمعين غير مفرق بينهم مهما يكن فيه من الخلل فإنه متعلق بقيمة دليل الإثبات، ويكفي أن يعرض أمره على المحكمة الابتدائية أو المحكمة الاستئنافية، ولكل منهما

السلطة المطلقة في تقدير قيمة الدليل المستفاد من شهادة الشهود التي أخذت على هذا الوجه والعمل بما تعتقده من صدقها أو عدم صدقها.

(نقض 1931/12/21 مجموعة القواعد القانونية ج2 ق306ص377)

10) إن الإجراء الذي نصت عليه المادة 166 تحقيق جنايات خاصا بوجوب الاحتياط لمنع بعض الشهود سماع شهادة الآخرين ومنع اختلاط من شهد منهم بمن لم يشهد بعد إنما هو مقصور على الشهود الذين حضروا إلى المحكمة لأداء الشهادة، وليس الغرض منه سماع شهود آخرين مما فيه معنى التجزئة المنافية لذلك الاحتياط.

(نقض 1930/11/20 مجموعة القواعد القانونية ج2 ق107ص119)

11) لا شئ يمنع المحكمة من إعادة سماع من سمعت شهادته في جلسة سابقة ولئن كان من غير الممكن في هذه الجلسة تلافي اتصال هذا الشاهد بباقي الشهود فإن هذا الأمر لا يوجب بطلان الشهادة في ذاتها وإنما هو من العوامل التي تلاحظ في تقدير قيمتها فقط.

(نقض 1930/6/19 مجموعة القواعد القانونية ج2 ق60 ص53)

12) لا تبطل إجراءات المحاكمة إذا سمعت المحكمة شهادة شاهد كان موجودا بالجلسة بعد تحليفه اليمين وبخاصة إذا كان المتهم لم يبد أمام المحكمة اعتراضا ما على الاستشهاد به ولا على تحليفه اليمين، لأن المادة 166 تحقيق جنايات التي تقضي بوجوب إيجاد الشهود في غرفة تخصص لهم لم ينص على بطلان ما يخالف ذلك.

(نقض 1929/3/28 مجموعة القواعد القانونية ج1 ق208 ص253)

حلف الشاهد لليمين:

1) استحلاف الشاهد – عملا بالمادة 1/283 من قانون الإجراءات الجنائية – هو من الضمانات التي شرعت فيما شرعت لمصلحة المتهم، لما في الحلف من تذكير الشاهد بالإله القائم على كل نفس وتحذيره من سخطه عليه

إن هو قرر غير الحق، ولما هو مظنون من أنه قد ينجم عن هذا الترهيب أن يدلي الشاهد بأقوال لمصلحة المتهم قد تقع موقع القبول في نفس القاضي فيتخذها من أسس تكوين عقيدته. إلا أنه من جهة أخرى يجوز سماع المعلومات من أشخاص لا يجوز توجيه اليمين إليهم لكونهم غير أهل لذلك، إما بسبب حداثة سنهم كالأحداث الذين لم يبلغوا أربع عشرة سنة كاملة والمحرومون من أداء الشهادة بيمين كالمحكوم عليهم بعقوبة جناية مدة العقوبة فإنهم لا يسمعون طبقا للبند " ثالثا " من المادة 25 من قانون العقوبات إلا على سبيل الاستدلال مثلهم في ذلك مثل ناقص الأهلية.

(نقض 1961/4/17 مجموعة القواعد القانونية س12 ص442)

2) مذهب الشارع في التفرقة بين الشهادة التي تسمع بيمين وبين تلك التي تعد من قبيل الاستدلال والتي تسمع بغير يمين، يوحي بأنه يرى بأن الأشخاص الذين قضى بعدم تحليفهم اليمين هم أقل ثقة ممن أوجب عليهم حلفها، ولكنه مع ذلك لم يحرم على القاضي الأخذ بالأقوال التي يدلي بها على سبيل الاستدلال إذا آنس فيها الصدق. العبرة في سن الشاهد في صدد حلفه اليمين هي بسنه وقت أداء الشهادة.

(نقض 1985/2/18 مجموعة القواعد القانونية س36 ص264)

3) إنه وإن كانت الشهادة لا تتكامل عناصرها إلا بحلف الشاهد اليمين إلا أن ذلك لا ينفي عن الأقوال التي يدلي بها الشاهد بغير حلف يمين أنها شهادة. فالشاهد لغة هو من اطلع على الشيء وعاينه، والشهادة اسم من المشاهدة وهي الاطلاع على الشيء عيانا، وقد اعتبر القانون – في المادة 283 من قانون الإجراءات الجنائية – الشخص شاهدا بمجرد دعوته لأداء الشهادة سواء أداها بعد أن حلف اليمين أو دون أن يحلفها، ومن ثم فلا يعيب الحكم وصفه أقوال المجني عليه الذي لم يحلف اليمين بأنها شهادة.

(نقض 1968/10/21 مجموعة القواعد القانونية س19 ص841)

4) لما كان القانون قد أجاز سماع الشهود الـذين لم يبلغ سنهم أربـع عشرة سنة بدون حلف يمين على سبيل الاستدلال، ولم يحرم عـلى القـاضي الأخذ بتلك الأقوال التي يدلي بها على سبيل الاستدلال إذا آنـس فيهـا الصدق، فهي عنصر من عناصر الإثبات يقدره القاضي حسب اقتناعه، فإنه لا يقبل من الطاعن النعي عـلى الحكم أخـذه بأقوال المجني عليه كشاهد في الدعوى بحجة أن سؤاله كان بغير حلف يمين على سبيل الاستدلال، ما دام أن الطاعن لا يماري في قدرة المجني عليه على التمييز وتحمل الشهادة، إذ أن عدم حلفه اليمين لا ينفي عن الأقوال التي يدلي بها أنها شهادة.

(نقض 1985/2/18 مجموعة القواعد القانونية س36 ص264)

5) لا يعتبر خطأ جوهريا في الإجراءات سماع شاهد عـلى سبيل الاستدلال بدون حلف يمين بسبب ريبة في نفس المحكمة نحو الشاهد.

(نقض 1928/11/15 المحاماة س9 ص17)

6) الحرمـان مـن أداء الشـهادة بيمـين بالنسبـة إلى طائفة المحكوم عليهم بعقوبة جناية مدة العقوبة هو في الواقع من الأمر عقوبة معناها الظاهر التهوين من شأن هؤلاء المحكوم عليهم ومعاملتهم معاملة ناقصي الأهلية طوال مدة العقوبة وبانقضائها تعود إلى هؤلاء جدارتهم للشهادة بيمـين، فهي ليست حرمانا من حق أو ميزة ما دام الملحوظ في الشهادة أمام المحكمة هو رعاية صالح العدالة. فإذا حلف هؤلاء اليمين في خلال فتـرة الحرمان من أدائه فلا بطلان وتظل هـذه الشهادة في حقيقتها وفي نظر القانون من قبيل الاستدلال التي يترك تقديرها للقاضي، إذ لا يجـوز أن يترتب البطلان على اتخاذ ضمان عـلى سبيل الاحتياط قضى بـه القانون عندما أوجب أداء اليمين حملا للشاهد على قول الصدق.

(نقض 1965/6/22 مجموعة القواعد القانونية س16 ص618)

7) إذا كان الثابت من الحكم أن الشاهد لم يحكم عليه بعقوبة جناية، وإنما حكم بحبسه في جناية، فإن المادة 25 من قانون العقوبات لا ينطبق حكمها عليه.

(نقض 1958/11/3 مجموعة القواعد القانونية س9 ص874)

8) التجاء محكمة الجنايات عملا بالسلطة المخولة لها إلى سؤال أحد الشهود على سبيل الاستدلال دون تحليفه اليمين لوجوده بقاعة الجلسة قبل سؤاله ولوقوفه على ما دار بها لا يعدو وجها من أوجه بطلان الإجراءات المؤدية للنقض.

(نقض 1926/5/4 المجموعة الرسمية س28 ص117)

9) لما كانت المادة 383 من قانون الإجراءات الجنائية قد خولت محكمة الجنايات فصل الجنحة عن الجناية إذا ما رأت أن لا ارتباط بينهما. وكان لا مانع في القانون من سماع المتهمين في الجنحة كشهود في الجناية وتحليفهم اليمين ما داموا ليسوا مقدمين للمحاكمة في ذات الدعوى، فإن ما يثيره الطاعن في هذا الشأن يكون على غير أساس.

(نقض 1954/5/24 مجموعة القواعد القانونية س5 ص699)

10) إن ما أوجبه القانون هو أن يحلف الشاهد اليمين قبل تأدية شهادته، فمتى حلف اليمين كان كل ما يقرره في الدعوى صادرا تحت سلطان هذا اليمين ولو كانت الشهادة مؤداه على أكثر من مرة في القضية التي دعي للشهادة فيها. وإذن فلا يعيب الحكم أن تعيد المحكمة سؤال الشاهد في الجلسة ذاتها بغير أن تحلفه اليمين مرة أخرى.

(نقض 1948/5/17 المحاماة س29 ص533)

11) متى كان الثابت أن الشاهد حلف اليمين، فإن الإجراء يكون صحيحا، ولا يؤثر في ذلك أن يكون الشاهد أثناء الحلف قد وضع يده على المصحف، فإن ذلك لا يعدو أن يكون تزيدا في طريقة الحلف.

(نقض 1948/6/1 مجموعة القواعد القانونية ج 7 ص582)

12) إذا كان الثابت بمحضر الجلسة أن المجني عليهما شهدا بأنهما رأيا المتهمين بالسرقة منهما وعرفاهم، فطلب المتهمون الحلف على الإنجيل، فعرضت المحكمة ذلك عليهما فحلفا بأنهم تأكدا من أنهم هم الـذين ارتكبوا الحادث، ولم يعترض الدفاع على ذلك فلا يقبل تخطئة المحكمة في هذا الإجراء الذي تم بناء عـلى طلبهم. كذلك لا يقبل الاعتراض منهم عـلى صيغة الحلف بمقولة أنها لم ترد على الرؤية والتحقق، بل هي منصرفة إلى مجرد التأكد الذي قد يكون عن طريق السـماع أو نحـوه، وذلـك مـا دام الثابت أن الحلف إنما طلب لتأكيد ما قرره المجني عليه عن الرؤية فعلا.

(نقض 1948/12/21 مجموعة القواعد القانونية ج7 ص702)

13) الشهادة قانونا تقوم على إخبار شفوي يدلي به الشاهد في مجلس القضاء بعد يمين يؤديها على الوجه الصحيح.

(نقض 1964/1/6 س15 ق1 ص1)

14) العبرة في أهلية الشهادة هي بوقت وقوع الأمر الذي تؤدى عنـه وبوقت أدائها.

(نقض 1983/2/2 س34 ق34 ص189)

15) أجاز القانون سماع الشهود الذين لم يبلغ سنهم أربع عشرة سنة بدون حلف يمين على سبيل الاستدلال، ولم يحرم الشارع على القاضي الأخذ بتلك الأقوال التي يدلي بها على سبيل الاستدلال إذا آنس فيها الصدق، فهي عنصر من عناصر الإثبات يقدره القاضي حسب اقتناعه. ولا يقبـل مـن الطاعن النعي على الحكم أخذه بأقوال المجني عليها بحجة عـدم قدرتها على الإجابة على أسئلة المحكمة إلا بصعوبة وبالإيماء بالرأس لصغر سنها ما دامت المحكمة قد اطمأنت إلى صحة ما أدلت به وركنت إلى أقوالها وإشاراتها على اعتبار أنها تدرك مـا تقول وتعيـه، ومـا دام أن الطاعن لم

يدفع بجلسة المحاكمة بعدم قدرتها على التمييز ولم يطلب من المحكمة تحقيق مدى توافر التمييز لديها.

(نقض 1984/3/8 س35 ق54 ص259)

16) القانون أجاز سماع الشهود الذين لم يبلغ سنهم أربع عشرة سنة بدون حلف يمين على سبيل الاستدلال، ولم يحرم على القاضي الأخذ بتلك الأقوال التي يدلي بها على سبيل الاستدلال إذا آنس فيها الصدق، فهي عنصر من عناصر الإثبات يقدره القاضي حسب اقتناعه. ولا يقبل من الطاعن النعي على الحكم أخذه بأقوال المجني عليه بحجة عدم استطاعته التمييز لصغر سنه ما دامت المحكمة قد اطمأنت إلى صحة ما أدلى به وركنت إلى أقواله على اعتبار أنه مدرك ما يقول ويعيه.

(نقض 1973/4/1 س24 ق91 ص445)

17) لم يحظر القانون سماع الشهادة التي تؤخذ على سبيل الاستدلال بلا يمين، بل للمحكمة متى اقتنعت بصحتها أن تأخذ بها وتعتمد عليها، ولما كان الطاعن لا يدعي أن الطفل الذي سمعت شهادته لم يكن يستطيع التمييز إنما اقتصر على القول بعدم إمكان الاطمئنان إلى أقواله لصغر سنه ولكونه شقيق المجني عليه ويجوز التأثير عليه، فإن ذلك لا يعدو أن يكون جدلا في تقدير أدلة الدعوى.

(نقض 1966/1/3 س17 ق3 ص15)

18) إن القاضي في المواد الجنائية غير مقيد في قضائه بالأخذ بدليل معين أو بقرينة خاصة، بل هو يحكم بما اطمأن إليه من أي عنصر من عناصر الدعوى وظروفها المعروضة عليه. وإذن فلا تثريب عليه إذا اعتمد في قضائه على أقوال مجني عليه لم يحلف اليمين القانونية لحداثة سنه ما دام هو قد قدر هذه الأقوال واطمأنت عقيدته إلى صدقها.

(نقض 1939/12/25 مجموعة القواعد القانونية ج 5 ق36)

19) الأصل أنه يجب على الشاهد أن يكون صادقا في شهادته ولحمله على الصدق أوجب القانون تحليفه اليمين، واستحلاف الشاهد هو من الضمانات التي شرعت فيما شرعت لمصلحة المتهم، لما في الحلف من تذكير الشاهد بالإله القائم على كل نفس وتحذيره من سخطه عليه إن هو قرر غير الحق، ولما هو مظنون من أنه قد ينجم عن هذا الترهيب أن يدلي الشاهد بأقوال لمصلحة المتهم قد تقع موقع القبول في نفس القاضي فيتخذها من أسس تكوين عقيدته. إلا أنه من جهة أخرى يجوز سماع المعلومات من أشخاص لا يجوز توجيه اليمين إليهم لكونهم غير أهل لذلك، إما بسبب حداثة سنهم أو المحرومين من أداء الشهادة بيمين. مذهب الشارع في التفرقة بين الشهادة التي تسمع بيمين وبين تلك التي تعد من قبيل الاستدلال والتي تسمع بغير يمين، يوحي بأنه يرى بأن الأشخاص الذين قضى بعدم تحليفهم اليمين هم أقل ثقة ممن أوجب عليهم حلفها، ولكنه مع ذلك لم يحرم على القاضي الأخذ بالأقوال التي يدلي بها على سبيل الاستدلال إذا آنس فيها الصدق في عنصر من عناصر الإثبات يقدره القاضي حسب اقتناعه، وغاية الأمر أن الشارع أراد أن يلفت النظر إلى هذه الأقوال كي يكون القاضي أكثر احتياطا في تقديرها وترك له بعد ذلك الحرية التامة في الأخذ بها أو إطراحها.

(نقض 1965/3/1 س16 ق40 ص187)

20) تمسك الطاعن أمام محكمة الدرجة الثانية بسماع شاهد كان متهما ثم قضي ببراءته، يجب سماعه ولو لم يبد هذا الطلب أمام محكمة أول درجة، لأن سببه لم يكن قد قام أمام تلك المحكمة، وإنما جد بعد ذلك حين انقشع الاتهام نهائيا عن المطلوب سماع شهادته بقضاء محكمة ثاني درجة ببراءته فصار يجوز سماعه شاهدا بعد أداء اليمين عملا بحكم المادة 283 إجراءات جنائية.

(نقض 1976/3/15 س27 ق66 ص316)

21) من المقرر أن من عدا المتهم المرفوعة عليه الدعوى العمومية ممن يحتمل الشهادة عن معلومات تتصل بهذه الدعوى إثباتا ونفيا فهو شاهد يوجب القانون أن يحلف اليمين أمام قاضي الموضوع متى كانت سنه قد بلغت أربع عشرة سنة، وذلك ضمانا للثقة بأنه يؤدي شهادته بالصدق. ولا يغير من الأمر أن يكون الشاهد فيما مضى من مراحل الدعوى قد وجه إليه الاتهام ثم صدر قرار بحفظ الدعوى العمومية بالنسبة له، أو قضي ببراءته من محكمة أخرى، أو أنه يحتمل أن تقام عليه الدعوى عن وقائع متصلة بالوقائع التي يشهد عليها، كما لا يمنع من استحلاف الشاهد كونه أبدى أقواله أمام سلطة التحقيق بغير يمين، وعلى الجملة فإنه ما دام الشاهد لم يكن عند أدائه الشهادة أمام المحكمة المرفوعة الدعوى العمومية عليه كمتهم في ذات الواقعة، ولم يقم بما يمنعه من أداء الشهادة أو ما يعفيه من أدائها، فإنه لا يوجد في القانون ما يحول دون سماع شهادته أمام المحكمة مع تحليفه اليمين كسائر الشهود.

(نقض 1953/7/3 س4 ق370 ص1064)

22) ليس في القانون ما يمنع المحكمة من تحليف من كان متهما في واقعة مرتبطة بالواقعة التي سمعت أقواله بصددها بعد أن تقرر فصل تلك الواقعة عن الواقعة المنظورة أمامها بالنسبة لمتهم آخر.

(نقض 1952/5/19 س3 ق358 ص961)

23) لمحكمة الجنايات الحق في الأخذ بأقوال المجني عليه وإن كان حاضرا أمامها بصفته متهما. وإذا كانت التهمة المسندة إليه منفصلة عن التهمة المسندة إلى المعتدى عليه وجب اعتباره كشاهد ضده لا متهما معه. وعلى المحكمة أن تحلفه اليمين القانونية أو على الأقل أن تأخذ أقواله بالكيفية المدونة بالمادة (143 أ.ج).

(نقض 1923/4/2 المجموعة الرسمية س27 ق97)

24) متى كان الثابت أن الشاهد حلف اليمين فإن الإجراء يكون صحيحا، ولا يؤثر في ذلك أن يكون الشاهد أثناء الحلف قد وضع يده على المصحف، فإن ذلك لا يعدو أن يكون تزيدا في طريقة الحلف.

(نقض 1948/6/1 مجموعة القواعد القانونية ج7 ق617 ص582)

25) إذا فات المحكمة أن تحلف الشاهد اليمين قبل إدلائه بالشهادة ثم تداركت ذلك بعد إدلائه بها فحلفته اليمين على أنه شهد بالحق فتعويلها على هذه الشهادة لا عيب فيه.

(نقض 1932/11/14 مجموعة القواعد القانونية ج3 ق 16 ص15)

26) لا بطلان في أن يحلف اليمين شاهد لم تكن أقواله تؤخذ إلا على سبيل الاستدلال.

(نقض 1928/12/20 مجموعة القواعد القانونية ج1 ق71 ص89)

27) الأمر الجوهري في الاستحلاف هو التذكير بالإله العظيم وأنه رقيب على الحالف ليكون صادقا فيما يبدي من الأقوال. والحلف بالله على قول الحق يقتضي الامتناع عن قول ما ليس بحق. وإذن فإهمال الجزء الثاني من عبارة الصيغة الواردة من المادة 145 تحقيق جنايات هو إهمال غير جوهري لدخول مدلوله بداهة في مدلول الجزء الأول، فهو لا يبطل الحلف ولا يفسد الشهادة.

(نقض 1928/12/20 مجموعة القواعد القانونية ج1 ق65 ص86)

28) استحلاف الشاهد في الحالة التي يوجب فيها القانون الحلف هو من الضمانات التي شرعت لمصلحة المتهم، ولكن هذه الضمانات لا تطلب إلا حيث يمكن تحقيقها، لأن مناط التكليف هو قدرة المكلف على الأداء. فإذا كان الشاهد أصم أبكم جازت شهادته ولو عجزت المحكمة عن استحلافه وعجز الشاهد عن الحلف واكتفت المحكمة بما استخلصته منه بطريق الإشارة عجزا منها عن إمكان الاسترسال في مناقشته لما به من صمم وبكم.

(نقض 1928/11/22 مجموعة القواعد القانونية ج1 ق20 ص42)

29) إذا لم ينص في المحضر على صيغة اليمين التي حلفها الشاهد فلا يكون ذلك وجها لبطلانه بطلانا جوهريا لأن القانون لم يحتم اتباع صيغة مخصوصة.

(نقض 1907/12/1 المجموعة الرسمية ص9 ق26)

30) متى حلف الشاهد اليمين أمام هيئة التحقيق أو المحكمة فإن كل ما يدلي به من أقوال أمام الهيئة ذاتها يكون بناء على اليمين التي حلفها، ولو كان ذلك في عدة مرات وأوقات في نفس الجلسة.

(نقض 1948/5/17 مجموعة القواعد القانونية ج7 ق601 ص562)

31) إن كل ما أوجبه القانون هو أن يحلف الشاهد اليمين قبل أن يؤدي شهادته، فمتى حلفها كان كل ما يدلي به بعد ذلك صادرا بناء عليها سواء أكان قد أدلى بها كلها في جلسة واحدة أو عدة جلسات، وإذن فلا يعيب الحكم أن تعيد المحكمة سؤال الشاهد في الجلسة ذاتها بغير أن يحلف اليمين مرة أخرى.

(نقض 1940/2/16 مجموعة القواعد القانونية ج5 ق67 ص115)

32) إذا سمعت المحكمة شهادة شاهد بعد تحليفه اليمين، ثم أعادت سؤاله بعد سماعها شهودا آخرين أو أثناء مرافعة الخصوم في الدعوى، فليس واجبا عليها أن تعيد تحليفه اليمين مرة أخرى، بل إن كل إجاباته على ما يوجه إليه في هذه المناقشة الثانية الحاصلة أثناء الجلسة نفسها تكون واقعة تحت اليمين الأولى.

(نقض 1933/5/1 مجموعة القواعد القانونية ج3 ق113 ص175)

(ونقض 1937/4/6 ج4 ق80 ص71)

33) لا بطلان في الإجراءات إذا لم يحلف الشاهد اليمين القانونية إذا كان قد سبق له أن حلفها قبل ذلك.

(نقض 1928/12/27 مجموعة القواعد القانونية ج1 ق84 ص95)

34) ليس من الضروري تحليف اليمين مرة ثانية للشاهد الذي طلب لأداء الشهادة مرة ثانية عند سماع الدعوى أمام المحكمة.

(نقض 1912/4/27 المجموعة الرسمية س13 ق72)

35) من المقرر أنه وإن كانت الشهادة لا تتكامل عناصرها إلا بحلف الشاهد اليمين إلا أن ذلك لا ينفي عن الأقوال التي يدلي بها الشاهد بغير حلف يمين أنها شهادة. فالشاهد لغة هو من اطلع على الشيء وعاينه، والشهادة اسم من المشاهدة وهي الاطلاع الشيء عيانا، وقد اعتبر القانون – في المادة 283 من قانون الإجراءات الجنائية – الشخص شاهدا بمجرد دعوته لأداء الشهادة سواء أداها بعد أن حلف اليمين أو دون أن يحلفها، ومن ثم فلا يعيب الحكم وصفه أقوال المجني عليه الذي لم يحلف اليمين بأنها شهادة.

(نقض 1973/4/16 س24 ق109 ص525)

36) من المقرر أنه وإن كانت الشهادة لا تتكامل عناصرها إلا بحلف الشاهد اليمين إلا أن ذلك لا ينفي عن الأقوال التي يدلي بها الشاهد بغير حلف يمين أنها شهادة، وقد اعتبر القانون – في المادة 283 من قانون الإجراءات أن الشخص يعد شاهدا بمجرد دعوته لأداء الشهادة سواء أداها بعد أن حلف اليمين أو دون أن يحلفها، ومن حق محكمة الموضوع أن تعتمد على أقوال هؤلاء الشهود، أو ترجع الأمر كله إلى ما تطمئن إليه من عناصر الاستدلال.

(نقض 1987/11/12 س38 ق175 ص960)

37) إذ كان من حق محكمة الموضوع أن تعتمد في قضائها بالإدانة على أقوال شاهد سئل على سبيل الاستدلال وكانت المحكمة قد اطمأنت إلى أقوال المجني عليه التي أبداها في محضر ضبط الواقعة بغير حلف يمين فإنه لا يقبل من الطاعنة مصادرة المحكمة في عقيدتها.

(نقض 1973/4/16 س24 ق109 ص525)

38) سماع المحكمة شهادة شخص بدون إعلان وبدون حلف يمين على سبيل الاستدلال لا يعتبر خطأ جوهريا في الإجراءات ما دامت المحكمة لم تعط لمعلومات هذا الشاهد أهمية لم تكن لتستحقها.

(نقض 1928/11/15 مجموعة القواعد القانونية ج1 ق11 ص17)

39) متى كان محامي الطاعن لم يعترض على سماع أقوال الشاهد بغير يمين وقد تم ذلك في حضوره فقد سقط حقه في التمسك بهذا البطلان الذي يتصل بإجراء من إجراءات التحقيق بالجلسة وفقا لنص المادة 333 إجراءات جنائية.

(نقض 1964/11/6 س15 ق131 ص659)

40) سؤال الشاهد بالجلسة دون حلف يمين إذا وقع بحضور محامي المتهم دون اعتراض منه على ذلك فإن حقه يسقط في الدفع ببطلان الإجراءات.

(نقض 1962/4/17 س13 ق96 ص380)

41) يرفض طلب النقض المبني على أن أحد شهود الإثبات لم يحلف اليمين ما دام أن باقيهم شهدوا بعد حلفهم اليمين بعدم صحة الأفعال المسندة إلى المتهم.

(نقض 1907/2/23 المجموعة الرسمية س8 ق98)

42) ينقض الحكم الصادر بعقوبة إذا كان مبنيا على شهادات الشهود بوجه عام وكان أحدهم لم يحلف اليمين أمام المحكمة ولا يزيل البطلان سكوت الحكم عن أخذ المحكمة بتلك الشهادة أو عدم أخذها بها.

(نقض 1904/10/6 المجموعة الرسمية س6 ق37)

43) إنه بمقتضى المادة 46 من قانون تشكيل محاكم الجنايات يجوز للمحكمة أثناء نظر الدعوى أن تستدعي وتسمع أقوال أي شخص فإذا هي استعملت هذا الحق فاستدعت شخصا تصادف وجوده في الجلسة

ولم تحلفه اليمين ولم يعترض الطاعن على هذا الإجراء أمامها فلا يصح له أن يثيره أمام محكمة النقض.

(نقض 1951/5/29 س2 ق433 ص1185)

44) لما كان القانون قد أجاز سماع الشهود الذين لم يبلغ سنهم أربع عشرة سنة بدون حلف يمين على سبيل الاستدلال، ولم يحرم على القاضي الأخذ بتلك الأقوال التي يدلي بها على سبيل الاستدلال إذا آنس فيها الصدق، فهي عنصر من عناصر الإثبات يقدره القاضي حسب اقتناعه، فإنه لا يقبل من الطاعن النعي على الحكم أخذه بأقوال المجني عليه كشاهد في الدعوى بحجة أن سؤاله كان بغير حلف يمين على سبيل الاستدلال، ما دام أن الطاعن لا يماري في قدرة المجني عليه على التمييز وتحمل الشهادة، إذ أن عدم حلفه اليمين لا ينفي عن الأقوال التي يدلي بها أنها شهادة.

(الطعن رقم 3204 لسنة 54ق جلسة 1985/2/18 س36 ص264)

45) لما كان من المقرر أنه وإن كانت الشهادة لا تتكامل عناصرها إلا بحلف الشاهد اليمين إلا أن ذلك لا ينفي عن الأقوال التي يدلي بها الشاهد بغير حلف يمين أنها شهادة. فالشاهد لغة هو من اطلع على الشيء وعاينه، والشهادة اسم من المشاهدة وهي الإطلاع الشيء عيانا، وقد اعتبر القانون – في المادة 283 من قانون الإجراءات الجنائية – الشخص شاهدا بمجرد دعوته لأداء الشهادة سواء أداها بعد أن حلف اليمين أو دون أن يحلفها، كما أنه لا يوجد في القانون ما يمنع المحكمة من أن تأخذ بأقوال سمعت على سبيل الاستدلال ممن كان متهما في ذات الواقعة بعد أن تقرر عدم إقامة الدعوى الجنائية قبله إذ آنست فيها الصدق ولا يعيب الحكم وصف أقوال من سمعت أقوالهم دون حلف يمين أو وجهت إليهم اتهامات في الدعوى – بفرض صحة ذلك – بأنها شهادة.

(الطعن رقم 5769 لسنة 60ق جلسة 1999/3/11)

سماع الشهود:

1) للمحكمة الاستغناء عن سماع الشهود إذا قبل المتهم أو المدافع عنه ذلك صراحة أو ضمنا، وفقا لما تقضي به المادة 289 إجراءات، ومحكمة ثاني درجة تقضي على مقتضى الأوراق، وهي لا تجري من التحقيقات إلا ما ترى لزوما لإجرائه أو لاستكمال نقص في إجراءات المحاكمة أمام محكمة أول درجة.

(نقض 1982/3/6 س33 ق61 ص295)

2) صدور الحكم على المستأنف من محكمة أول درجة حضوريا اعتباريا على أساس أنه أعلن لشخصه دون سماع الشهود وطلبه من المحكمة الاستئنافية سماع الشهود، فإن عليها استيفاء ما فات محكمة أول درجة من وجوب تحقيق الدعوى كما لو كان المتهم حاضرا. وإلا كان الحكم باطلا لإخلاله بحق الدفاع.

(نقض 1970/5/24 س21 ق170 ص721)

3) لما كانت محكمة أول درجة لم تجر تحقيقا في الدعوى وعولت في إدانة الطاعن على ما أثبته شاهد الإثبات في محضره دون أن تسأله في مواجهة الطاعن الذي طلب سماعه، فإنه كان يتعين على المحكمة الاستئنافية أن تستكمل هذا النقص في الإجراءات بإجابة الطاعن إلى طلبه من سماع أقوال شاهد الإثبات في حضوره، أما وهي لم تفعل فإنها تكون قد أخلت بحق الطاعن في الدفاع مما يتعين معه نقص الحكم.

(نقض 1969/12/8 س20 ق281 ص1378)

4) واجب على المحكمة الاستئنافية أن يضع أحد أعضائها تقريرا مستوفيا يتلى في الجلسة وهو الإجراء الوحيد الذي يشهد بتحقيق شفوية المرافعة في المحاكمة الاستئنافية.

(نقض 1966/2/28 س17 ق39 ص211)

5) أوجبت الفقرة الأولى من المادة 241 إجراءات جنائية على المحكمة في أحوال الحكم الحضوري الاعتباري أن تحقق الدعوى أمامها كما لو كان الخصم حاضرا، ومن ثم فإذا باشرت محكمة أول درجة بنفسها تحقيقا في الدعوى بسماع الشاهد الذي حضر أمامها فلا تثريب على المحكمة الاستئنافية إذا هي لم تسمع من جانبها شهودا مكتفية بالتحقيق الذي أجرته محكمة أول درجة.

(نقض 1958/5/30 س9 ق140 ص556)

6) إذا طلب الطاعن إلى المحكمة الاستئنافية مناقشة شهود الإثبات أمامها – الذين لم تسمعهم محكمة الدرجة الأولى – فأجابت على هذا الطلب بما لا يصلح ردا عليه ورفضته بحكمها الصادر بالإدانة استنادا إلى التحقيقات الابتدائية وحدها يكون معيبا.

(نقض 1952/4/14 س3 ق308 ص823)

7) متى كان المتهم قد تمسك أمام محكمة أول درجة بضرورة حضور الشاهد لمناقشته فقضت المحكمة في الدعوى دون أن تسمعه، ثم لم تتدارك المحكمة الاستئنافية هذا الخطأ بل قضت بتأييد الحكم الابتدائي لأسباب دون سماع الشاهد فإن حكمها يكون معيبا.

(نقض 1952/1/18 س3 ق343 ص455)

8) إذا كانت محكمة الدرجة الأولى قد سمعت شهود الإثبات في غيبة المتهم، والمحكمة الاستئنافية لم تستجب إلى ما تمسك به محاميه من طلب سماعهم فإن حكمها يكون قد انطوى على إخلال بحق الدفاع، إذ أن المحاكمات الجنائية تقتضي سماع الشهود في مواجهة المتهم متى كان ذلك ممكنا.

(نقض 1951/10/8 س3 ق16 ص32)

9) إذا كان الثابت أن المحكمة الابتدائية والمحكمة الاستئنافية لم تجريا أي تحقيق ولم تسمعا شهودا أصلا بل بنتا الحكم على محاضر ضبط الواقعة التي أجراها البوليس فإن إجراءات المحاكمة تكون باطلة.

(نقض 1951/6/4 س2 ق439 ص1203)

10) إذا كانت محكمة الدرجة الأولى قد استندت فيما استندت إليه في إدانة المتهم إلى أقوال شاهد التحقيقات دون أن تسمعه وتمسك المتهم أمام المحكمة الاستئنافية بسماع هذا الشاهد في مواجهته فلم تجبه إلى طلبه فإنها تكون قد أخلت بحقه في الدفاع مما يبطل إجراءات المحاكمة ويستوجب نقض الحكم. ولا يغير من حكم القانون في ذلك قول المحكمة أنها لم تستند في إدانة هذا المتهم إلى أقوال الشاهد وحده، إذ الأدلة في المواد الجنائية متساندة يشد بعضها بعضا فإذا سقط واحد منها انهارت بسقوطه باقي الأدلة.

(نقض 1951/3/12 س2 ق289 ص763)

11) إذا كانت محكمة الدرجة الأولى قد اعتمدت في إدانة المتهم بصفة أصلية على أقوال الشهود في التحقيقات دون أن تجري تحقيقا بالجلسة في مواجهة المتهم وتسمع شهادة شهود الإثبات بصرف النظر عن تنازله عن سماعهم وعن اعترافه الذي لم تعول عليه إلا بوصفه مؤيدا لشهادة هؤلاء الشهود، فإنه يكون من المتعين على محكمة الدرجة الثانية أن تصحح هذا الخلل في إجراءات المحاكمة وتجيب المتهم إلى طلبه إليها من سماع الشهود في مواجهته وإلا يكون حكمها معيبا متعينا نقضه.

(نقض 1951/2/19 س2 ق247 ص649)

12) إذا كان المتهم قد طلب إلى محكمة ثاني درجة استدعاء المجني عليها وهي الشاهدة الوحيدة في الدعوى لسماع أقوالها لأنها لم تسمع أمام محكمة الدرجة الأولى ولكن المحكمة لم تستجب إليه وقضت بتأييد

الحكم الابتدائي الصادر بإدانة المتهم فإن إجراءات المحاكمة تكون باطلة.

(نقض 1951/1/15 س2 ق188 ص499)

13) متى كان يبين من الإطلاع على الأوراق أن المحكمة الجزئية لم تسمع الشهود إلا في غيبة المتهم وأن المحكمة الاستئنافية لم تسمع شهودا مطلقا على الرغم من أن المتهم طلب أمامها التصريح له بإعلان شهود نفي فإن حكمها يكون معيبا واجبا نقضه.

(نقض 1951/1/1 س2 ق171 ص456)

14) الأصل في الأحكام الجنائية أن تبنى على التحقيق الشفوي الذي تجريه المحكمة بنفسها في الجلسة وتسمه فيه الشهود ما دام سماعهم ممكنا، وإذا فإذا كان الحكم قد قضى بتأييد الحكم الابتدائي الصادر بإدانة المتهم استنادا إلى أقوال الشاهد الوحيد في الدعوى مع أنه لم يسمع بالجلسة كشاهد في الدعوى لا أمام محكمة أول درجة ولا أمام المحكمة الاستئنافية فإن إجراءات المحاكمة تكون باطلة.

(نقض 1950/11/7 س2 ق5 ص128)

15) الأصل في المحاكمة الجنائية أن يكون التعويل في الحكم على ما تجريه المحكمة بنفسها من التحقيق، وإذن فما دام الشاهد قد حضر فإنه يتعين على المحكمة سماعه ولو لم يتمسك المتهم بذلك، فإذا لم تسمعه محكمة الدرجة الأولى فإنه يكون على المحكمة الاستئنافية أن تسمعه وإلا كان حكمها معيبا متعينا نقضه.

(نقض 1947/12/11 مجموعة القواعد القانونية ج7 ق451 ص417)

16) العبرة في الأحكام الجنائية هي بالتحقيقات الشفوية التي تجريها المحاكم في جلسات المحاكمة بحضور الخصوم، فإذا سمعت محكمة الدرجة الأولى شهود الإثبات في غيبة المتهم وقضت ببراءته

فلا يجوز للمحكمة الاستئنافية أن تدينه تأسيسا على ما كان أولئك الشهود قد قالوه أمام محكمة الدرجة الأولى فإن سماع الشهود أمام المحكمة في غيبة المتهم لا يتحقق فيه بالبداهة كل الغرض المقصود، إذ هو لا تتاح له فرصة مناقشة أدلة الإثبات وقت عرضها على المحكمة.

(نقض 1946/11/18 مجموعة القواعد القانونية ج7 ق34ص232)

17) متى كان الثابت أن شهود الإثبات الذين اعتمد الحكم عليهم في إدانة المتهم لم يسمعوا أمام محكمة الدرجة الأولى فإنه يكون على المحكمة الاستئنافية أن تسمعهم إجابة لطلب الدفاع. ومتى كان الأمر كذلك وكان سماع دليل الإثبات يقتضي حتما سماع الدليل الذي يقدم من الخصوم في صدد نفيه، فإن المحكمة إذ قضت برفض طلب سماع شهود الإثبات وشهود النفي تكون قد أخطأت خطا يعيب حكمها بما يستوجب نقضه.

(نقض 1945/12/3 مجموعة القواعد القانونية ج7 ق24 ص18)

18) متى كان يبين من مراجعة محاضر جلسات المحاكمة أمام محكمة أول درجة أن الطاعن لم يطلب سماع أحد الشهود، وكان من المقرر أن نص المادة 289 من قانون الإجراءات الجنائية بعد تعديله بالقانون رقم 113 لسنة 1957 يخول للمحكمة الاستغناء عن سماع الشهود إذا قبل المتهم أو المدافع عنه ذلك - يستوي في ذلك أن يكون القبول صريحا أو ضمنيا، بتصرف المتهم أو المدافع عنه بما يدل عليه، وأن محكمة ثاني إنما تحكم في الأصل على مقتضى الأوراق، وهي لا تجري من التحقيقات إلا ما ترى هي لزوما لإجرائه، ولا تلتزم إلا بسماع الشهود الذين كان يجب سماعهم أمام محكمة أول درجة، فإذا لم تر من جانبها حاجة إلى سماعهم، وكان المدافع عن الطاعن وإن أبدى طلب سماع أقوال الشهود أمام المحكمة

الاستئنافية، فإنه يعتبر متنازلا عنه بسبق سكوته عن التمسك أمام محكمة أول درجة.

(نقض 1979/1/8 س30 ق45 ص226)

19) إن المشرع قد ترك لقاضي التحقيق سلطه التقدير فيمن يرى لزوما لسماع أقواله من الشهود الذين يطلب الخصوم سماعهم ومن لا يرى في سماعهم فائدة.

(نقض جلسة 1953/3/3 س 4 ق 277 ص 590)

سماع المدعي المدني كشاهد:

1) جرى قضاء محكمة النقض على أن المدعي بالحقوق المدنية إنما يسمع كشاهد ويحلف اليمين إذا طلب ذلك أو طلبته المحكمة سواء من تلقاء نفسها أو بناء على طلب الخصوم وكان يبين من مطالعة محاضر جلسات المحاكمة أنه لم يطلب أحد من الطاعنين أو المدعين بالحقوق المدنية من المحكمة بسماع أي من هؤلاء الأخيرين، ولم تر هي ذلك، فإنه لا محل لما ينعاه الطاعنون من بطلان الإجراءات لإغفال المحكمة إعمال حكم المادة 288 من قانون الإجراءات التي توجب سماع المدعين بالحقوق المدنية كشهود بعد حلف اليمين ولا يعيب الحكم عزوفه عن سماع أقوالهم وتعويله في قضائه على ما تضمنته التحقيقات.

(نقض 1978/2/6 مجموعة القواعد القانونية س29 ص136)

2) إن ما يثيره الطاعن من أن المحكمة استمعت لأقوال المدعية بالحقوق المدنية كشاهد في الدعوى (في حين أنها لا تسأل أصلا إلا على سبيل الاستدلال) مردود بأن المدعي بالحقوق المدنية - طبقا لما تقضي به المادة 288 من قانون الإجراءات الجنائية - إنما يسمع كشاهد ويحلف اليمين إذا طلب ذلك أو طلبته المحكمة سواء من تلقاء نفسها أو بناء على طلب الخصوم.

(نقض 1973/1/22 مجموعة القواعد القانونية س24 ص90)

3) متى كانت المحكمة قد سمعت شهادة المدعي المدني بدون حلف يمين في حضور محامي المتهم دون أن يعترض على ذلك، فإن حقه في الدفع ببطلان شهادة المدعي المدني يسقط طبقا لنص المادة 333 من قانون الإجراءات الجنائية.

(نقض 1957/4/1 مجموعة القواعد القانونية س8 ص322)

4) لا يعيب الحكم إن عول في قضائه على أقوال المدعي بالحق المدني ما دامت المادة 288 إجراءات جنائية تجيز سماعه كشاهد.

(نقض 1972/12/24 س23 ق322 ص1431)

5) إن ما استحدثه قانون الإجراءات الجنائية من النص على تحليف المدعي بالحقوق المدنية اليمين لم يشرع حماية لهذا المدعي لا بوصفه شاهدا ولا بوصفه مدعيا، وإنما شرع ضمانة للمتهم المشهود ضده، ولذا فلا يكون للمدعي بالحقوق المدنية الذي لم يحلف اليمين ولم تأخذ المحكمة بشهادته ضد المتهم أن ينعى على الإجراءات عدم حلفه هو اليمين.

(نقض 1953/3/30 س4 ق238 ص656)

6) ليس في القانون ما يمنع المحكمة من تحليف المدعي بالحقوق المدنية في الدعوى إذا ما رأت سماعه كشاهد، ولا تحليف من كان متهما في واقعة مرتبطة بالواقعة التي سمعت أقواله بصددها بعد أن تقرر فصل تلك الواقعة عن الواقعة المنظورة أمامها بالنسبة إلى متهم آخر لنظرها أمام محكمة أخرى.

(نقض 1948/11/3 مجموعة القواعد القانونية ج7 ق675 ص639)

7) لا مانع قانونا من سماع شهادة المدعي المدني بعد تحليفه اليمين كسائر الشهود، فإنه إذا كان خصما في الدعوى المدنية فهو ليس بخصم في الدعوى العمومية التي تنصب شهادته عليها.

(نقض 1936/12/21 مجموعة القواعد القانونية ج4 ق24 ص24)

8) لا يوجد أي مانع قانوني يمنع من سماع شهادة المدعي المدني في الدعوى العمومية مع تحليفه اليمين كغيره من الشهود، ولئن كان هو يستفيد من دعواه المدنية من شهادته التي يؤديها بعد الحلف، فهي استفادة تبعية محضة لا يصح بسببها تعطيل دليل في الدعوى العمومية. ولا يصح القول بأن المدعي المدني خصم في الدعوى ولا تجوز شهادته، فإن المدعي المدني إذا كان خصما في الدعوى المدنية فهو ليس خصما في الدعوى العمومية وشهادته إنما هي راجعة أولا وبالذات إلى الدعوى العمومية التي لا خصومة له فيها، والمحكمة إذ تحكم في الدعوى المدنية لمصلحته فليس ذلك آتيا من أنها أخذت بأقواله في الدعوى المدنية مباشرة وهو خصم فيها، بل لأن الدعوى العمومية ثبتت صحتها لديها وثبوتها يقتضي حتما ثبوت الدعوى المدنية المترتبة عليها.

(نقض 1931/12/14 مجموعة القواعد القانونية ج2 ق303ص371)

9) المدعي المدني سواء أكان مدعيا بشخصه أم بواسطة نائب شرعي عنه تصح شهادته بعد حلف اليمين، لأنه إذا كان قاصرا فاقد الأهلية فيما يتعلق بالدعوى المدنية فإنه فيما يتعلق بأداء الشهادة في الدعوى العمومية يكون حائزا للأهلية القانونية متى كانت سنه أزيد من أربع عشرة سنة.

(نقض 1931/12/14 مجموعة القواعد القانونية ج2 ق303ص371)

10) للقاضي دائما - حسب ما يراه - الق في سماع المدعي بالمدني بصفة شاهد بعد تحليفه اليمين أو على سبيل الاستدلال فقط.

(نقض 1922/1/30 المجموعة الرسمية س23 ق97)

11) لا يوجد في نصوص القانون المصري ما يمنع من سؤال المجني عليه وتحليفه اليمين بصفته شاهدا.

(نقض 1913/4/5 المجموعة الرسمية س14 ق87)

12) يصح أن يشهد المدعي بالحقوق المدنية بعد تحليفه اليمين وتجوز محاكمته على الشهادة المزورة إذا حلف باطلاً.

(نقض 1907/8/20 المجموعة الرسمية س9 ق9)

تعرف الشاهد على المتهم:

1) من المقرر أن تعرف الشاهد على المتهمين ليس من إجراءات التحقيق التي يوجب القانون لها شكلا خاصا.

(الطعن رقم 629 لسنة 46ق جلسة 1976/11/3 س27 ص839)

2) لم يرسم القانون للتعرف صورة خاصة يبطل إذا لم يتم عليها، فمن حق محكمة الموضوع أن تأخذ بتعرف الشهود على المتهم ولو لم يجر عرضه في جمع من أشباهه ما دامت قد اطمأنت إليه، إذ العبرة هي باطمئنان المحكمة إلى صدق الشهود أنفسهم.

(نقض جلسة 1977/11/27 س28 ق200 ص969)

3) عملية العرض لتعرف الشهود على المتهم ليست لها أحكام مقررة في القانون تجب مراعاتها وإلا كان العمل باطلا، إذ هي مسالة متعلقة بالتحقيق متروك التقدير فيها للمحكمة.

(نقض جلسة 1968/2/5 س19 ق28 ص156)

4) إن تعرف الشهود على المتهم ليس من إجراءات التحقيق التي يوجب القانون لها شكلا خاصا، فإذا كان وجه الطعن يرمي إلى القول بأن عملية التعرف لم تجر على وجه فني فانه لا يكون له محل.

(نقض 1948/12/21 مجموعة القواعد القانونية ج7ق742ص704)

5) من المقرر أن العبرة في الأحكام هي بإجراءات المحاكمة وبالتحقيقات التي تحصل أمام المحكمة، ولما كان ما ينعاه الطاعن بقالة الفساد في الاستدلال والإخلال بحقه في الدفاع لإغفال عرضه على شاهد الإثبات وعدم مواجهته بالمتهمين الأول والثالث مردودا بأنه لا يعدو أن يكون

تعييبا للتحقيق الذي جرى في المرحلة السابقة على المحاكمة بما لا يصح أن يكون سببا للطعن على الحكم، وكانت المحكمة قد اطمأنت إلى أن الطاعن هو المعني بأقوال شاهد الإثبات والمتهمين المذكورين، فان ما يثيره في هذا الصدد ينحل في حقيقته إلى جدل موضوعي مما لا يجوز التحدي به أمام محكمة النقض.

(نقض جلسة 1973/3/26 س24 ق89 ص427)

6) إن خلو التحقيق الابتدائي من مواجهة الطاعنة بالشاهد وبباقي المتهمات لا يترتب عليه بطلانه، بل يكون لها أن تتمسك لدى محكمة الموضوع بما قد يكون في هذا التحقيق من نقص حتى تقدره المحكمة وهي على بينة من أمره كما هو الشأن في سائر أدلة الدعوى. ولما كانت الطاعنة قد اقتصرت على الدفع ببطلان التحقيق الابتدائي دون أن تطلب من المحكمة مواجهتها بباقي المتهمات أو بشاهد الإثبات وكان ما انتهى إليه الحكم المطعون فيه من رفض الدفع سديدا في القانون فان ما تثيره في هذا الصدد لا يكون له محل.

(نقض جلسة 1972/12/11 س23 ق308 ص1367)

7) إن القانون لا يرتب البطلان إلا على قيام المحقق في جناية بمواجهة المتهم بغيره من المتهمين أو الشهود دون أن يتبع الضمانات المنصوص عليها في المادتين 124 و125 إجراءات بدعوة محامي المتهم للحضور إن وجد والسماح له بالإطلاع على التحقيق في اليوم السابق على المواجهة ما لم يقرر المحقق غير ذلك.

(نقض جلسة 1969/4/28 س20 ق119 ص576)

8) إن نقص التحقيقات الأولية أو قصورها لا يكون سببا لبطلان المحاكمة ما دام الأمر فيه مطروحا للبحث أمام المحكمة وللمتهم أن يبدي لها دفاعه في صدده. وإذن فخطأ المحقق بتمكينه المجني عليه من رؤية المتهم

قبل أن يعرض عليه مع آخرين للاستيثاق من صدق قوله بأنه تبينه وقت الواقعة وتعرف على شخصيته، ذلك لا يمنع المحكمة من أن تأخذ بأقوال المجني عليه وتعرفه، إذ الأمر متعلق بمبلغ اطمئنانها إلى صحة الدليل.

(نقض جلسة 1950/11/27 س2 ق86 ص223)

9) إن خطأ المحقق بتمكينه المجني عليه من رؤية المتهم قبل أن يعرض عليه مع آخرين للاستيثاق من صدق قوله بأنه تبينه وقت الواقعة وتعرف على شخصيته، ذلك ليس من شأنه أن يؤثر في صحة إجراءات المحاكمة لكونه مما يتعلق بالتحقيق من الناحية الفنية أي من حيث طريقة السير فيه ومباشرة أعماله وتتبع خطواته من الناحية العلمية البحت لا من الناحية القانونية، وإذا كانت المحكمة مع ذلك قد أخذت بأقوال المجني عليه فلا تجوز مطالبتها ببيان سبب أخذها بها، لأنه معروف ومعلوم وهو اطمئنانها إلى صحة هذا الدليل مع علمها بكل الظروف التي أحاطت به، ومنها كون المواجهة قد أجريت على غير أصولها الفنية.

(نقض 1945/5/14 مجموعة القواعد القانونية ج6 ق570 ص807)

10) لمحكمة الموضوع أن تأخذ بتعرف المجني عليه على المتهم ولو كان يعرفه من قبل متى اطمأنت إليه، كما هو الشان في أدلة الإثبات كافة.

(نقض جلسة 195/6/6 س1 ق236 ص729)

11) ليس ثمة ما يحول بين المحقق أو المحكمة وإدراك معاني إشارات الأبكم والأصم بغير الاستعانة بخبير ينقل إليها معاني الإشارات التي يوجهها المتهم ردا على سؤاله عن الجريمة التي يجري التحقيق معه في شانها أو يحاكم من أجلها ما دام انه كان باستطاعة المحقق أو المحكمة تبين معنى تلك الإشارة ولم يدع المتهم في طعنه أو ما فهمه المحقق أو المحكمة منها مخالف لما أراده.

(نقض جلسة 1966/4/19 مجموعة المكتب الفني س17 ص455)

12) لم يرسم القانون للتعرف صورة خاصة يبطل إذا لم يتم عليها، فمن حق محكمة الموضوع أن تأخذ بتعرف الشهود على المتهم ولو لم يجر عرضه في جمع من أشباهه ما دامت قد اطمأنت إليه، إذ العبرة هي باطمئنان المحكمة إلى صدق الشهود أنفسهم.

(نقض جلسة 1968/2/5 مجموعة المكتب الفني س19 ص156)

(ونقض 1980/4/21 مجموعة القواعد القانونية س31 ص99)

(ونقض 1985/1/6 مجموعة القواعد القانونية س36 ص52)

تدوين الشهادة:

● إن الدفع ببطلان الإجراءات استنادا إلى أن الشهود الذين سمعتهم المحكمة واعتمدت على شهادتهم في قضائها بالإدانة لم يبين في محضر الجلسة سن كل منهم وصناعته ومحل إقامته - هذا الدفع مردود ما دام المتهم لم يتمسك به أمام المحكمة الاستئنافية، وكان الثابت من محضر الجلسة أن الشهود حلفوا اليمين. وهذا المحضر وإن خلا من بيان سن كل منهم وصناعته ومحل إقامته وكانت المادة (170) تحقيق جنايات تقضي بتدوين هذا البيان، غير أن إغفال ذلك لا يستوجب البطلان، ومن الجهة الأخرى فهذا القصور لم يجهل الشهود عند الطاعن الذي لا يدعي انه ضر بسبب هذا الإغفال فلا تكون له مصلحة من وراء إثباته.

(نقض جلسة 1947/11/10 المحاماة س28 ص931)

الإمتناع عن الشهادة أو عن الإجابة بدون مبرر:

1) لما كان شاهد النفي الذي امتنع عن أداء اليمين ليس من بين الأشخاص الذين قضى الشارع بعدم تحليفهم اليمين ولا تملك المحكمة أن تجبر الشاهد على حلف اليمين أو الإدلاء بالشهادة إن رأى الامتناع عن ذلك وكل ما لها - طبقا للمادة 284 من قانون الإجراءات الجنائية - أن توقع

عليه العقوبة المقررة فيها وأن تعفيه منها إذا عدل من تلقاء نفسه عن امتناعه قبل إقفال باب المرافعة. وكان الطاعن وقد وضع قدره حسب تصوره واعتقاده في يد شاهده، فهو وحده الذي كان يستطيع تكييف موقفه من شهادة هذا الشاهد مقدرا احتمالاتها بعد أن تكشفت نيته بالامتناع عن أداء اليمين، وكان له أن يفصح للمحكمة عن رغبته في أن تسمع شهادته بغير يمين راضيا بقسمة منها. ولما كان الطاعن لم يتمسك بسماع أقوال شاهدة على سبيل الاستدلال، وكان الإجراء الذي اتخذته المحكمة برفضها الاستماع إلى شهادته بغير يمين قد تم في حضور الدفاع والطاعن الذي سكت عن الاعتراض عليه وبذلك يسقط حقه في الدفع بهذا البطلان الذي يدعي وقوعه بغير حق، ولا يقدح في هذا أن تكون المحكمة قد أصدرت قرارا برفض سماع الشاهد المذكور إذ أن هذا القرار لا يعدو أن يكون من الإجراءات التنظيمية لسير المحاكمة التي لا تقيد المحكمة ولا ينغلق به الباب على الطاعن.

(نقض 1965/3/1 مجموعة القواعد القانونية س16 ص187)

2) إن سكوت الضابط عند الإدلاء بأسماء أفراد القوة المصاحبة له لا ينال من سلامة أقواله وكفايتها كدليل في الدعوى.

(الطعن رقم 1604 لسنة 48ق جلسة 1979/1/22 س30 ص143)

3) لا تملك المحكمة إجبار الشاهد على حلف اليمين أو الإدلاء بالشهادة إن رأى الامتناع عن ذلك، وكل ما لها أن طبقا للمادة 284 إجراءات جنائية أن توقع عليه العقوبة المقررة وأن تعفيه منها إذا عدل من تلقاء نفسه عن امتناعه قبل إقفال باب المرافعة. وإذا امتنع شاهد النفي عن أداء اليمين ورفضت المحكمة الاستماع إلى شهادته بغير يمين وحصل ذلك في حضور الطاعن والمدافع عنه دون أن يفصح أيهما للمحكمة عن رغبته في أن

تسمع شهادته بغير يمين، فإن هذا يسقط حق الطاعن في الدفع بالبطلان الذي يدعي وقوعه بغير حق.

(نقض 1965/3/1 س16 ق40 ص187)

4) إن المرجع - عند تطبيق المادة 2/87 تحقيق جنايات - في كون القضية الجاري تحقيقها والمطلوب سماع أقوال الشاهد فيها هي جناية أم لا إلى الوصف الذي يعطيه المحقق لها لا إلى الوصف الأخير الذي تعطيه المحكمة لها بعد تقديمها إليها وفصلها فيها.

(نقض 1929/5/2 مجموعة القواعد القانونية ج1 ق249 ص294)

5) تعتبر الواقعة مبينة بيانا كافيا في الحكم الصادر على الشاهد بحسب المادة 87 تحقيق جنايات متى كان مذكورا فيه حصول الامتناع عن الإجابة على الأسئلة التي يوجهها المحقق، ولا ضرورة لبيان الأسئلة التي امتنع الشاهد عن الإجابة عليها حتى يعلم أمتعلقة هي بالموضوع أم غير متعلقة إذ المفروض أن المحقق إنما يوجه من الأسئلة ما هو مفيد في الدعوى وهو وحده الذي يحكم بتعلقه بالموضوع وعدم تعلقه به اللهم إلا إذا وضع سؤالا تحكم بداهة باستحالة تعلقه بالموضوع استحالة مطلقة فعندئذ يكون على من يدعي توجيه المحقق مثل هذا السؤال إليه أن يبين ما هو هذا السؤال.

(نقض 1929/5/2 مجموعة القواعد القانونية ج1 ق249 ص294)

تعذر سماع الشاهد:

1) من المقرر أنه إذا استحال على المحكمة سماع الشهود لعدم الاهتداء إلى محال إقامتهم لإعلانهم بالحضور أمامها، فإنه يكون لها قانونا في هذه الحالة أن ترجع إلى أقوالهم في التحقيقات وأن تعتمد عليها في الحكم.

(نقض 1966/6/21 س17 ق162 ص862)

2) إنه وإن كان سماع شهود الإثبات أمرا واجبا قانونا لا تملك المحكمة الالتفات عنه والاكتفاء بالتحقيقات الأولية التي أجراها البوليس لما في ذلك من منافاة لقاعدة شفوية التحقيق، إلا أن محل ذلك أن يكون هذا السماع ميسرا، أما إذا استحال حضور الشاهد بسبب عدم الاستدلال عليه أو لسبب غيره فإنه ليس ما يمنع المحكمة من التعويل على شهادته المدونة بالتحقيقات.

(نقض 1951/5/28 س2 ق418 ص1146)

3) لا مانع قانونا من أن تعول المحكمة على أقوال المجني عليه في التحقيقات وأمام النيابة ما دام قد توفي واستحال سماعه أمام المحكمة، وليس يعيب الحكم عدم تلاوة هذه الأقوال في الجلسة إذا كان المتهم لم يطلب ذلك، وما دامت تلك الأقوال كانت محل مناقشة من الاتهام والدفاع على اعتبارها من أدلة الدعوى.

(نقض 1938/1/31 مجموعة القواعد القانونية ج4 ق159 ص148)

4) إنه وإن كان سماع شهود الإثبات أمرا واجبا قانونا مراعاة للصالح العام كيما يتسنى للمحكمة مناقشتهم لاستجلاء حقيقة التهمة المسندة إلى المتهم إلا أنه إذا تعذر عليها ذلك لعدم الاستدلال عليهم جاز لها أن تصرف النظر عن سماعهم وتكتفي بأقوالهم المدونة في التحقيقات.

(نقض 1930/2/27 مجموعة القواعد القانونية ج1 ق400 ص471)

5) يتعين إجابة الدفاع إلى طلبه سماع شهود الواقعة ولو لم يرد لهم ذكر في قائمة شهود الإثبات أو يقم المتهم بإعلانهم لأنهم لا يعتبرون شهود نفي بمعنى الكلمة حتى يلتزم بإعلانهم، ولأن المحكمة هي الملاذ الأخير الذي يتعين أن ينفسح لتحقيق الواقعة وتقصيها على الوجه الصحيح غير مقيدة في ذلك بتصرف النيابة العامة فيما تبينه في قائمة شهود الإثبات أو تسقطه من أسماء الشهود الذين عاينوا الواقعة أو يمكن أن يكونوا

عاينوها وإلا انتفت الجدية في المحاكمة وانغلق باب الدفاع في وجه طارقه بغير حق، وهو ما تأباه العدالة أشد الإباء.

(نقض 1982/11/11 س33 ق179 ص870)

6) المحاكمات الجنائية تقوم على التحقيق الشفوي الذي تجريه المحكمة في مواجهة المتهم وتسمع فيه الشهود لإثبات التهمة أو نفيها. ولئن كان وجوب سماع الشهود قاعدة لها القيدين اللذين نصت عليهما المادة 289أ.ج وأوردهما الحكم المطعون فيه. إلا أن تخلف الشاهد عن الحضور رغم تأجيل نظر الدعوى لإعلانه – وحتى بعد تكليفه بالحضور أمام المحكمة – لا يفيد بمجرده أن سماعه أصبح متعذرا طالما أن قانون الإجراءات الجنائية قد بين في المادتين 279، 280 منه الإجراءات التي تتبعها المحكمة في حالة تخلف الشاهد عن الحضور بعد تكليفه به وأجاز لها تغريمه والأمر بضبطه وإحضاره. لما كان ذلك، وكان ما أورده الحكم ردا على طلب الطاعن سماع الشهود – على ما سلف بيانه – لا ينبني على إطلاقه أنه استحال على المحكمة سماعهم وكانت المحكمة قد أسست قضاءها بإدانة الطاعن على أقوال المجني عليهما وباقي شهود الإثبات الذين لم تسمعهم فإن حكمها يكون معيبا بالإخلال بحق الدفاع.

(نقض 1982/4/29 س33 ق110 ص450)

7) إن وجود الشاهد في بعثة دراسية بإنجلترا لا يجعل سؤاله غير ممكن حيث نظم قانون المرافعات طريق الإعلان.

(نقض 1977/2/14 س28 ق58 ص264)

8) من المقرر أنه يجب أن تؤسس الأحكام الجنائية على التحقيقات الشفوية التي تجريها المحكمة بجلسة المحاكمة في مواجهة المتهم وتسمع فيها الشهود ما دام سماعهم ممكنا. فإذا كان الحكم المطعون فيه قد رفض

سماع أقوال شاهد الإثبات بمقولة أنه قد ثبت مرضه وتغيبه في لندن للعلاج لمدة ثلاثة شهور وأنه لا وجه لتعطيل الدعوى خلال هذه المدة، فإنه يكون قد أخل بحق الدفاع، إذ غياب الشاهد للعلاج للمدة التي ذكرها الحكم لا تمنع من إمكان سماعه.

(نقض 1962/5/21 س13 ق122 ص481)

9) تخلف الشاهد عن الحضور لا يعتبر بمجرده أن سماعه أصبح متعذرا.

(نقض 1956/12/3 س7 ق339 ص1226)

10) إذا كان الطاعن قد طلب إلى المحكمة سماع شهود الدعوى ولكنها قضت بتأييد الحكم المعارض فيه دون إجابته إلى هذا الطلب وردت على طلبه بقولها أنه سبق أن إجابته لذلك ولكن لم يستدل على الشهود، وكان الظاهر من الإطلاع على مفردات الدعوى أن أحدا من شهودها لم يعلن إعلانا قانونيا، وكل ما هنالك أنه أجيب عن أحدهم بأنه توفي، كما أعلن ورثة المدعي بالحق المدني في شخص وكيل محاميهم لبعض الجلسات التي نظرت فيها الدعوى أمام محكمة أول درجة، فإن إجراءات المحاكمة تكون مشوبة بالبطلان ويكون الحكم معيبا.

(نقض 1951/2/20 س2 ق252 ص664)

الترخيص بالإمتناع عن الشهادة ضد المتهم:

1) مؤدى نص المادة 286 من قانون الإجراءات الجنائية أن الشاهد لا تمتنع عليه الشهادة بالوقائع التي رآها أو سمعها ولو كان من يشهد ضده قريبا أو زوجا له، وإنما أعفي من الشهادة إذا أراد ذلك، وأما نص المادة 67 من قانون الإثبات في المواد المدنية والتجارية الصادر بالقانون رقم 25 لسنة 1986 فإنه يمنع أحد الزوجين من أن يفشي بغير رضاء الآخر ما عساه يكون قد أبلغه به أثناء قيام الزوجية ولو بعد انقضائها إلا في حالة رفع الدعوى من أحدهما بسبب جناية أو جنحة وقعت منه على الآخر.

ولما كان الحكم فيما خلص إليه لم يخرج عن هذا النظر فإنه يكون قد طبق القانون تطبيقا صحيحا بما يضحي ما يثيره الطاعن في هذا الصدد غير سديد، ولا ينال من ذلك ما ذهب إليه الطاعن بوجه الطعن من أن وكيل النيابة المحقق لم ينبه الشاهدة إلى حقها في الامتناع عن الإدلاء بشهادتها ذلك أنه كان عليها، إن هي أرادت، أن تفصح عن رغبتها في استعمال هذه الرخصة التي خولها إياها القانون، أما وهي لم تفعل فإن شهادتها تكون صحيحة في القانون جائزا الاستدلال بها.

(الطعن رقم 6281 لسنة 53ق جلسة 1984/3/27 س35 ص353)

2) إذا كان الثابت مما أورده الحكم أن ما شهدت به زوجة الطاعن لم يبلغ إليها من زوجها بل شهدت بما وقع عليه بصرها واتصل بسمعها فإن شهادتها تكون بمنأى عن البطلان ويصح في القانون استناد الحكم إلى قولها.

(نقض 1961/3/7 س12 ق62 ص324)

3) إذا كان الثابت مما أورده الحكم أن ما شهدت به زوجة المتهم الأول وزوجة أخيه لم يبلغ إليهما من زوجيهما، بل شهدتا بما وقع عليه بصرهما واتصل بسمعهما فإن شهادتهما تكون بمنأى عن البطلان.

(نقض 1960/2/2 س11 ق26 ص128)

4) إن المادة 207 مرافعات إذ نصت على أنه لا يجب على أحد الزوجين أن يفشي ما بلغه به الآخر أثناء الزيجة قد أفادت أنه يجوز الاستشهاد بأقواله لأن عبارة النص لا تفيد أكثر من إعفاء الشاهد من الإدلاء بالشهادة عن السر الذي استودعه.

(نقض 1949/1/17 مجموعة القواعد القانونية ج7 ق788 ص751)

سريان أحكام قانون المرافعات أمام المحاكم الجنائية بشأن شهادة الشهود:

1) إن قانون المرافعات يجيز لمأموري الضبطية القضائية عدم الإفشاء بمصدر علمهم بتوضيحات متعلقة بجريمة، ولذا فلا جناح على الضابط الـذي أجرى التفتيش إن هو امتنع عن الإفضاء باسم المرشد الـذي كلفـه شراء الحشيش من المتهم تمهيدا لإجراء التفتيش وفي هذه الحالة تكون شهادة رجل الضبطية القضائية عـما قام بـه الشخص الآخر محـل تقـدير مـن المحكمة، فإذا هي عولت على شهادة الضابط وأخـذت بهـا فيمـا قام بـه المرشد لأنه هو الذي ناط به هذا الشراء بقطعة نقود فضية فقـام بتنفيـذ ذلك ثم عثر الضابط على قطعة النقود مع المتهم عند تفتيشه، فلا تكون محكمة الموضوع قد أخطأت في شيء.

(نقض 1940/12/16 المجموعة الرسمية س42 ص212)

2) ظهور شخصية المرشد السري للمطعون ضده لا يلزم عنه بالضرورة إظهار شخصيته للغير ولا يمنع الضابط – الذي اختار هذا المرشد لمعاونته – مـن الحرص على إخفاء اسمه.

(نقض 1978/1/15 المجموعة الرسمية س29 ص39)

3) الأصل في أداء الشهادة أمام القضاء عند استجماع شرائطها أنه واجب يقتضيه الوصول إلى تعرف وجه الحق في المنازعات وفي ثبوت الاتهام أو نفيه. ولا يعفى الشاهد مـن الإدلاء بكل مـا يعلم ولا يكتم منـه إلا في الأحوال الخاصة التي بينها القانون ومنها حظر الشاهد إفشاء سر مـن أسرار المهنة المنصوص عليها في المادة 207 مـن قانون المرافعـات مـا لـم يطلب من أسر إليه إفشاءه، فيجب على الشاهد عندئذ أداء الشهادة عملا بالمادة 208 مـن ذلك القانون التي يـدل نصهـا عـلى أن تحريم الشهادة في هذه الحالة ليس تحريمـا مطلقا ... لما كان ذلك، وكان الشارع عند

وضع المادة 310 من قانون العقوبات لم يعمم حكمها، بل أنه خص بالنص طائفة الأطباء والجراحين والصيادلة والقوابل وغيرهم، وعين الأحوال التي حرم عليهم فيها إفشاء الأسرار التي يضطر صاحبها أن يأتمنهم عليها باعتبار أن طبيعة عملهم تقتضي هذا الإطلاع وهم في سبيل قيامهم بخدماتهم للجمهور، فإنه لا يصح التوسع في هذا الاستثناء بتعدية حكمه إلى من عدا المذكورين في النص كالخدم والكتبة والمستخدمين الخصوصيين ونحوهم، فهؤلاء لا يضطر مخدوموهم إلى اطلاعهم على ما يرتكبونه من أعمال مخالفة للقانون.

(نقض 1953/7/2 مجموعة القواعد القانونية س4 ص1064)

4) إن ما يثيره الطاعن بدعوى خطأ استناد الحكم لأقوال ...... على والده وأقوال ...... على مطلقها ...... لأن ذلك منهي عنه بنص المادة 286 من قانون الإجراءات الجنائية - مردود بأن مؤدى نص المادة 286 من قانون الإجراءات الجنائية أن الشاهد لا تمتنع عليه الشهادة بالوقائع التي رآها أو سمعها ولو كان من يشهد ضده قريبا أو زوجا له، وإنما أعفي من أداء الشهادة إذا أراد ذلك، وأما نص المادة 209 من قانون المرافعات - والمادة 67 من قانون الإثبات الحالي - فإنه يمنع أحد الزوجين من أن يفشي بغير رضاء الآخر ما عساه يكون أبلغه به أثناء قيام الزوجية ولو بعد انقضائها إلا في حالة رفع دعوى من أحدهما بسبب جناية أو جنحة وقعت منه على الآخر، وإذا كان البين من الرجوع إلى المفردات - التي أقرت المحكمة بضمها - أن هذين الشاهدين لم يطلبا إعفاءهما من الشهادة أو اعترضا على أدائها، وكان الثابت من مدونات الحكم المطعون فيه أنهما شهدا بما وقع عليه بصرهما أو اتصل بسمعهما إبان الحادث، فإن شهادتها تكون بمنأى عن البطلان ويصح في القانون استناد الحكم إلى أقوالهما.

(نقض 1978/2/6 مجموعة القواعد القانونية س29 ص136)

5) إن المادة 207 من قانون المرافعات حين نصت على عدم وجوب إفشاء أحد الزوجين ما بلغه به أثناء الزوجية قد دلت على جواز الاستشهاد بأقواله لأن عبارة النص لا تفيد أكثر من إعفاء الشاهد من الإدلاء بالشهادة على السر الذي أودعه.

(نقض 1949/1/17 المحاماة س30 ص16)

6) الأصل في الشهادة هو تقرير الشخص لما قد يكون رآه أو سمعه بنفسه أو أدركه على وجه العموم بحواسه، فهي تقتضي بداهة فيمن يؤديها القدرة على التمييز لأن مناط التكليف بأدائها هو القدرة على تحملها، ولذا فقد أجازت المادة 82 من قانون الإثبات في المواد المدنية والتجارية - والتي أحالت إليها المادة 287 من قانون الإجراءات الجنائية - رد الشاهد إذا كان غير قادر على التمييز لهرم أو لحداثة أو مرض أو لأي سبب آخر - مما مقتضاه أنه يتعين على محكمة الموضوع إن هي رأت الأخذ بشهادة شاهد قامت منازلة جدية على قدرته على التمييز أن تحقق هذه المنازعة بلوغا إلى غاية فيها للاستيثاق من قدرة هذا الشاهد على تحمل الشهادة أو ترد عليها بما يفندها. ولما كان القانون لا يتطلب في عاهة العقل أن يفقد المصاب الإدراك والتمييز معا وإنما تتوافر بفقد أحدهما، وإذا ما كان الطاعن قد طعن على شهادة المجني عليها بأنها مصابة بما يفقدها القدرة على التمييز وقدم تقريرا استشاريا يظاهر هذا الدفاع وقعدت المحكمة عن تحقيق قدرتها على التمييز أو بحث خصائص إرادتها وإدراكها العام استيثاقا من تكامل أهليتها لأداء الشهادة وعولت في نفس الوقت على شهادتها في قضائها بإدانة الطاعن بالرغم من قيام منازعته الجدية حول قدرتها على الإدلاء بشهادتها بتعقل ودون أن تعرض لهذه المنازعة في حكمها المطعون فيه، فإنه يكون معيبا بالقصور فضلا عن الإخلال بحق الدفاع.

(نقض 1983/3/3 س34 ق61 ص314)

7) لما كانت المادة 82 من قانون الإثبات في المواد المدنية والتجارية التي أحالت إليها المادة 287 إجراءات قد جرى نصها على أنه لا يجوز رد الشاهد ولو كان قريبا أو صهرا لأي الخصوم إلا أن يكون غير قادر على التمييز بسبب هرم أو حداثة أو مرض أو لأي سبب آخر، مما مفاده أنه يجب للأخذ بشهادة الشاهد أن يكون مميزا فإن كان غير مميز فلا تقبل شهادته ولو على سبيل الاستدلال،إذ لا ينفي عن الأقوال التي يدلي بها الشاهد بغير حلف يمين أنها شهادة، وعلى محكمة الموضوع إن هي رأت الأخذ بشهادة شاهد قامت منازعة جدية حول قدرته على التمييز أو طعن على هذا الشاهد بأنه غير مميز أن تحقق هذه المنازعة بلوغا إلى غاية الأمر فيها للاستيثاق من قدرة هذا الشاهد على تحمل الشهادة أو ترد عليها بما يفندها.

(نقض 1982/10/19 س33 ق160 ص782)

8) مفاد نص المادة 82 من قانون الإثبات في المواد المدنية التي أحالت عليها المادة 278 إجراءات جنائية أنه يجب للأخذ بشهادة الشاهد أن يكون مميزا، فإن كان مميز لأي سبب فلا تقبل شهادته ولو على سبيل الاستدلال، إذ لا ينفي عن تلك الأقوال التي يدلي بها الشاهد بغير حلف يمين أنها شهادة، وعلى المحكمة متى طعن على الشاهد بأنه غير مميز أن تحقق هذا الطعن بلوغا إلى غاية الأمر فيه.

(نقض 1971/3/7 س22 ق48 ص199)

9) لا يوجد في القانون ما يمنع الشاهد من الإدلاء بكل ما عنده ولو كان سرا من أسراره، وإذن فلا تثريب على المحكمة إذا هي عولت في إدانة المتهم – صيدليا كان أو طبيبا – على شهادة مريض بنوع مرضه الذي كان يتعاطى بسببه المخدر الذي وصفه له المتهم. والقول بأن الشاهد بالنسبة لمرضه حكمه حكم الطبيب بالنسبة لأمراض الغير إنما هو

قياس مع الفارق. فإن علم الطبيب بمرض الغير إنما يصله عن طريق المهنة بوصفه طبيبا.

(نقض 1942/2/2 مجموعة القواعد القانونية ج 5 ق344 ص609)

10) قيام منازعة جدية حول قدرة الشاهد على التمييز. وجوب تحقيقها.

(الطعن رقم 295 لسنة 62ق جلسة 1993/12/14)

تخلف الشاهد عن الحضور:

● من المتفق عليه أن رجال السلك السياسي وزوجاتهم وأولادهم وأقاربهم الأقربين الذين يعيشون معهم في معيشة واحدة يتمتعون بحصانة لا يجوز معها إكراههم على الحضور أمام القضاء لأداء الشهادة عن واقعة جنائية أو مدنية.

صحة الشهادة وعدم جواز رد الشاهد:

1) الأصل في الشهادة هو تقرير الشخص لما قد يكون رآه أو سمعه بنفسه أو أدركه على وجه العموم بحواسه، فهي تقتضي بداهة فيمن يؤديها القدرة على التمييز لأن مناط التكليف بأدائها هو القدرة على تحملها، ولذا فقد أجازت المادة 82 من قانون الإثبات في المواد المدنية والتجارية - والتي أحالت إليها المادة 287 من قانون الإجراءات الجنائية - رد الشاهد إذا كان غير قادر على التمييز لهرم أو لحداثة أو مرض أو أي سبب آخر - مما مقتضاه أن يتعين على محكمة الموضوع إن هي رأت الأخذ بشهادة شاهد قامت منازعة جدية على قدرته على التمييز أن تحقق هذه المنازعة بلوغا إلى غاية الأمر فيها للاستيثاق من قدرة هذا الشاهد على تحمل الشهادة أو ترد بما يفندها. ولما كان القانون لا يتطلب في عاهة العقل أن يفقد المصاب الإدراك والتمييز معا وإنما تتوافر بفقد أحدهما. وإذ ما كان الطاعن قد طعن على شهادة المجني عليها بأنها مصابة بما يفقدها القدرة على التمييز وقدم تقريرا طبيا استشاريا يظاهر هذا الدفاع، وقعدت

المحكمة عن تقدير قدرتها على التمييز أو بحث خصائص إرادتها وإدراكها العام استيثاقا من تكامل أهليتها لأداء الشهادة، وعولت في نفس الوقت على شهادتها في قضائها بإدانة الطاعن بالرغم من قيام منازعته الجدية حول قدرتها عل الإدلاء بشهادتها بتعقل ودون أن تعرض لهذه المنازعة في حكمها المطعون فيه، فإنه يكون معيبا بالقصور في التسبيب فضلا عن الإخلال بحق الدفاع.

(نقض 1979/4/2 مجموعة القواعد القانونية س30 ص466)

(ونقض 1985/11/27 مجموعة القواعد القانونية س2 ص152)

2) المجني عليه في الدعوى لا يعتبر خصما للمتهم، بل خصم المتهم في الدعوى الجنائية هو النيابة العمومية. وإذن فللمحكمة أن تسمع المجني عليه في الدعوى كشاهد على المتهم.

(نقض 1951/3/12 مجموعة القواعد القانونية س2 ص857)

3) إن الأخذ بأقوال شاهد ولو كان قريبا للمجني عليه أمر موكول إلى اطمئنان محكمة الموضوع لصحة ما شهد به.

(نقض 31 /1955/5 مجموعة القواعد القانونية س6 ص1056)

4) إن القانون لم يقيد القاضي بنوع معين من الشهود ولم يجز رد الشاهد مهما أحاط به من الأسباب التي تدفعه إلى تقرير غير الحقيقة. فإذا سمعت المحكمة شاهدا على متهم في جناية وكان هذا الشاهد متهما في الوقت عينه بضرب المتهم في الجناية، فلا تثريب في ذلك، إذ أن تقدير قيمة الشهادة متروك دائما للمحكمة تراعي فيه الظروف التي أبديت فيها الشهادة.

(نقض 1937/3/1 مجموعة القواعد القانونية ج4 ق55 ص53)

5) كل إنسان يجوز للمحكمة قبول شهادته والاعتماد عليها متى وثقت المحكمة بصحتها ولو كان لهذا الإنسان سوابق في الكذب والتلفيق، فإذا طلب الدفاع عن المتهم ضم قضية لبيان الحالة الأدبية لأحد شهود

الإثبات للطعن فيه وتجريحه ورفضت المحكمة هذا الطلب من غير إبداء أسباب فلا يعتبر هذا منها إخلالا بحق الدفاع.

(نقض 1931/11/9 مجموعة القواعد القانونية ج2 ق283 ص351)

6) لا مانع من سماع أقرباء المدعي بالحق المدني كشهود.

(نقض 1930/4/17 مجموعة القواعد القانونية ج2 ق30 ص25)

7) إن المادة 198 مرافعات لا تعتبر الخصومة سببا من أسباب رد الشاهد وتجريحه.

(نقض 1929/11/14 مجموعة القواعد القانونية ج1 ق328ص378)

8) مجرد كون الشاهد من المخبرين لا يجعله من الأشخاص الـذين يجوز تجريحهم أو رد شهادتهم تطبيقا للمادة 198 مرافعات، أو عدم سـماعهم إلا على سبيل الاستدلال، فاسـتدعاء المحكمـة مخبرا لسـماع شـهادته أمـر جائز، وتحليفه اليمين القانونية لا يعتبر خطأ في الإجراءات ما دامت سـنه تزيد على الأربع عشرة سنة تطبيقا لمادة 201 مرافعات.

(نقض 1929/3/28 مجموعة القواعد القانونية ج1 ق208 ص253)

توقيع القاضي والكاتب والشاهد على الشهادة:

● خلو محضر الجلسة من توقيع شاهدي الإثبات لا يبطل الإجراءات ولا يؤثر في سلامة الحكم الـذي اخـذ بـأقوالهما، وذلـك أن مـا نصت عليه المـادة (114) إجراءات جنائية إنما هو من قبيل الإجراءات التنظيمية التي لـم يرتب القانون البطلان على مخالفتها.

(نقض جلسة 1959/1/12 س10 ق4 ص15)

التنازل عن سماع الشهود :

1) من المقرر أن نص المادة 289 من قانون الإجراءات الجنائية بعد تعديلـه بالقـانون رقـم 113 لسـنة 1957 يخـول للمحكمـة الاسـتغناء عـن سـماع

الشهود إذا قبل المتهم أو المدافع عنه ذلك يستوي في ذلك أن يكون القبول صريحا أو ضمنيا، بتصرف المتهم أو المدافع عنه بما يدل عليه.

(نقض 1982/3/16 س33 ق75 ص370)

2) من المقرر أن للمحكمة أن تستغني عن سماع شهود الإثبات إذا ما قبل المتهم أو المدافع عنه ذلك صراحة أو ضمنا دون أن يحول عدم سماعهم أمامها من أن تعتمد في حكمها على أقوالهم التي أدلوا بها في التحقيقات الأولية ما دامت هذه الأقوال مطروحة على بساط البحث في الجلسة.

(نقض 1984/2/14 س35 ق30 ص149)

3) للمحكمة في ظل التعديل المدخل على المادة 289 إجراءات الاستغناء عن سماع شهود الإثبات إذا قبل المتهم أو المدافع عنه ذلك صراحة أو ضمنا بتصرف من المتهم أو المدافع عنه بما يدل على ذلك. ويستوي في ذلك أن يكون هذا القبول من جانب المتهم أو المدعي بالحقوق المدنية إذ لا يقبل أن يكون لهذا الأخير من الحقوق اكثر ما للمتهم.

(نقض 1969/4/7 س20 ق95 ص449)

4) خولت المادة 289 من قانون الإجراءات الجنائية المحكمة تقرير تلاوة الشهادة السابق إبداؤها في التحقيق الابتدائي أو محضر جمع الاستدلالات أو أمام الخبير إذا قبل المتهم أو المدافع عنه ذلك، وهي إن وردت في الباب الثاني من الكتاب الثاني. من ذلك القانون الخاص بمحاكم المخالفات والجنح إلا أن حكمها واجب الاتباع أمام محاكم الجنايات عملا بالفقرة الأولى من المادة 381 من القانون نفسه.

(نقض 1979/6/14 س3 ق146 ص684)

5) لما كان محامي الطاعنين قد تمسك في جلستين متتاليتين بوجوب سماع شهود الإثبات تحقيقا لشفوية المرافعة فرفضت المحكمة هذا الطلب مما أحاط محاميها بالحرج الذي يجعله معذورا إن هو لم يتمسك بطلبه –

بفرض ذلك - بعد تقرير رفضه والإصرار على نظر الدعوى مما أصبح به المدافع مضطرا لقبول ما رأته المحكمة من نظر الدعوى بغير سماع الشهود، فإن سير المحكمة على هذا النحو لا يتحقق به المعنى الذي قصد إليه الشارع في المادة 289 إجراءات ولا يصح أن يوصف طلب المدافع في هذا الصدد بعدم الجدية لأنه تمسك بأصل افترضه الشارع في قواعد المحاكمة ورتب عليه حكمه بصرف النظر عن نوايا الخصوم كما لا يصح افتراض تنازل المدافع عن طلبه بعد أن جابهته المحكمة صراحة برفضه، ومن ثم فإن إجراءات المحاكمة تكون قد وقعت باطلة، ويكون الحكم إذ بني عليها باطلا واجب النقض.

(نقض 1967/4/10 س18 ق97 ص509)

6) متى كان المتهم قد تنازل عن سماع الشهود الذين لم يحضروا أمام محكمة أول درجة اكتفاء بأقوالهم في المحضر بسماع شاهدي نفي سمعتهما المحكمة ثم لم يتمسك أمام المحكمة الاستئنافية بطلب سماع أولئك الشهود، فإنه لا يقبل منه النعي على الحكم بعدم سماعهم، ويكفي لتحقيق شفوية المرافعة ما أجرته محكمة أول درجة من تحقيق سمعت فيه بعض الشهود.

(نقض 1951/3/12 س2 ق282 ص747)

التنازل الضمني عن سماع الشهود :

1) سكوت المدافع عن التمسك بإعادة مناقشة الشهود في حضرته ومواصلة المرافعة دون إصرار على طلب سماعهم يفيد أنه قد تنازل عن ذلك ضمنا.

(نقض 1981/1/26 س32 ق12 ص79)

2) مثول الطاعن أمام محكمة أول درجة وعدم تمسكه بسماع شاهد الإثبات يعد تنازلا، ومن ثم فإن المحكمة الاستئنافية إن التفتت عن ذلك

الطلب لا تكون قد أخلت بحق الطاعن في الدفاع على فرض أنه قد طلب سماعه أمام محكمة ثاني درجة.

(نقض 1977/5/16 س28 ق130ص614)

3) متى كان الطاعن أو المدافع عنه لم يتمسك أمام محكمة أول درجة بسماع الشهود وحجزت المحكمة الدعوى للحكم فيها ثم أعادتها للمرافعة لتغير الهيئة وبهذه الجلسة الأخيرة لم يطلب الطاعن أو المدافع عنه سماع الشهود، وعلى فرض أنه طلب ذلك في المذكرة المصرح بتقديمها قبل حجز الدعوى للحكم فإنه لم يتمسك بذلك بعد إعادة الدعوى للمرافعة لتغير الهيئة، الأمر الذي يفقد طلبه - على فرض وروده بمذكرته - خصائص الطلب الجازم الذي تلتزم المحكمة بإجابته.

(نقض 1973/5/28 س24 ق142 ص684)

4) لما كان الحكم المطعون فيه لم يبين الأسباب التي حالت دون سماع أقوال الشاهد وكان الدفاع قد تمسك في ختام مرافعته بسماع أقواله ومناقشته فيها، فطلبت النيابة العامة القبض على الطاعن في حالة إجابة طلبه وتأجيل الدعوى مما أحاط محامي الطاعن بالحرج واضطر إلى التنازل عن طلبه وهو ما لا يحقق المعنى الذي قصده المشرع في المادة 289 إجراءات جنائية المعدلة بالقانون رقم 113 لسنة 1957 عندما خول للمحكمة أن تقرر تلاوة الشهادة إذا تعذر سماع الشاهد أو قبل المتهم أو المدافع عنه ذلك.

(نقض 1966/5/9 س17 ق105 ص582)

5) لا تلتزم المحكمة ببيان السبب في عدم إجراء التحقيق ما دام المتهم قد تنازل دلالة أمام محكمة أول درجة عن سماع شهود الإثبات ومن ثم لا يكون خطأ المحكمة في تسمية إقرار المتهم اعترافا وقضائها في الدعوى بناء عليه مؤثرا في منطق الحكم أو في نتيجته.

(نقض 1961/1/10 س12 ق11 ص79)

6) إذا كان الثابت من محضر جلسة المحاكمة أن الحاضر عن المتهم وكذلك النيابة لم يتمسكا بسماع شهود الإثبات وطلبا الاكتفاء بتلاوة أقوالهم، وكانت المحكمة قد ناقشت المتهمين في تفاصيل الاعتداء الواقع عليهما على النحو الواضح بمحضر الجلسة وكان كل منهما يعتبر شاهدا فيما وقع عليه من اعتداء فإن مناقشة المحكمة لهما تتحقق بها شفوية المرافعة.

(نقض 1958/10/20 س9 ق198 ص810)

7) إذا كان الثابت بمحضر الجلسة أن شاهد الإثبات لم يحضر وأن المحكمة أمرت بتلاوة أقواله واكتفى المدافع عن الطاعنة بهذه التلاوة ولم يطلب حضوره فلا يكون له أن ينعى على المحكمة أنها لم تسمع هذا الشاهد.

(نقض 1954/5/12 س5 ق209 ص611)

8) متى كان الدفاع قد ناقش أثناء مرافعته شهادة شاهد في التحقيق ولم يحضر الجلسة فلا يكون للمتهم أن ينعى على المحكمة أن هذه الشهادة لم تتل بالجلسة.

(نقض 1951/10/8 س3 ق9 ص17)

9) ما دام الطاعن لم يتمسك بسماع الشاهد الذي يقول أنه أعلن وحضر الجلسة فلا يكون له أن ينعى على المحكمة أنها لم تسمعه.

(نقض 1951/3/21 س2 ق310 ص827)

10) متى كانت المحكمة قد سمعت أقوال بعض الشهود في الجلسة واكتفت بموافقة الدفاع على الاطلاع على أقوالهم المدونة في التحقيقات فليس للمتهم أن يعيب عليها ذلك ولا أن يدعي أن أقوال الشهود الغائبين لم تتل في الجلسة، فإن من حق المحكمة أن تستند إلى هذه الأقوال ولو لم تأمر

بتلاوتها أو هي من الأدلة المطروحة عليها وكان من حق المتهم أن يطلب تلاوة تلك الأقوال.

(نقض 1951/3/12 س2 ق283 ص749)

11) اضطردت أحكام هذه المحكمة على أنه إذا حضر بعض الشهود وغاب بعض آخر كان من الجائز للمحكمة أن تكتفي بسماع الشهود الحاضرين وتأمر بتلاوة أقوال الغائبين أو تطلع عليها ما لم يصر المتهم على سماع أقوالهم في مواجهته.

(نقض 1951/1/15 س2 ق185 ص460)

12) لا يجوز الطعن في الحكم بسبب أن المحكمة فاتها أن تسمع شهادة شهود حضروا في الدعوى ما دام الدفاع لم يبد اعتراضا على ذلك بالجلسة ولم يتمسك بوجوب سؤال أولئك الشهود.

(نقض 1928/12/20 مجموعة القواعد القانونية ج1 ق60 ص80)

الفصل الثالث

الإعتـــــــراف

تعريف الإعتراف:[1]

الإعتراف هو قول صادر عن المتهم أمام القضاء يقر فيه على نفسه وبإرادة حرة واعية بصحة إرتكابه الجريمة المنسوبة إليه كلها أو بعضها، بصفته فاعلاً أصلياً أو شريكاً فيها.

والإعتراف - على هذا النحو - هو إقرار من المتهم على نفسه بالتهمة المسندة إليه. وموضوعه هو الواقعة الإجرامية سبب الدعوى ونسبة هذه الواقعة إلى المتهم.

وقد كان للإعتراف أهميته الكبرى في القوانين القديمة، حيث كان يعتبر سيد الأدلة يترتب على وجوده إعفاء المحكمة من البحث في عناصر الإثبات الأخرى[2].

ولذلك كان القضاة يلجأون إلى التعذيب آداة للإستجواب في سبيل الوصول إلى الإعتراف.

وفي العصر الحديث خفت أهمية الإعتراف لما يحيط به من شكوك وشبهات تجعل الإستناد إليه وحده غير كاف[3].

---

(1) د. حسني الجندي - أحكام الدفع ببطلان الإعتراف سنة 1990 ص5 وما بعدها.

(2) الأستاذ الدكتور المرصفاوي: املرجع السابق ص634، الأستاذ الدكتور أحمد فتحي سرور ص432، الأستاذ الدكتور عمر السعيد رمضان. مباديء قانون الإجراءات الجنائية (قواعد المحاكمة)، طبعة ثانية سنة 1984، ص127.

(3) نقض 11 نوفمبر سنة 1940 مجموعة القواعد القانونية جـ5 رقم 144 ص271.

أركانـه:

ينبغي أن نفـرق أولاً بـين أركان الإعتراف وشروط صحتـه: فالأركـان هـي العناصر اللازمة لوجوده. أما شروط صحتـه فهي لازمة لتقديـر المحكمة لقيمته.

ويتعين علينا بيان كل من أركان الإعتراف وشروط صحته لتقديـر مـا إذا كان ما يصدر عن المتهم إعترافاً. ومدى قبـول الـدفع ببطلان الإعتراف – على فرض إبداء مثل هذا الدفع – أو رفضه. وبناء على ذلك يكون للإعتراف أركان أربعة:

(1) أن يصدر من المتهم نفسه.

(2) أن يكون موضوع الإعتراف واقعة.

(3) أن تكون الواقعة موضوع الإعتراف ذات أهمية في الدعوى.

(4) أن يكون من شأن هذه الواقعة تقدير مسئولية المتهم أو تشديدها.

أولاً: يتعين أن يصدر الإعتراف عن المتهم نفسـه. أي أن يقر المـتهم عـلى نفسـه بإرتكابه الواقعة المنسوبة إليه. ولم يعرف القانون مـن هـو المتهم في أي نص من نصوصه. ويعتبر متهماً كل من وجـه إليه الإتهـام مـن أيـة جهـة بإرتكاب جريمة معينة. وبناء عليه يجب أن يصدر الإعتراف من كل شخص حامت حوله شبهة بـأن لـه ضالعـاً في إرتكـاب الجريمـة موضوع الـدعوى الجنائية، يستوي في ذلك أن يكون فاعلاً أصلياً أم شريكاً[1].

ولكن هل يعد ما يصـدر عـن غير المـتهم – بشـأن الواقعـة المنسوبة إلى المتهم – إعترافاً؟ أي ما ينسبه المتهم إلى متهم آخر، وإن كان مسـاهماً معـه في ذات الجريمة؟

المستقر عليه في قضاء النقض المصري أن مـا يصـدر عـن غير المـتهم ومـا ينسبه المتهم إلى مـتهم آخر لا يعـد إعترافاً. وتطبيقـاً لـذلك قضى "أن خطأ

_____

(1) نقض 1934/6/11 مجموعة القواعد القانونية جـ3 ص349.

المحكمة في تسمية الأقوال التي يقولها متهم على غيره إعترافاً، أمـر لا يـؤثر في سلامة حكمها.

وحاولت تصحيح ما يتردد في بعض الأحكام من ذكر عبارة "إعتراف مـتهم على متهم آخر" فإستبدلتها بعبارة "أقوال متهم على متهم آخر"، فقضت بأنه "ليس في القانون ما يمنع المحكمة أن تأخذ بأقوال متهم على متهم...".[1].

وقضت كذلك بأن "الإستدلال على متهم بأقوال متهم آخر جائز...".[2].

ولكن إختلف القضاء في وصف الأقوال التي تصدر من المـتهم على مـتهم آخر: فأحياناً يعتبر هذه الأقوال من عناصر الإستدلال، وهو ما تقرره بالنسبة للإعتراف بصفة عامة. وأحياناً تعتبرها من قبيل الشهادة.

وتطبيقاً للرأي الأول قضى بـأن "للقاضي أن يسـتند في حكمـه إلى الأقوال التي يدلي بها المتهم في محضر البوليس فإن كـون هـذا المحضر غـير معد إلا لجمع الإستدلالات فقط لا يؤثر في قيمة ما يرد به من جهة الإثبات....".

وقضى أيضاً بأن خطأ المحكمة في تسمية الأقوال التي يقولها مـتهم على غيره إعترافاً – ذلك لا يؤثر في سلامة حكمها ما دامت هذه الأقوال مـما يصح الإستدلال به وإقامة القضاء عليه".

وتطبيقاً للـرأي الثـاني قضت محكمـة الـنقض بأنه إذا "... كـان الحكـم المطعون فيه قد أخذ بإعتراف الطاعن الثاني في تحقيـق النيابـة سـواء في حـق نفسه أو في حق الطاعن الأول، وكان مؤدى ما حصله هذا الإعتراف أنه إعتـبر مقرره شـاهد إثبـات ضـد الأول، فـإن ذلك مـما يتحقـق بـه التعـارض بـين مصالحهما".

كما قضى أيضاً "أن قول متهم على آخر هو في حقيقة الأمر شهادة يسـوغ للمحكمة أن تعول عليها في الإدانة. وإذن فـإذا كان الحكم في صـدد تحدثه

---

(1) نقض 1944/1/10 المرجع السابق.

(2) نقض 1950/3/6 مجموعة أحكام النقض س1 ص386.

عن متهم في الدعوى قضى ببراءته قد عبر بلفظ "شاهد" فذلك لا يضره ولا يؤثر في سلامته".

ولكن هل يعتبر من قبيل إعتراف المتهم على نفسه بالتهمة المنسوبة إليه ما يسلم به محاميه في دفاعه بثبوت التهمة قبل المتهم؟

إستقر قضاء النقض على أن تسليم محامي المتهم بصحة إسناد التهمة إلى موكله أو بدليل من أدلة الدعوى لا يصح أن يعتبر إعترافاً صريحاً أو ضمنياً على المتهم متى كان منكراً لها، وحتى على فرض عدم إعتراضه، ولا يعتبر بالتالي حجة عليه. وتطبيقاً لذلك قضى بأنه "إذا كانت المحكمة – حين أدانت المتهم في جريمة تزوير أوراق أميرية – قد إستندت فيما إستندت إليه في الإقتناع بثبوت التهمة قبل المتهم إلى إعتراف محاميه في دفاعه عنه بأن الصورة الملصقة بتذكرة تحقيق إثبات الشخصية المزورة هي للمتهم، وهو الأمر الذي ظل المتهم منكراً له أثناء التحقيق والمحاكمة، فإن الحكم يكون مشوباً بفساد الإستدلال بما يعيبه ويستوجب نقضه"[1].

كما أنه "... لا يجوز قانوناً الأخذ بأقوال محامي متهم على متهم آخر ما دامت الأقوال لم تصدر عن المتهم نفسه لا في التحقيق ولا أمام المحكمة، وما دام أن هذا المحامي لم يؤد أقواله هذه بصفته شاهداً. فإذا إستندت المحكمة في إدانة متهم إلى عبارات صدرت من محامي متهم آخر بصفته محامياً لا بصفته شاهداً في الدعوى، فإن هذا يعيب حكمها"[2].

ثانياً: يتعين أن يكون موضوع الإعتراف واقعة. وذلك أصل عام في جميع وسائل الإعتراف[3].

(1) نقض 1970/6/22 مجموعة أحكام النقض س21 ص905.
(2) نقض 1935/12/9 مجموعة القواعد القانونية في 25عاماً جـ1 ص46.
(3) د. محمود نجيب حسني، المرجع السابق، ص473.

أما ما يصدر عن المتهم في شأن إضفاء وصف قانوني معـين عـلى الواقعـة التي صدرت عنه، فلا يصلح أن يكون محلاً للإعتراف، وإنمـا هـو محـض رأي في الدعوى وليست له قوة إثبات[1].

ثالثاً: يتعـين أن تكون الواقعـة محـل الإعـتراف ذات أهميـة في الـدعوى الجنائية. وهي تكون كذلك إذا كانت تتصل بإرتكاب الجريمـة كلهـا أو بعضـها ونسبتها إلى المتهم. فالإعتراف ـ كما تقرر محكمة النقض ـ "هو ما يكون نصـاً في إقتراف الجريمة"[2].

ومثـال ذلـك أن يعـترف المـتهم "بضبط الملابس المسروقـة بمسـكنه"[3]. أو "بالتصرف في المحجوزات"[4]، أو قوله "أنه لم يقارف فعل القتل بنفسه وإنمـا قارفه متهم آخر في الدعوى وإقتصر دوره على شل مقاومة المجني عليه..."[5].

ولكن لا يعد إعترافاً إقرار المتهم بواقعة أو أكثر لها تعلقها بالـدعوى، وإن كانت غير ذات أهمية. وتطبيقـاً لـذلك لا يعـد إعترافـاً مـا يقـرره المـتهم أمـام النيابة من أنه كان عاطلاً وأن أحد السائقين إستحصل له عـلى الترخيص بعـد أن قدم له كل البيانات وسلمه صورته[6].

رابعاً: ينبغي أن يكون من شأن الواقعة موضوع الإعتراف تقدير مسـئولية المتهم أو تشديدها. فلا يعد إعترافاً مـا يقرره المـتهم في سبيل الإسـتفادة مـن سبب إباحة أو مانع مسئولية أو مـانع عقـاب أو سبب لتخفيـف مسـئوليته. مثال ذلك أن يقرر المتهم إرتكابه الجريمة وهو في حالة دفاع شرعي.

---

(1) د. سامي صادق الملا. طبعة سنة 1967 ـ إعتراف المتهم ـ ص10.
(2) نقض 1967/6/19 مجموعة أحكام النقض س18 ص846، نقض 1988/2/8 س19 ص331، وانظر أيضاً نقض 1931/1/8 مجموعة القواعد القانونية جـ2 ص186.
(3) نقض 1957/3/19 مجموعة أحكام النقض س8 ص275.
(4) نقض 1960/3/8 س11 ص212.
(5) نقض 1963/3/25 س14 ص225.
(6) نقض 1969/11/3 س 20 ص 1191.

شروط صحة الإعتراف:

الإعتراف قول صادر عـن المتهم نفسه طواعية وإختياراً أمـام المحكمـة بصحة نسبة التهمة إليه كما صورتها ووصفتها النيابة العامة في الـدعوى. والفصل في الـدفع ببطلان الإعتراف يقتضي بيان شروط صحة الإعتراف لأن إنتفاء أحد هـذه الشروط هـو الـذي يـؤدي إلى القول بصحة الدفع ببطلان الإعتراف. ولكي يكون هذا الإعتراف صحيحاً يجب أن تتوافر فيه الشروط الآتية:

(1) أن يكون صادراً من المتهم نفسه.

(2) أن يكون صادراً عن إرادة مميزة.

(3) أن يكون صادراً عن إرادة حرة.

(4) أن يكون صادراً بناء على إجراء صحيح.

(5) أن يتوافر فيه الشكل القانوني المستمد من الجهة التي يدلي أمامها المتهم بإعترافه.

6) أن يكون صريحاً وواضحاً.

7) أن يكون مطابقاً للحقيقة والواقع.

تقسيم:

تقوم دراسة الدفع ببطلان الإعتراف على بيان صـور هـذا الـدفع، وسـلطة المحكمة التي يثار أمامها عند النظر فيه، ثم بيان أحكامه.

وهذا هو ما نتعرض له في نطاق بحثنا، حيث نقسم هذا البحث إلى ثلاثة مباحث:

◈ المبحث الأول : يتعلق ببيان صور الدفع ببطلان الإعتراف.

◈ المبحث الثاني : موقف المحكمة من الدفع ببطلان الإعتراف.

◈ المبحث الثالث: أحكام الدفع ببطلان الإعتراف.

المبحث الأول

صور الدفع ببطلان الإعتراف

تعدد صور الدفع ببطلان الإعتراف:

إذا توافرت شروط صحة الإعتراف على النحو سالف الذكر، فإنه يعد دليلاً قوياً من أدلة الإثبات في المواد الجنائية، بل أنه يعتبر سيد أدلة الإثبات قاطبة وأعظمها تأثيراً على القاضي [1]. ويمكن للمحكمة أن تعول عليه بمفرده في القضاء بإدانة المتهم.

وعلة ذلك أن المتهم متى فرط في مكنون سره وأفضى بذات نفسه بإرتكاب الجريمة المسندة إليه طواعية واختياراً، فإن ذلك يكون حجة عليه، ويؤاخذ بما أفضى به، طالما كان إعترافه سليماً خالياً مما يشوبه واطمأنت المحكمة إلى مطابقته للحقيقة والواقع.

ولكن يبدو الأمر على خلاف ذلك: إذ قد يفضي المتهم بأقوال لا تعد- من وجهة نظره- إعترافاً. وقد يدلي بإعترافه تحت تأثير عوامل خارجية متعددة:- بعضها وليد الخوف، والبعض الآخر وليد الضغط والإكراه، فيكون ما صدر عنه إنما كان القصد منه دفع ما قد يحيق به من ضرر، ويكون ما أقر به- حتى لو كان حقيقياً أو صادقاً- لا قيمة له طالما توصل إليه على حساب كرامة الفرد وحريته [2].

وقد يكون ما يقرره المتهم في هذا الشأن ليس واضحاً وصريحاً بالقدر الذي يجعل أقواله ترقي إلى مرتبة الإعتراف.

ومن ناحية أخرى قد يتبين المتهم خطورة الإعتراف الصادر منه على موقفه من القضية. مما يجعله يعدل عن أقواله وإعترافاته التي قررها في مرحلة جمع

---

(1) الأستاذ الدكتور عمر السعيد رمضان: المرجع السابق جـ2 ص127.

(2) الدكتور عمر الفاروف الحسيني: تعذيب المتهم لحمله على الإعتراف سنة 1986، ص128.

الاستدلالات أو في مرحلة التحقيق. كما أن مصلحته في الدعوى تتحدد بحسب مركزه فيها، وما إذا كان منكراً للتهمة أم معترفاً بها. هذا بالإضافة إلى الاعتقاد السائد في ذهنه من أن إنكار التهمة قد يكون أفضل بالنسبة له من الإعتراف بها. وقد لا يسعفه الوقت للرجوع في هذا الإعتراف.

علاوة على ذلك قد تتخلف في الإعتراف بعض شروط صحته مما يجعله معيباً، وعلى الخصوص إذا لم يكن وليد إرادة حرة يتمتع بها الشخص الصادرة عنه مثل هذه الأقوال.

في كل هذه الأحوال لا يترك المشرع الإجراءات المعيبة بدون جزاء. والجزاء المقرر في هذا المجال هو بطلان الإعتراف ذاته، وبطلان ما يترتب عليه من آثار تطبيقاً لقاعدة «أن كل ما يترتب على الباطل فهو باطل»، بل أن الإعتراف الباطل لو كان وليد تعذيب، فإن مرتكبه يتعرض للوقوع تحت طائلة قانون العقوبات[1].

وحفاظاً على حق الدفاع الذي تقرره التشريعات للمتهم فقد خوله المشرع وسيلة قانونية للوصول إلى تقرير بطلان الإعتراف هي: الدفع بالبطلان.

وعلى الرغم من أن هذا الدفع ينصب في معظم الحالات- وكما هو ظاهر من تطبيقات محكمة النقض- على الدفع ببطلان الإعتراف لصدوره تحت تأثير الإكراه أو التعذيب، إلا أن له صوراً أخرى متعددة، وهي لا تخرج عما يأتي:

(1) الدفع ببطلان الإعتراف لأن ما صدر عن المتهم من أقوال لا يعد إعترافاً.

(2) الدفع ببطلان الإعتراف الصادر من المتهم لعدم توقيعه عليه.

(3) الدفع بالبطلان لأن الإعتراف الصادر منه كان وليد التهديد أو الإكراه.

(4) الدفع ببطلان الإعتراف لأنه كان وليد إجراء باطل.

---

(1) الدكتور عمر الفاروق عبد الحليم: تعذيب المتهم لحمله على الإعتراف، المرجع تحالف الذكر.

المبحث الثاني

موقف القضاء من الدفع ببطلان الإعتراف

الرد على الدفع ببطلان الإعتراف:

متى أبدى المتهم دفعاً ببطلان الإعتراف، فإن الأمر يتعلق بسلطة المحكمة التي يثار أمامها الدفع من ناحية النظر فيه أو الإلتفات عنه، وهل تلتزم المحكمة بالرد عليه من عدمه. ويتضح كل ذلك من خلال تقدير محكمة النقض لهذا القضاء بالتأييد أم بالرفض.

ونعرض الآن كل دفع من الدفوع السابقة بشأن بطلان الإعتراف، وموقف محكمة الموضوع منه، وذلك من خلال استعراض أحكام النقض في هذا الصدد. ثم نبين بعد ذلك الآثار المترتبة على بطلان الإعتراف. وسوف نبحث كل دفع من هذه الدفوع في مطلب مستقل.

المطلب الأول

الدفع ببطلان الإعتراف لأن ما صدر عن المتهم من أقوال لا يعد إعترافاً

مضمون الدفع:

قد يدفع المتهم ببطلان الإعتراف لأن الحكم إذ أدانه استناداً إلى إعترافه، في حين أن أقواله لا يمكن أن تعد إعترافاً، أو لا تؤدي إلى النتيجة التي رتبها الحكم عليها.

فقد تصدر من المتهم بعض الأقوال أثناء سؤاله في محضر ضبط الواقعة فيؤلها ضابط الواقعة على أنها إعتراف صريح بإسناد التهمة إلى المتهم، وتسايره المحكمة في هذا الاعتقاد وتعتبر ما صدر من المتهم إعترافاً، وتبني عليه حكمها بالإدانة. فيطعن المتهم في الحكم بأن تلك الأقوال التي نسبت إليه- على فرض صحتها- لا تعد في حقيقتها إعترافاً بالمعنى الذي يقصده المشرع.

وقد عرضت مثل هذه الواقعة على محكمة الموضوع فأدانت المتهم استناداً إلى ذلك، فطعن المتهم في الحكم. وقضت محكمة النقض المصرية بأنه «متى كان المتهم إذ سلم بضبط السلاح في منزله قد تمسك بأن شخصاً آخر قد ألقاه عليه ليكيد له، فهذا لا يصح عده إعترافاً منه بإحراز السلاح. فإذا كان الحكم قد عد ذلك إعترافاً، فإنه يكون معيباً بما يستوجب نقضه..»[1].

ولا يعد إعترافاً ما يقرره ضابط الواقعة من أن المتهم قد اعترف له بعد ضبطه بأنه أحرز المخدرات بقصد الإتجار- مثلاً- ذلك أن الشاهد لم يشهد بنفسه واقعة الإتجار، وإنما روى ما سمعه من المتهم. ومن ثم لا يعيب الحكم عدم الأخذ بهذه الأقوال[2].

(1) نقض 1952/6/10 مجموعة أحكام النقض س3 ص1076.

(2) انظر في هذا المعنى نقض 1969/1/13 س20 ص100.

ومن ناحية أخرى قد يحدث أن تنزلق المحكمة وراء أدلة الإثبات المقدمة إليها، وتستخلص من بعض الأقوال الصادرة عن المتهم- على غير الحقيقة- أنها إعتراف بالتهمة موضوع الدعوى وتحكم بإدانته على هذا الأساس. فيطعن المتهم في الحكم بالنقض.

وبناء على ذلك إنتهى قضاء النقض إلى أن «سوق الأدلة على نتف متفرقة من أقوال المتهم قيلت في مناسبات ولعلل مختلفة وجمعها على أنها إعتراف بالتهمة لا يعد إعترافاً»[1].

ومن ناحية ثالثة قد ينقل الحكم عن محضر الشرطة أقوالاً للمتهم يعدها إعترافاً بالواقعة موضوع الإتهام مما يكون له أثره في القضاء بإدانته، في حين أن مثل هذا الإعتراف لا أصل له في الأوراق، ولا يعد ما صدر منه إعترافاً صريحاً.

وقد عرض هذا الفرض على محكمة النقض المصرية فقضت بأنه «إذا كان ما نقله الحكم عن محضر الشرطة من أن الطاعن إعترف في هذا المحضر بأنه يعلم بتزوير رخصة القيادة، لا أصل له في الأوراق، كما أن عبارة «حاجة بأكل بيها عيش» لا تعد إعترافاً إذ لم تصدر منه بعد مواجهته صراحة بتزوير الرخصة، بل أنه على العكس من ذلك نفى التزوير عندما ووجه به، كما أنه كان عاطلاً وأن أحد السائقين إستحصل له على الترخيص بعد أن قدم له البيانات وسلمه صورته، ومن ثم فإن الحكم المطعون فيه يكون قد انطوى على خطأ في الإسناد وفساد في الاستدلال مما يعيبه، ولا يؤثر في ذلك ما ذكره الحكم من أدلة أخرى، إذ الأدلة في المواد الجنائية متساندة، والمحكمة تكون عقيدتها منها مجتمعة بحيث إذا سقط أحدها أو إستبعد تعذر الوقوف على مبلغ الأثر الذي كان للدليل المذكور في الرأي الذي إنتهت إليه المحكمة»[2].

(1) نقض 1931/1/7 مجـ القواعد جـ2 ص186.

(2) نقض 1969/11/3 مجـ أحكام النقض س20 ص1191.

وانتهت محكمة النقض إلى تحديد الإعتراف بأنه «.. هو ما كان نصاً في إقتراف الجريمة»[1].

ولكن المحكمة غير ملزمة بالأخذ بنص إعتراف المتهم وظاهره، بل أن لها أن تستنبط منه ما تراه مطابقاً للحقيقة، وهذا هو ما جرى عليه قضاء النقض المصري، حيث قضى بأنه «متى كانت المحكمة حين قضت بإدانة المتهم بإحراز سلاح ناري بغير ترخيص قد أخذت بإعترافه. فقول الطاعن بأنه لم يعترف إلا بالعثور على البندقية، وأنه كان ينوي تسليمها للجهات الحكومية لا يكون له محل، إذ المحكمة غير ملزمة بظاهر أقواله، بل أنها لها أن تأخذ منها بما تراه مطابقاً للحقيقة وأن تعرض عما تراه مغايراً لها»[2].

ولا يعد الإعتراف دليلاً بالمعنى القانوني إلا إذا كان صريحاً، أي وارداً على الواقعة الإجرامية المسندة إلى المتهم. ويعني ذلك- كما تقرر محكمة النقض المصرية- أن يكون الإعتراف نصاً في اقتراف الجريمة. أما سوق الأدلة على نتف متفرقة من أقوال المتهم قيلت في مناسبات ولعلل مختلفة على أنها إعتراف بالتهمة فلا يعد إعترافاً إذا كان في حقيقته تحميلاً لألفاظ المتهم بما لم يقصده منها[3]. فالإعتراف الغامض أو الذي يحتمل أكثر من معنى لا يصح التعويل عليه.

ولكل هل يمكن الأخذ بالإعتراف الضمني؟ وفي عبارة أخرى هل يلزم لوضوح الإعتراف استعمال عبارات معينة في صيغة الإعتراف؟ فقد يدلي بأقوال

---

(1) نقض 1967/6/19 س18 ص846، نقض 1968/3/18 س19 ص331.

(2) نقض 1954/2/23 مجـ أحكام النقض س5 ص372، نقض 1967/2/12 س18 ص1259.

(3) نقض 1931/1/8 مجـ القواعد جـ2 ص186، نقض 1960/5/10 مجـ أحكام النقض س11 ص446، نقض 1968/3/8 س19 ص331، نقض 1974/1/13 س25 ص16.

يستفاد منها ضمناً إرتكابه للجريمة المسندة إليه: مثال ذلك ما يحدث في الأحوال التي يبدي فيها المتهم إستعداده للإعتذار أو التوبة أمام سلطة التحقيق. فهل يمكن الإستناد إلى هذه الأقوال في الحكم بإدانة المتهم؟.

إستقر قضاء محكمة النقض على أنه لا يلزم لوضوح الإعتراف استعمال عبارات معينة في صيغة الإعتراف، بل يكفي أن تحمل أقوال المتهم معنى الإعتراف بشكل لا يحتمل التأويل[1].

وتطبيقاً لذلك قضى «أنه وإن كانت أقوال المتهم (الطاعن) في محضر الواقعة لا تتفق وما وصفت به في الحكم المطعون فيه من أنها إعتراف صريح بإرتكابه جريمة الشروع في هتك العرض المسندة إليه إلا أنه متى كان الحكم قد أول إجابات المتهم بما يؤدي إليه من معنى التسليم بوقوع الفعل المسند إليه فإنه يكون سليماً في نتيجته ومبيناً على فهم صحيح للواقع. ومن ثم فإن ما ينعاه الطاعن على الحكم من مخالفته الثابت بالأوراق يكون على غير أساس».

ويستخلص من هذا الحكم أن الإعتراف لا يلزم أن يكون صريحاً. ولمحكمة الموضوع تأويل أقوال المتهم بما تؤدي إليه من معنى التسليم بوقوع الجريمة ووصف هذه الأقوال بأنها إعتراف. ولكن «... يتعين على المحكمة ألا تبني حكمها إلا على الوقائع الثابتة في الدعوى وليس لها أن تقيم قضاءها على أمور لا سند لها من التحقيقات... ولما كان ذلك، وكان الحكم المطعون فيه قد عول في قضائه بإدانة الطاعن- ضمن ما عول عليه- على إعتراف الطاعن الآخر عليه بمحضر ضبط الواقعة. وكان البين من مطالعة المفردات المضمومة أن كليهما قد أنكر ما أسند إليه ونسب كل منهما للآخر أنه هو الذي أحضر العروق المضبوطة إلى المتهم الثالث في الدعوى، فإن أقوالهما على هذا النحو لا يتحقق بها معنى الإعتراف في القانون، إذ الإعتراف هو ما يكون نصاً

---

(1) نقض 1962/4/10 س12 ص332.

في اقتراف الجريمة.. والحكم المطعون فيه إذ بنى قضاءه على أن إعترافاً صدر عن الطاعن- مع مخالفة ذلك للثابت بالأوراق- فإنه يكون قد استند إلى دعامة غير صحيحة مما يبطله لابتنائه على أساس فاسد..»[1].

ومع ذلك ينبغي التحرز من الأخذ بمثل هذه الإعترافات الضمنية التي يكون الباعث عليها هو حرص المتهم على الخروج من دائرة الاتهام والابتعاد عن شبح العقوبة الذي بدأ يتردد أمامه.. إذ أن دافع الرهبة والخوف والحرص على التخلص من التهمة قد يدفع المتهم - الذي غالباً ما يكون مجرماً لأول مرة - لأن يتورط في إبداء أقوال تؤخذ عليه بإعتبارها إعترافات ضمنية.

كما ينبغي أن يكون الإعتراف مطابقاً للحقيقة والواقع، فالقاعدة أنه "لا يصح تأثيم إنسان ولو بناء على إعترافه بلسانه أو بكتابته متى كان ذلك مخالفاً للحقيقة والواقع"[2]، كما أن "للمحكمة أن تطرح إعتراف متهم على نفسه بإرتكاب جريمة ما دامت لم تصدقه فيه"[3] أي أن " .. لها أن ألا تعول عليه متى تراءى لها أنه مخالف للحقيقة والواقع"[4].

ويحدث في العمل صدور إعترافات من بعض الأشخاص الأبرياء الذين يزجون بأنفسهم في قفص الإتهام تحت تأثير عوامل متعددة:

(أ) قد تكون الرغبة في تخليص المجرم بدافع المحبة أو المصلحة[5].

(ب) وقد تكون رغبة من المقر في تجنب الإتهام في جريمة أشد خطورة.

(ج) الرغبة في التخلص من حياته أو دخول السجن عند أن عجز عن كسب عيشه في الحياة الحرة.

---

(1) نقض 1974/1/13 س25 ص16.

(2) نقض 1962/12/18 س 13 ص 863، وفي نفس المعنى نقض 1965/12/20 س16 ص945. نقض 1968/5/20 س19 ص65.

(3) نقض 1955/1/10 س6 ص393.

(4) نقض 1972/5/15 س23 ص734.

(5) نقض 1955/1/10 سالف الذكر.

(د) دافع الزهو والإفتخار. وعلى الأخص في الجرائم التي تثير الجماهير ويكثر الحديث عنها.

مثل هذه الإعترافات تدعو إلى الحذر من الأخذ بها، وعلى القاضي أن يتحرى عن نصيب الإعتراف من الصحة من ناحيتين:

الأول : البحث عن الدافع الذي ألجأ المقر إلى الإدلاء بأقواله.

الثاني: مراعاة التناسق بين الإقرار والأدلة الأخرى في الدعوى، فكثيراً ما أقر شخص على نفسه بجريمة قتل مثلاً، فإذا ما نوقش في إقراره إتضح كذبه من الإختلاف في الطريقة التي يدعي إرتكاب الفعل بها عما إستبانه الطبيب الشرعي من معاينة الجثة.

المطلب الثاني

الدفع ببطلان الإعتراف الصادر من المتهم لعدم توقيعه عليه

ماهية هذا الدفع:

يثور التساؤل التالي: هل يلزم توقيع المتهم على محضر أقواله؟ وهل هناك جزاء إجرائي يقرره القانون عند خلو المحضر من هذا التوقيع؟

يتطلب القانون إثبات شخصية المتهم، سواء عند حضوره أمام المحقق لأول مرة، أم أمام المحكمة، وهذا هو ما نصت عليه المادة (123 أ. ج) في قولها: "عند حضور المتهم لأول مرة في التحقيق يجب على المحقق أن يتثبت من شخصيته، ثم يحيطه علماً بالتهمة المنسوبة إليه ويثبت أقواله في المحضر". ولكن القانون جاء سواء من إشتراط ضرورة إثبات توقيع المتهم على محضر أقواله.

وقد يدفع المتهم أمام المحكمة ببطلان الإعتراف الصادر منه لعدم توقيعه على محضر التحقيق المثبت فيه هذا الإعتراف، فهل يقبل منه هذا الدفع؟.

ردت محكمة النقض المصرية على هذا التساؤل بالنفي، حيث قضت بأنه "لا يلزم أن يوقع المتهم على الإعتراف الصادر منه والمثبت بمحضر التحقيق ما دام المحضر موقعاً عليه من المحقق والكاتب"[1].

وهكذا يفرق قضاء النقض بين نوعين من التوقيعات على محضر التحقيق: الأول توقيع كل من المحقق والكاتب، وهذان التوقيعان وجودهما لازم في المحضر وإلا كان - بمفهوم المخالفة المستخلص من الحكم - باطلاً. والثاني: توقيع المتهم على المحضر، ويستوي وجوده أو عدم وجوده، فهو من

---

(1) نقض 1955/1/12 مج القواعد القانونية التي قررتها محكمة النقض في 25 عاماً جـ 1 ص48.

الإجراءات التنظيمية أو الإرشادية التي لا يترتب على تخلفها بطلان محضر التحقيق.

وقد كان قضاء النقض موفقاً، نظراً لأن بعض المتهمين – في كثير من الأحوال – يحجمون عن وضع توقيعاتهم على محاضر جمع الإستدلالات أو التحقيق، ثم يطعنون – بعد ذلك – فيما ورد فيها بحجة عدم وجود توقيع لهم عليها، وقد يمكن القول – من ناحية أخرى أن في وجوب إثبات توقيع المتهم على المحضر ضمان لصحة ما هو ثابت فيها من أقوال منسوبة إليه والإطمئنان إليها.

المطلب الثالث

الدفع ببطلان الإعتراف لكونه ناتجاً عن الخوف أو التهديد أو الإكراه

المقصود بهذا الدفع:

يتعين – لكي يكون الإعتراف صحيحاً ومنتجاً لآثاره – أن يصدر عن شخص يتمتع بحرية الإرادة والإختيار، أي يكون ثمرة بواعث ذاتية للمتهم، وهذا ما جرى عليه قضاء محكمة النقض المصري حيث قضت بأنه "من المقرر أن الإعتراف الذي يعول عليه يجب أن يكون إختيارياً .. "[1].

وحددت متى يكون الإعتراف إختيارياً، وذلك عندما يكون " .. سليماً مما يشوبه"[2]، أو صادراً عن المتهم " .. طواعية إختياراً .. "[3]، وفي عبارة أخرى أن يصدر الإعتراف من المتهم .. طواعية وإختياراً بإقراره وعن إرادة حرة ودون ما شائبة من إكراه وقع عليه أو خوف دفعه إليه"[4].

ولكن متى يكون الإعتراف غير إختياري؟. بينت محكمة النقض الحالات التي يكون فيها الإعتراف غير إختياري في قولها " .. ويعتبر الإعتراف غير إختياري .. إذا حصل تحت تأثير التهديد أو الخوف"[5]، أو " .. صدر أثر ضغط أو إكراه كائناً ما كان قدره"[6].

---

(1) نقض 1970/6/22 مج أحكام النقض س21 ص900، نقض 1971/12/26 س22 ص805، نقض 1972/10/15 س23 ص 1049، نقض 1975/6/22 س26 ص528.

(2) نقض 1973/11/25 مج أحكام النقض س24 ص1053.

(3) نقض 1961/3/6 س12 ص311.

(4) نقض 1977/6/6 س28 ص713.

(5) نقض 1970/6/22 س21 ص905.

(6) نقض 1971/12/26 س22 ص805.

ولكن هل يسري هذا الحكم على الإعتراف ولو كان صادقاً؟ قررت محكمة النقض أن "الأصل في الإعتراف الذي يعول عليه أن يكون إختيارياً، وهو لا يعتبر كذلك – ولو كان صادقاً – إذ صدر أثر إكراه أو تهديد، كائناً ما كان قدر هذا التهديد أو ذلك الإكراه .."[1].

وقد إشترطت للأخذ بالدفع ببطلان الإعتراف بناء على التهديد أو الإكراه " .. أن يكون التهديد أو الخوف وليد أمر غير مشروع .. ".

ولكن قد يدفع المتهم ببطلان الإعتراف لأنه وليد التهديد أو الخوف أو الإكراه، ويرجع هذا أو ذاك إلى أسباب متعددة، تجملها فيما يأتي:

أ - وجود المقر في السجن تنفيذاً لحكم صدر ضده:

هل يعتبر تهديداً مجرد وجود المقر في السجن تنفيذاً لحكم صدر ضده؟ فقد يدفع المتهم أمام درجتي التقاضي ببطلان الإعتراف المنسوب إليه تأسيسا على أنه كان مقيد الحرية، إذا كان محبوساً تنفيذاً لحكم صدر ضده في قضية أخرى علاوة على أن الضابط الذي أثبت هذا الإعتراف لم يحصل على إذن النيابة العامة بدخول السجن والإتصال بالمتهم لسؤاله حسبما تقضي المادة (79) من القانون رقم 396 لسنة 1956 في شأن تنظيم لائحة السجون.

ردت على ذلك محكمة النقض في قولها " .... لا يكفي التذرع بوجود المقر في السجن تنفيذاً لحكم صدر ضده، حتى يتحلل من إقراره، متى كان حبسه وقع صحيحاً وفقاً للقانون"[2]. ووضعت قاعدة عامة في هذا الشأن مقتضاها أن مجرد وجود المتهم في السجن تنفيذاً لحكم لا أثر له في صحة إعترافه".

---

(1) نقض 1975/6/22 س26 ص528.
(2) نقض 1970/6/22 مج أحكام النقض س21 ص905.

ب - الخوف من القبض أو الحبس:

هل يكفي التذرع بالخوف من القبض أو الحبس حتى يتحلل المقر من إقراره؟.

الأصل أن التصرف لا يكون سليماً وخالياً مما يشوبه إلا إذا كان مستنداً إلى إجراء وقع صحيحاً وفقاً للقانون، ومتى كان هذا الإجراء مستوفياً فيه هذه الشروط فإنه يعتبر إجراءً قانونياً مشروعاً، ويبيح ويجعل كافة الآثار المترتبة عليه مشروعة، أما إذا كان ذلك غير مشروع أو منتفياً فيه أحد شروط صحته، فإنه يكون باطلاً وما يترتب عليه من آثار.

وقد يدفع المتهم ببطلان إعترافه لأنه كان وليد الخوف من القبض والحبس، إذ أن رجال الإدارة قاموا بالقبض عليه وحبسه بدون وجه حق. وقد تطرقت محكمة النقض إلى طعن المتهم في هذا الشأن وردت عليه، وجعلت معيار قبول هذا الدفع من عدمه هو مشروعية الإجراء. وبناء على ذلك قضت "أن الإعتراف الذي يعول عليه يجب أن يكون إختيارياً، ويعتبر الإعتراف غير إختياري وبالتالي غير مقبول إذا حصل تحت تأثير التهديد أو الخوف، إنما يجب أن يكون التهديد والخوف وليد أمر غير مشروع، فلا يكفي التذرع بالخوف من القبض والحبس وقد وقعا صحيحين وفقاً للقانون"[1].

ولكن إذا ظل المتهم في الحجز إلى اليوم التالي حتى تتم إجراءات الإفراج عنه فهل يعتبر بمثابة حبس بدون وجه حق، الأمر الذي يجعل الإعتراف الذي قد يدلي به المتهم أثر هذا الحبس إعترافاً باطلاً، يمكن أن يستند إليه المتهم في الدفع ببطلان إعترافه على هذا الأساس؟

يحدث في العمل أن يحجز المتهم على ذمة عرضه على المباحث أو للبحث عما إذا كان مطلوباً لسبب أو قضية أخرى، وقد يتم ذلك عن طريق إرساله إلى كافة مديريات الأمن أو إلى بعضها في الجمهورية.

---

(1) نقض 1957/3/26 س8 ص288.

القاعدة في قانون الإجراءات الجنائية أن من يملك الحبس الإحتياطي يملك الإفراج عن المتهم، سواء أكانت النيابة أم قاضي التحقيق، أم المحكمة، ولكن النيابة هي المشرفة على تنفيذ الحبس والإفراج.

وفي حالة الإفراج عن المتهم بعد حبسه إحتياطياً سواء لإنتهاء مدة الحبس أو لعدم تجديده، يجب الإفراج حتماً عن المتهم، وقد يكون الإفراج مطلقاً، وقد يكون معلقاً على شرط، وفي الحالة الثانية يتطلب المشرع ضمانات للإفراج.

ومن بين ضمانات الإفراج الكفالة المالية أو العينية، والكفالة الشخصية، والتقدم إلى مقر البوليس في الجهة التي يقيم فيها ضماناً لمثوله أمام المحقق كلما دعت حاجة التحقيق إلى ذلك، وألا يفر من تنفيذ الحكم الذي يمكن أن يصدر ضده.

ولكن لم يتضمن قانون الإجراءات الجنائية المصري ولا التعليمات العامة للنيابات نصاً يحكم حالة إبقاء المتهم في الحجز حتى تتم إجراءات الإفراج عنه.

قد يقال أن إبقاء المتهم في الحجز بعد الإفراج عنه أو الإمتناع عن الإفراج عن المقبوض عليه حين يتعين لإفراج عنه قانوناً. يشكل جريمة حبس بدون وجه حق.

الواقع أن هذا الفرض يحدث عملاً، ويتوقف الفصل في مشروعيته على مدى توافر مبرراته.

يمكن القول بمشروعية هذا الإجراء إستناداً إلى عدة مبررات منها عملية، والأخرى قانونية، والثالثة تستند إلى حالة الضرورة، وهو ما نبينه فيما يلي:

الأول: مبررات عملية:

وهي مضمون قرار الجهة الآمرة بالإفراج، ففي الغالب من الحالات يكون القرار الصادر بالإفراج مصاغاً على النحو التالي: "نأمر بالإفراج عن المتهم .. ما لم يكن محبوساً لسبب آخر"، وتحمل هذه العبارات شكل الأمر بالإفراج

المعلق على شرط، وبالتالي يكون الحبس مشروعاً، ولكن إلى أي وقت يمكن أن يمكث فيه المتهم في الحبس بحيث يؤدي تجاوز هذا الوقت إلى جعل الحبس غير مشروع.

ويتوقف ذلك أيضاً على الجهة مصدرة القرار وعلى مدة الحبس التي يقررها لها القانون: فالقانون يعطي للنيابة سلطة الحبس الإحتياطي لمدة لا تجاوز أربعة أيام، ويعطي للقاضي الجزئي مدة لا تجاوز خمسة وأربعين يوماً ...... إلخ.

وإذا كان القرار الصادر من النيابة العامة بالإفراج عن المتهم قبل مضي الأربعة أيام، فإن تعليق الإفراج على شرط يجب ألا يتجاوز هذه المدة، وإلا عد حبساً بدون وجه حق.

ولكن ألا يعد المتهم مقبوضاً عليه على ذمة القضية الأخرى أو السبب الآخر؟ يمكن أن يكون الرد على هذا التساؤل بالإيجاب، فإذا كان الأمر كذلك فإنه يتعين ألا تزيد مجتمعه عن المدة المقررة في القبض وهي 48 ساعة.

الثاني : مبررات قانونية:

تستند إلى نصوص قانون الإجراءات الجنائية المتعلقة بالتحفظ والمنصوص عليها في المادة (35) منه بعد تعديلها بالقانون رقم 37 لسنة 1972 والتي تعطي لمأمور الضبط القضائي حجز المتهم لمدة لا تزيد على أربع وعشرين ساعة يحيله بعدها إلى النيابة لكي تتصرف في أمره خلال الأربع والعشرين ساعة التالية لعرضه عليها، وإلا تعين الإفراج عنه فوراً.

وتفسير ذلك أنه إذا حجز المتهم بعد الإفراج عنه، فإن هذا الإجراء يكون مشروعاً بشرط ألا يزيد على أربع وعشرين ساعة، فإذا تجاوز هذا الزمن فإنه يعد حبساً بدون وجه حق وبناء على ذلك إذا قامت الشرطة بحجز المتهم بعد الإفراج عنه تتم إجراءات الإفراج، فيجب ألا يتعدى هذا الحجز مدة الأربع وعشرين ساعة، بحيث يتبين خلالها ما إذا كان المتهم مطلوباً لسبب آخر أو محبوساً على ذمة قضية أخرى ..

الثالث : إنتفاء المسئولية عن العمل غير المشروع:

إستناداً إلى المادة (63) من قانون العقوبات، متى كان مرتكب الحجز حسن النية، ولم يصدر منه هذا العمل عن هوى في نفسه، وإنما كان يعتقد مشروعيته وإن إجراءه كان من إختصاصه.

وقد أرسى القضاء المصري هذه القاعدة بمناسبة قضية نسب فيها إلى المتهم (وكان قائماً بأعمال نقطة الشرطة والمسئول عن الأمن فيها) أنه حبس المجني عليه دون أمر من المختصين وفي الأحوال المصرح بها قانوناً، فقضت المحكمة ببراءته إستناداً إلى إنتفاء سوء القصد عنه، وقد أورد الحكم كافة شروط الفقرة الثانية من المادة (63) عقوبات مصري التي تنفي المسئولية الجنائية عن الموظف العام إذا حسنت نيته وإرتكب فعلاً تنفيذاً لما أمرت به القوانين أو إعتقد أن إجراءته من إختصاصه بصفته قائماً بأعمال نقطة الشرطة والمسئول عن الأمن فيها، وأنه إضطر إلى ذلك لمنع وقوع جرائم أخرى تتمثل في أن يقتص المجني عليه من قاتلي أخيه وكان المتهم قد تثبت وتحرى عن ظروف الحادث من العمدة، وقد علل الحكم إعتقاد المتهم بضرورة ما فعله من إحتجاز المتهم بديوان النقطة بأسباب معقولة هي أن المجني عليه من العصبة والقوة ما يمكنه من الإعتداء على قاتلي أخيه.

وقد إنتهت محكمة النقض إلى إقرار هذا المبدأ، ووصفت هذا الحكم بأنه قد أصاب صحيح القانون[1].

ولكن هل للخوف بصفة عامة تأثير في صحة إقرار المتهمة؟ المستقر عليه في قضاء النقض أنه لا تأثير لخوف المتهمة في صحة إقرارها ما دام هذا الخوف لم يكن وليد أمر غير مشروع، أما إذا كان الخوف وليد إجراء مشروع، فلا تأثير له على الإعتراف، سواء كان هذا الخوف تلقائياً أم هدده به مأمور الضبط أو المحقق[2].

---

(1) نقض 1972/5/15 مج أحكام النقض س23 ص724.

(2) نقض 1976/1/26 س27 ص128.

ولكن هل يسري ذلك على حالة خوف المتهم من مفاجأة رجـال البـوليس له؟ وفي عبارة أخرى هل تعتبر هذه الحالة بمثابة إكراه يبطل الإعتراف؟ فقد عرضت قضية على محكمة النقض دفعت فيها المتهمـة ببطلان إعترافها لأنها كانت – عند إعترافها – متأثرة بعامل الرهبة التي تملكتها مـن دخول رئيس مكتب المخدرات ومعه قوة كبيرة عليها في منزلها.

وقد رأت محكمة الموضوع وأيدتها في قضائها محكمة النـقض رفض هـذا الدفع تأسيساً على أن ما أبداه الدفاع لا يفيد تحقق إكراه أفسد إرادتها وشاب إعترافها، الذي أدلت به أمام وكيل النيابة المحقق بعد إنتهاء الضبط والتفتيش ببضع ساعات وفي وقت كان مكفولاً لها فيه حريـة الـدفاع عـن نفسها بكافة الضمانات[1].

ويلاحظ أن هذا الحكـم قـد إستند في رفض الـدفع ببطلان الإعـتراف علـى سندين: الأول. الإعتراف المسـتقل عـن القبض والتفتيش وإخـتلاف الجهة التـي أدلت أمامها المتهمـة بـالإعتراف، والثاني: كفالة حريـة الدفاع للمتهمة بكافة الضمانات.

وهناك تساؤل آخر يطرح في هذا الصدد يتعلـق بمـدى الأثر الـذي يتركه حضور ضابط الشرطة أثناء إستجواب المـتهم، وهل يعـد ذلك إكراهاً يبطل إعترافه، على فرض صدوره منه؟

إستناداً إلى كفالة حق المتهم في الدفاع عن نفسه بكافة الضمانات، إنتهت محكمة النقض إلى رفض هذا الدفع، حيث قضت بأنه "ليس في حضور الضابط إستجواب النيابة للمتهمة ما يعيب هذا الإجراء أو يبطله في وقت كان مكفولاً لها فيه حرية الدفاع عن نفسها بكافة الضمانات[2].

هل يسري نفس الحكم عندما يدفع المـتهم ببطلان الإعتراف الصادر منه إستناداً إلى الرهبة مـن سلطان الوظيفة، فقد يدفع المـتهم (أو المـدافع عنه) بأن

---

(1) نقض 1958/2/10 س9 ص151.
(2) نقض 1961/3/6 س123 ص311.

التحقيق معه قـد أجـرى في قسـم الشرطـة، أو أثنـاء تواجـد رؤسائه ممـا يجعلـه مسلوب الإرادة ويهدر ما جاء على لسانه من إعتراف، فهل يقبل منه هذا الدفع؟.

إستقر قضاء النقض عـلى أن "سـلطان الوظيفـة في ذاتـه – كوظيفـة رجـل الشرطـة – بما يسبغه على صاحبه من إختصاصات وإمكانيات لا يعد إكراهاً، ما دام هذا السلطان لم يستطل إلى المتهم بالأذى المادي أو المعنوي"[1]. كما أن ".. مجرد الخشية منه لا يعد قرين الإكراه المبطل للإعتراف لا معنى ولا حكماً"[2].

وفي كثير من الأحيان يـدفع المـتهم ببطلان إعترافـه، ويرجـع ذلـك إلى أن إعترافه كان موحى به إليه من ضابط الشرطة، فهل يقبل منه هذا الدفع؟.

قضت محكمة النقض بـأن ".. مجرد القول بـأن الإعتراف مـوحى بـه مـن الضابط .. لا يشتمل دفعـاً ببطلان الإعتراف ولا يعد قرين الإكراه المبطل لـه لا معنى ولا حكماً ما دام سلطان الضابط لم يستطل إلى المتهم بالأذى مادياً كان أو معنوياً"[3] ويتبين من هذا الحكم أن محكمة النقض إستخلصت مـن أقوال المتهم أمرين:

الأول: أن أقوال المتهم في هذا الصدد لا تتضمن دفعاً ببطلان الإعتراف.

الثاني: أن سلطان الوظيفة لا يعد قرين الإكراه المبطل للإعتراف.

ولكن محكمة النقض لم تعدم كل أثر لهذا السلطان، بـل إشـترطت لقبـول الدفع ببطلان الإعتراف أن يكون سلطان الضابط قد إستطال إلى المتهم بالأذى مادياً كان أم معنوياً، فإذا إنتفى هذا الأذى فلا وجه للنعي عليه.

كما تطلبت شرطاً آخر، حيث قضت بأنه ".. الخشـية في ذاتها مجـردة لا تعد إكراهاً لا معنـى ولا حكماً، إلا إذا ثبتـت أنها قـد أثرت فعـلاً في إرادة

---

(1) نقض 1969/2/3 س20 ص207، نقض 1976/1/26 س27 ص127.

(2) نقض 1975/6/15 س26 ص513.

(3) نقض 1973/11/25 س24 ص1053.

المدلي فحملته على أن يدلي بما أدلى". ومرجع الأمر في ذلك كله لمحكمة الموضوع[1]، إذ ينبغي "على المحكمة أن تعرض لما يثار من ذلك بالتمحيص إبتغاء الوقوف على وجه الحق فيه، وأن تقيم قضاءها على أسباب سائغة".

وأحياناً تقوم النيابة العامة بالتحقيق أو الإستجواب مع المتهم بديوان الشرطة فيدفع بالبطلان لأنه كان يجهل أنه يقف أمام وكيل النيابة، فما مدى صحة هذا الدفع؟

قررت محكمة النقض في هذا الشأن أنه "لما كان الحكم المطعون فيه قد عرض للدفع ببطلان الإعتراف المنسوب إلى الطاعنة ورد عليه في قوله "وهو إعتراف صحيح في محضر وكيل النيابة تطمئن إليه المحكمة، ولا تلتفت المحكمة إلى ما سرده الدفاع من أنها كانت تجهل أنها كانت تقف أمام وكيل النيابة فهو قول غير مستساغ، وقد أحاطها وكيل النيابة بشخصيته كما أثبت ذلك في محضره وكان مكفولاً لها كافة الضمانات والدفاع عن نفسها وكان سؤالها في اليوم التالي أي أنه إعتراف مستقل إستقلالاً كاملاً عن القبض عليها في اليوم السابق ولم يصاحبه إكراه أو ضغط كما يزعم الدفاع وتطمئن المحكمة إلى ما ذكرته في أقوالها عن المتهم الثاني، فإن هذا حسبه ليستقيم قضاؤه"[2].

حالات إستقر فيها قضاء النقض على قبول الدفع ببطلان الإعتراف، وهذه الحالات متعددة ومتنوعة، ونذكرها فيما يلي:

أ - إذا كان وليد إكراه مادي:

كالتعذيب أو العنف أو الأذى. وتطبيقاً لذلك قضى أنه "إذا كان الحكم مع تسليمه بأن ضابط البوليس هدد المتهم بالقبض على ذويه وأقاربه، وبأن

---

(1) نقض 1969/2/3 س20 ص207.
(2) نقض 1975/11/2 س26 ص659.

إعتراف المتهم لم يصدر إلا بعد هذا التهديد، قد إعتمد في إدانته على هذا الإعتراف وحده، ولم يورد دليلاً من شأنه أن يؤدي إلى ما ذهب إليه من إعتبار هذا الإعتراف صحيحاً سوى ما قاله عن أن المتهم ليس ممن يتأثرون بالتهديد لأنه من المشبوهين، فإنه يكون قاصراً، إذ أن ما قاله من ذلك لا يمكن أن يكون صحيحاً على إطلاقه، فإن توجيه إنذار إشتباه ليس من شأنه أن يجرده من المشاعر والعواطف التي فطر الناس عليها"[1]، كما قضى أيضاً ببراءة المتهم تأسيساً على أن " .. المحكمة لم تطمئن إلى إعتراف المطعون ضده لما قدرته من أنه كان تحت تأثير الرهبة والفزع فأطرحته بإعتباره لا ينبئ بذاته عن مقارفة المتهم للجريمة .. "[2]. ويعتبر من قبيل العنف المبطل للإعتراف "قص شعر المتهم أو شاربه".

في حين رفضت محكمة النقض الدفع ببطلان الإعتراف متى تحققت محكمة الموضوع من أن الإعتراف سليم مما يشوبه وإطمأنت إليه، كان لها أن تأخذ به بما لا معقب عليها فيه .. "[3] أو كانت أقوال المتهم قد " .. تأيدت بأقوال الشهود وتقرير الصفة التشريحية"[4]، أو كانت الأوراق " .. قد خلت من أن أقوال المتهمين جميعاً قد أخذت تحت تأثير الإكراه"[5]، أو كان الحكم قد إستند في ذلك إلى " .. التقرير الشرعي وإلى مطابقة فحوى إقرارهما لما إستظهرته المحكمة من وقائع الدعوى وملابساتها، وإلى ترديد المتهمين المذكورين لهذه الأقوال في مراحل التحقيق وأمام النيابة .. "[6].

---

(1) نقض 1943/3/22 مج القواعد جـ 6 ص203.

(2) نقض 1970/1/12 مج أحكام النقض س21 ص74.

(3) نقض 1978/6/19 س29 ص625، نقض 1977/10/2 س28 ص803.

(4) نقض 1978/3/19 س29 ص295.

(5) نقض 1977/11/27 س28 ص976.

(6) نقض 1958/11/18 س59 ص965.

وحتى على فرض وجود إصابات بالمتهم، فإن ذلك لا يعني تعرضه للإكراه أو التعذيب، إذ يمكن أن تكون هذه الإصابات منبتة الصلة تماماً بإعترافه[1]، أو حدثت به نتيجة لأمر عارض، أو أثناء مقاومته لإجراء الضبط الذي تم صحيحاً ووفقاً للقانون، أو أحدثها المتهم نفسه لزعزعة الدليل المقدم ضده أو لخدمة قضيته.

وهذا هو ما إنتهت إليه محكمة النقض، حيث قضت بأنه "إذا كان الحكم إذ عرض لدفع الطاعن بشأن بطلان إقرار المتهمين الثاني والثالث عليه ونفى وقوع إكراه أو تعذيب من رجال البوليس عليهما قد إستند في ذلك إلى التقرير الشرعي وإلى مطابقة فحوى إقرارها لما إستظهرته المحكمة من وقائع الدعوى وملابساتها، وإلى ترديد المتهمين المذكورين لهذه الأقوال في مراحل التحقيق وأمام النيابة، فإن ما إنتهى إليه الحكم من عدم وقوع تعذيب على المتهمين يكون مبنياً على إستخلاص سائغ من وقائع الدعوى وليس ثمة تعارض بين ما أثبته الحكم نقلاً عن التقرير الطبي من وجود إصابة بكل من المتهمين لأمر عارض وبين ما إنتهى إليه ما دام أنه لم يقم دليل على التعذيب"[2]. كما قضى أيضاً بأن "حيث أن الحكم .. عرض للدفع المؤسس على أن إعتراف الطاعنين .. كان وليد إكراه وأطرحه في قوله " .. وهذا القول مردود بأن الثابت عند إستجوابهما بالنيابة أنه لم يكن بأي منهما إصابات وأن جميعهم قد أدلوا بأقوالهم في هدوء وطمأنينة ووجود هذه الإصابات فيما بعد إنما قصد به خدمة القضية". وهذا الرد الذي أورده الحكم سائغاً وكافياً للرد على هذا الدفع"[3].

ولكن هل يلزم وجود تناسب بين حجم الإكراه ودرجة العقاب أو قدره؟ وفي عبارة أخرى هل ترفض المحكمة الدفع ببطلان الإعتراف الناتج عن إكراه

---

(1) نقض 1978/10/26 س29 ص727.
(2) نقض 1958/11/18 مج أحكام النقض س9 ص965.
(3) نقض 1977/1/21 س28 ص281.

متى كانت الإصابات الموجودة بالمتهم - على فرض وجودها - طفيفة إلى درجة لا تتناسب مع العقوبة المغلظة المقررة للجريمة التي إعترف بإرتكابها؟

قد يمكن القول بذلك إستناداً إلى أن الآثار الطفيفة التي وجدت بالمتهم والتي أثبتها الكشف الطبي ليس من شأنها أن تدعوه إلى الإقرار بإرتكاب جريمة لها عقوبة مغلظة.

عرض هذا الرأي على محكمة النقض فإنتهى إلى رفضه حيث قضت بأنه "إذا كان دفاع المتهم مبنياً على أن الإعتراف المعزو إليه في التحقيقات كان وليد إكراه وقع عليه، وكان المستفاد مما قالته المحكمة أنها عولت على هذا الإعتراف وهونت من شأن ما إدعاه المتهم من أنه كان نتيجة وقوع الإكراه عليه، قائلة أن الآثار الطفيفة التي وجدت بالمتهم والتي أثبتها الكشف الطبي ليس من شأنها أن تدعوه إلى أن يقر بجريمة لها عقوبة مغلظة، فهذا منها لا يكفي رداً على ما تمسك به، إذ هي ما دامت قد سلمت بوقوع الإكراه على المتهم يكون عليها أن تعني ببحث هذا الإكراه وسببه وعلاقته بأقوال المتهم، فإن هذا الإعتراف لا يجب أن يعول عليه، ولو كان صادقا، متى كان وليد إكراه مهما كان قدره"[1].

ب - الإكراه المعنوي:

إذا صدر الإعتراف عن المتهم تحت تأثير الإكراه المعنوي، كالتهديد بشر، أو تحليفه اليمين، أو التشهير به وكذلك الخوف الناتج عن إجراء غير مشروع.

ج - التدليس والخداع:

مثال ذلك إيهام المتهم بوجود أدلة معينة، أو قراءة شهادة مغلوطة منسوبة إلى أحد الشهود، أو إيهامه بأن غيره من المتهمين قد إعترفوا بالتهمة.

---

(1) نقض 1947/12/15 سالف الذكر، نقض 1965/5/5 س16 ص435.

هـ - الوعد والإستيعاد والإغراء:

وهو ما يعد قرين الإكراه والتهديد متى كان له تأثير على حرية المتهم في الإختيار بين الإنكار والإقرار ويؤدي إلى حملة على الإعتقاد بأنه قد يجني من وراء الإعتراف فائدة أو يتجنب ضرراً.

شروط إبطال الإعتراف بناء على الإكراه أو الوعد:

جرى قضاء النقض على تطلب شرطاً معيناً لإبطال الإعتراف الناتج عن الوعد والإكراه، وهذا الشرط هو وجود رابطة سببية بين الإكراه أو الوعد والإقرار".

وتطبيقاً لذلك "فإنه يتعين على المحكمة وقد قدم لها الدليل من وجود إصابات بالمتهم أن تتولى هي تحقيق دفاعه من أن الإعتراف المسند إليه في التحقيقات والذي إستندت إليه في حكمها قد صدر نتيجة تعذيبه من رجال البوليس بأن تبحث هذا الإكراه وسببه بأقوال المتهم .."[1]، كذلك " .. يتعين على المحكمة إن هي رأت التعويل على الدليل المستمد من الإعتراف أن تبحث الصلة بينه وبين ما وقع له من وعد أو إغراء ونفي أثر ذلك على الإعتراف الصادر منه في إستدلال سائغ .. "[2].

وقاضي الموضوع - إذن - هو المنوط به القول بحصول الإكراه أو التدليس وكفايته لعيب الإعتراف، وتوافر علاقة السببية بينهما، فإذا إستبان القاضي أنه لا علاقة بين الأمرين فلا جناح عليه إذ هو إستند في حكمه إلى الإعتراف، وعليه عندئذ أن يبين بأدلة سائغة إنقطاع رابطة السببية وإلا كان حكمه ناقص البيان".

(1) نقض 1958/12/2 س9 ص1017.

(2) نقض 1961/3/6 س12 ص311.

المطلب الرابع

الدفع ببطلان الإعتراف لصدوره بناء على إجراء غير صحيح قانوناً

صور هذا الدفع:

يشترط لصحة الإعتراف أن يكون صادراً بناء على إجراء صحيح قانوناً، أي أن يكون وليد إجراء مشروع يقرره القانون أو بناء على أمر صادر من سلطة التحقيق، فالإعتراف الذي جاء وليد إجراء باطل يعتبر باطلاً ولا يجوز الإستناد إليه.

وبناء على ذلك يكون الإعتراف باطلاً في الأحوال الآتية:

(1) إذا كان الإعتراف قد جاء نتيجة إستجواب المحكمة للمتهم دون قبوله الصريح أو وليد إستجواب مأمور الضبط القضائي له، وتطبيقاً لذلك قضى "أن القانون المصري يحظر على القاضي إستجواب المتهم إلا إذا طلب ذلك، وكل ما للقاضي أن يسأله عن تهمته إجمالاً، فإذا إعترف بها وإقتنع هو بصحة إعترافه أخذ به، أما إذا أنكرها فلا يجوز للقاضي أن يستجوبه عن أي أمر آخر بدون طلب منه .... تلك هي نظرية القانون المصري في التحقيق مع المتهم في مرحلة الفصل في أمره أمام المحكمة وأساسها أنه لا يجوز أن يطلب من متهم وهو في موقع دفاع أن يبدي إجابات ربما أُخذ منها ما يفيد إدانته مع أن سلطة الإتهام هي المكلفة قانوناً بإقامة الدليل التفصيلي على صحة التهمة، لذلك كان للمتهم الحق في الإمتناع عن الإجابة عن الأسئلة التي توجه إليه بلا طلب منه، دون أن يؤول ذلك لغير مصلحته أو أن يتخذ أساساً لأية قرينة أو أي دليل لمصلحة الإتهام لأنه في إمتناعه عن الإجابة إنما يستعمل حقاً خوله له القانون، غير أنه نظراً إلى أن تلك القاعدة إنما وضعت لمصلحة المتهم وحده فله أن يتنازل عنها إما بطلبه صراحة من المحكمة أن تستجوبه مباشرة أو على الطريقة

المبينة في القانون، وإما بعدم إعتراضه على الإستجواب وبالإجابة على الأسئلة التي توجهها إليه إذا رأى هو والدفاع عنه أن من مصلحته الإجابة عليها لظهور الحقيقة، على أنه لا يجوز مطلقاً أن يتحول الإستجواب إلى تحقيق مطول على الشكل الذي تجريه النيابة العمومية أو قاضي التحقيق ولا أن يكون الغرض منه إستدراج المتهم إلى الإعتراف أو تقرير أقوال تؤيد الإتهام، فإذا كان الإستجواب حصل بموافقة الدفاع وبقبول المتهمين بإجاباتهم عن الأسئلة التي وجهتها إليهم طائعين مختارين، ولم يكن الغرض منه إستدراجهم إلى إبداء أقوال في غير مصلحتهم، كما أنه لم يكن له أي تأثير في مركزهم في الدعوى فلا عيب فيه"[1].

ولكن هل توجد مخالفة للقانون إذا سألت المحكمة المتهم عما نسب إليه بما وقع منه وتطوع لذكر تفصيلات الحادثة فناقشته المحكمة في إعترافه فأجابها على ما وجهته إليه من الأسئلة ولم يعترض الدفاع على ذلك؟. أجابت على ذلك محكمة النقض المصرية بالنفي، وإستندت في ذلك إلى أن المحكمة " .... كانت في حدود القانون الذي يفرض عليها سؤال المتهم عن تهمته إجمالاً ويخوّلها الحق في الأخذ بإعترافه إذا إقتنعت به ولا يتم ذلك إلا بإستيضاح المتهم عما غمض في إعترافه"[2]. كما قضى أيضاً بأن "الإستجواب المحظور على مأمور الضبط القضائي - ورجال الرقابة الإدارية منهم - هو مجابهة المتهم بالأدلة المختلفة قبله ومناقشته مناقشة تفصيلية كما يفندها إن كان منكراً لها أو يعترف بها إذا شاء الإعتراف"[3]. أما إذا كان " .. ما أثبته مأمور الضبط القضائي في محضر ضبط الواقعة من أقوال المتهمات بما فيهن الطاعنة نفسها لا يعدو أن

(1) نقض 1933/5/29 مج القواعد جـ 3 ق134 ص188.
(2) نقض 1933/5/29 جـ 3 ق135 ص189.
(3) نقض 1969/2/24 مج أحكام النقض س22 ص277.

يكون تسجيلاً لما أبدينه أمامه وإعتراف من إعترفت منهن في حقها وحق غيرها من المتهمات في نطاق إدلائها بأقوالها مما لا يعد إستجواباً ولا يخرج عن حدود ما نيط بمأمور الضبط القضائي، فإن ما تثيره الطاعنة في هذا الصدد من بطلان الإستجواب لا يكون سديداً"[1]. ومتى كان الثابت في محضر ضبط الواقعة أنه أثر الضبط سأل المتهمات عما هو منسوب إليهن فإعترفن بممارسة الدعارة .. فأثبت ذلك الإعتراف في محضره فلا تثريب عليه، ولا بطلان في سؤاله للمتهمات عن التهمة المسندة إليه أو في إثبات ذلك الإعتراف الذي أدلين به أمامه .. ولا تثريب على المحكمة إن هي عولت على تلك الإعترافات في حكمها ما دامت قد إطمأنت إليها"[2].

(2) إذا كان الإعتراف وليد قبض أو تفتيش باطلين، فقد يدفع المتهم ببطلان الإعتراف لصوره في إثر ضبط وتفتيش باطلين، فهل يقبل هذا الدفع؟ وما مدى تأثير القبض والتفتيش الباطلين على صحة الإعتراف الصادر من المتهم؟.

القاعدة:

"أن تقدير قيمة الإعتراف الذي يصدر من المتهم على أثر تفتيش باطل وتحديد مدى صلة هذا الإعتراف بواقعة التفتيش وما ينتج عنها هو من شئون محكمة الموضوع حسبما يتكشف لها من ظروف الدعوى وملابساتها"[3].

ومتى كان التفتيش الذي وقع على المتهم قد تجاوز به مأمور الضبط القضائي حدوده، وفيه إنتهاك لحرمة شخص المتهم وحريته الشخصية فهو باطل هو وما ترتب عليه من إعتراف صدر في أعقابه لرجال الضبط[4].

---

(1) نقض 1972/12/11 س23 ص1367.
(2) نقض 1973/11/25 س24 ص1053.
(3) نقض 1953/3/17 مج أحكام النقض س 4 ص 638، نقض 1955/10/10، س6 ص644.
(4) نقض 1957/6/19 مج أحكام النقض س7 ص681.

ومجرد بطلان الضبط أو التفتيش ليس كافياً لبطلان الإعتراف الصادر بعده، بل يجب أن يثبت أن الإعتراف صدر متأثراً بهذه الإجراءات، أما إذا ثبت أن الإعتراف الصادر من المتهم لم يخضع لتأثير تلك الإجراءات فإنه يمكن للمحكمة الأخذ به، كما لو إعترف المتهم بوجود المخدر معه من تلقاء نفسه بالجلسة أمام المحكمة أثناء المحاكمة ولم يكن لإجراءات القبض أو التفتيش تأثير فيه، وبناء عليه فإن "بطلان التفتيش الذي أسفر عن وجود المخدر بمنزل المتهم ليس من شأنه في ذاته أن يبرر القول بأن الإعتراف الصادر منه بعد ذلك كان نتيجة حتمية للتفتيش ومجابهة المتهم بضبط المخدر عنده أثناء ذلك، فإن هذا إن جاز القول به إذا كان الإعتراف في ظرفي الزمان والمكان اللذين حصل فيهما التفتيش، وعلى أثر ضبط المخدر حيث يكون المتهم في حالة نفسية لا يستطيع معها أن يختار سوى الإقرار، فإنه لا يكون جائزاً على إطلاقه إذا كان الإعتراف قد صدر من المتهم بعد ضبط المخدر عنده بمدة من الزمن أو أمام سلطة غير التي باشرت إجراء التفتيش وضبطت المخدر، أو في ظروف أخرى يصح معها القول بأن الإعتراف قد صدر مستقلاً عن التفتيش ولا إتصال له به، وأن المتهم حين إعترف إنما أراد الإعتراف، وإذن يكون لمحكمة الموضوع أن تقضي ببطلان التفتيش، وأن تأخذ في ذات الوقت بالإعتراف الصادر من المتهم بإحرازه المادة التي أسفر عنها التفتيش الباطل متى تبينت من وقائع الدعوى وأدلتها المطروحة عليها أن الإعتراف صدر من المتهم مستقلاً عن التفتيش، وهي حين تفعل ذلك لا يصح أن ينعى عليها أنها خالفت القانون وإعتمدت على دليل باطل"[1].

ويستخلص مما تقدم أنه يشترط للتعويل على الإعتراف الصادر من المتهم في هذه الحالة توافر الشروط الآتية:

(أ) أن يكون دليلاً مستقلاً عن الإجراء الباطل وليس له به إتصال مباشر.

---

(1) نقض 1943/1/29 جـ 6 ص216.

(ب)   أن يكون غير متأثر بالإجراء الباطل وما نتج عنه، أي أن يكون المتهم حينما إعترف إنما أراد الإعتراف ولم يقل الأقوال الصادرة منه متأثراً بالإجراء الباطل الذي وقع عليه[1]، وبناء عليه "لا تثريب على المحكمة إن هي عولت بصفة أصلية في إدانة المتهم على إعترافه الصادر منه أمام النيابة وفي الجلسة وإتخذت منه دليلاً قائماً بذاته مستقلاً عن التفتيش على أساس أنه لم يقله متأثراً بإجراء القبض المدعي ببطلانه"[2]. كما أن الأخذ بإعتراف المتهم يغني عن الرد على الدفع ببطلان التفتيش: وتطبيقاً لذلك قضى بأنه "متى كان الحكم قد أثبت على المتهم أنه إعترف بضبط الملابس المسروقة في مسكنه، ولم ينازع المتهم في صحة هذا الإعتراف، فإن إغفال الحكم الرد على الدفع ببطلان التفتيش لا يؤثر في سلامته"[3]. أما إذا كانت المحكمة قد عولت في إدانة المتهم على الإعتراف المنسوب إليه أثر القبض الباطل الذي وقع عليه دون أن تتحدث عنه كدليل قائم بذاته ومنفصل عن تلك الإجراءات الباطلة ولا هي كشفت عن مدى إستقلاله عنها فإن الحكم يكون معيباً"[4].

وأحياناً يدفع المتهم بأن المحكمة قد أخذته بالإعتراف دون أن تتلو عليه نص التهمة وأن تبين الوقائع المسندة إليه وبغير أن تثبت نص هذا السؤال والعبارة التي أجاب بها الطاعن، وليس يغني عن هذا ما تثبت من أن المتهم سئل عن التهمة فإعترف بها.

وقد عرض مثل هذا الدفع على محكمة النقض فقضت بأن إعتراف المتهم بعد تلاوة أمر الإحالة وسؤاله عن التهمة يجيز الأخذ به عند الإطمئنان إليه.

(1) نقض 1945/10/11 جـ 6 ص782.
(2) نقض 1960/4/11 مج أحكام النقض س11 ص328.
(3) نقض 1957/3/19 س8 ص275.
(4) نقض 1957/10/8 مج أحكام النقض س1 ص328 س8 ص765، نقض 1973/12/16 س24 ص1233.

وما ورد بمحضر الجلسة من تلاوة أمر الإحالة ومن أن المتهم سئل عن التهمة المسندة إليه فإعترف بها ما يصح به الأخذ بهذا الإعتراف وإعتباره حجة على الطاعن متى إطمأنت إليه المحكمة"[1].

الإعتراف الذي جاء وليد تعرف المجني عليه على المتهم في عملية عرض باطلة:

العرض القانوني نوع من أنواع المعاينة والتجارب القضائية التي بمقتضاها تعيد سلطة التحقيق أو المحكمة تصوير الحادث على الطبيعة بشرط أن تكفل لذلك جميع الظروف المكانية والزمانية والضوئية التي توافرت وقت الحادث، لكي تستطيع تقدير مدى صدق رواية الشهود أو إعتراف المتهم، وليلمس المحقق (أو المحكمة) بنفسه على الطبيعة - وفي مسرح الجريمة - العناصر المادية التي تفيد في كشف الحقيقة، حتى يتمكن من بحث الجريمة ومدى ثبوتها ضد المتهم.

وقد تتجمع في ذاكرة المجني عليه أو الشهود صور معينة لمرتكب الجريمة أو لواقعة الجريمة نفسها: كأن يقرر المجني عليه أنه استطاع أن يميز المتهم في الظلام من شكله أو هيئته أو طريقة سيره أو صوته، وهي واقعة مبناها الظن، ومن ثم يجب التأكد من صحتها، وهو ما يتحقق عن طريق الإستعراف أو ما يسمى بالعرض القانوني.

وتخضع عملية الإستعراف أو العرض لبعض القواعد التي تكفل سلامتها وهي ما يلي:

(أ) يجب على عضو النيابة المحقق أن يتخذ الإحتياط اللازم حتى لا تتعرض عملية العرض لأي طعن، ومن ذلك عدم تمكين الشاهد أو المجني عليه من التعرف على الجناة أو رؤيتهم قبل إجراء الإستعراف، وأن لا تكون في هيئة المتهم أو ملابسه ما يميزه عن غيره من الأشخاص الذين يشاركون في التجربة.

---

(1) نقض 1959/1/12 س10 ق4 ص15.

كما يراعى منع أي إتصال بالشاهد أو الإيحاء له برأي أو إتجاه معين، وتفادى صدور أية إشارة أو حركة أو عبارة قد تساعد على هذا التعرف.

(ب) مراعاة الحالة النفسية للشاهد أو المجني عليه والمتهم أثناء عملية الإستعراف، لأن أي إضطراب منهما قد يؤدي إلى عدم الإطمئنان إلى نتائج هذه العملية.

(ج) ضرورة تكرار عملية العرض أكثر من مرة مع تغيير في الأشخاص الذين يعرضون على الشاهد، والإستعانة في ذلك بأشخاص تقترب ملامحهم – بقدر الإمكان – من ملامح المتهم من حيث الطول ولون البشرة والتقارب في السن.

(د) أن يكون المحقق في غاية اليقظة أثناء مباشرة عملية الإستعراف، حتى لا يسمح بتدخل من جانب أي فرد له مصلحة في سير التحقيق على نحو معين.

ولكن هل يترتب على مخالفة القواعد السابقة بطلان إجراء عملية الإستعراف: وبطلان الآثار المترتبة عليها؟.

وقد يدفع المتهم ببطلان إعترافه لأنه كان وليد عملية إستعراف أو عرض غير قانوني: - كأن تتم عملية عرض المضبوطات على المجني عليه بواسطة مأمور الضبط القضائي أو في غير حضور المتهم، وتمكين المجني عليه – بواسطة الغير أو إيحاءه – من رؤية المتهم قبل إجراء العرض، أو تتم هذه العملية بطريقة غير سليمة: كأن يعرض المتهم بأوصافه المميزة – التي يعرفها المجني عليه أو الشاهد- وسط أشخاص يختلفون عنه شكلاً أو حجماً أو سناً، الأمر الذي يعيب عملية العرض نفسها، أو تجري عليه الإستعراف وسط ظروف جوية مغايرة لوقت وقوع الحادث من حيث الضوء والضباب والأمطار.

المبدأ الذي قررته محكمة النقض المصرية في هذا الصدد هو «أن عملية العرض لتعرف الشهود على المتهم» ليست من إجراءات التحقيق التي يوجب القانون لها شكلاً خاصاً تجب مراعاته، وإلا كان العمل باطلاً،

بل هي مسألة متعلقة بالتحقيق كفن متروك التقدير فيها للمحكمة[1]. فإذا كان وجه الطعن يرمي إلى القول بأن عملية التعرف لم تجر على وجه فني فإنه لا يكون له محل[2].

الإعتراف الناتج عن إستعراف الكلب البوليسي:

يلجأ المحقق إلى طريقة الإستعراف بواسطة كلاب الشرطة في الحالات التي توجد في مكان الجريمة آثاراً يظن أنها لملابس المتهمين أو مخلفاتهم، ويرى المحقق إمكانية الاستفادة بها في معرفة أصحابها والوقوف على الجهات التي سلكها صاحب هذه الآثار من خلال عملية الإستعراف التي تقوم بها كلاب الشرطة.

وقد أقرت محكمة النقض مشروعية استخدام كلاب الشرطة في التحقيق كوسيلة من وسائل الاستدلال والكشف عن المجرمين(1).

وتخضع عملية الإستعراف بواسطة الكلب البوليسي لبعض القواعد هي:

(أ) يجب أن يقوم المحقق بنفسه بإجراء عملية الإستعراف ويشرف بنفسه على المحافظة على الأشياء أو الآثار المعثور عليها حتى تتم عملية العرض على الكلب البوليسي.

(ب) يجب أن تكون الاستعانة بكلاب الشرطة منتجة. ويعني ذلك أن تكون هذه الإستعانة في الحدود التي يكون فيها مجدياً الإستفادة من حاسة الشم القوية التي يتمتع بها الكلب البوليسي.

(ج) يجب أن تنزه عملية العرض عن كل شبهة تلحق بها. فإذا ضبط غطاء للرأس أو حذاء أو ملابس أخرى فلا يجوز للمحقق. الذي يريد الإستعانة بالكلب-أن يلبس المتهم شيئاً منها للتحقق ما إذا كانت تناسبه أو

---

(1) نقض 1946/6/17 مجـ القواعد جـ7 ص175.

(2) نقض 1948/12/21 جـ7 ص701.

(3) نقض 1939/10/23 مجـ القواعد جـ1 ص83، نقض 1965/11/3 مجـ أحكام النقض س16 ص899.

مطابقة لقده فيتعلق بها أثر. ويجب أن يباعد بين الأشياء المضبوطة وبين المتهم، ويحرص على عدم اتصاله بها حتى تتم عملية العرض. كما يجب إجراء تجربة تمهيدية لاختبار قوة حاسة الشم عند الكلب البوليسي وقدرته على إستخدامها وإثبات نتيجة التجربة في المحضر تدليلاً على صحة ما يسفر عنه العرض وسبيلاً للاقتناع بنتائجها.

إذا اعترف المتهم عقب إستعراف الكلب البوليسي عليه: فإما أن يكون إعترافه قد صدر منه طواعية وإختياراً، وإما أن يكون وليد خوف ورعب نتيجة هجوم الكلب عليه. وقد يدفع المتهم- وهو بصدد عملية الإستعراف عن طريق كلاب الشرطة- ببطلان إعترافه نتيجة لهذا الإستعراف. ويبني هذا الدفع على نوعين من الأسباب:

الأول : بطلان عملية الإستعراف ذاتها.

الثاني: الإكراه الذي تعرض له نتيجة استخدام الكلب البوليسي.

(1) عدم صلاحية ما قررته محكمة الموضوع في رفض الدفع بالبطلان، وعدم بيان مدى تأثير الإكراه الناتج عن إستعراف كلب الشرطة على إعتراف المتهم. تطبيقاً لذلك قضى بأنه «لا يصح التعويل على الإعتراف متى كان وليد أكره. فإذا كانت المحكمة قد عولت في إدانة المتهمين على إعترافهما عند إستعراف الكلب البوليسي عليهما ثم في التحقيق الذي أعقب ذلك في منزل العمدة قائلة أن الإعتراف الذي يصدر عن المتهمين في أعقاب تعرف الكلب البوليسي عليهم يكون عادة وليد حالة نفسية مصدرها هذا التعرف، سواء أهجم الكلب عليهم ومزق ملابسهم وسواء أحدث بهم إصابات أم لم يحدث من ذلك كله شيء. فهذا القول لا يصلح رداً على ما دفعا به من أن إعترافهما كان وليد ما وقع عليهما من إكراه، إذ هي مع تسليمها بما يفيد وقوع إكراه عليهما لم تبحث مدى هذا الإكراه ومبلغ تأثيره في الإعتراف الصادر عنهما سواء لدى عملية

إستعراف الكلب البوليسي أو في منزل العمدة. ولا يغني في هذا المقام ما ذكرته المحكمة من حسن نية المحقق وتجرده من قصد حمل المتهمين على الإعتراف»[1].

(2) عدم الرد على الدفع ببطلان الإعتراف وتنفيذه مما يعيب الحكم بالقصور. وتطبيقاً لذلك قضى بأن «الإعتراف المشوب بالإكراه لا يصح التعويل عليه كدليل إثبات في الدعوى. فإذا كان المتهم قد تمسك أمام المحكمة بأن العبارات التي فاه بها أثناء تعرف الكلب البوليسي عليه إنما صدرت منه وهو مكره لوثوب الكلب عليه دفعاً لما خشيه من أذاه، ومع ذلك فإن المحكمة قد عدتها إقراراً منه بارتكاب الجريمة وعولت عليها في إدانته دون أن ترد على ما دفع به وتفنده فإن حكماً يكون مشوباً بالقصور»[2].

وقضى أيضاً بأنه «من المقرر أن الدفع ببطلان الإعتراف لصدوره تحت تأثير الإكراه هو دفع جوهري يجب على محكمة الموضوع مناقشته والرد عليه مادام الحكم قد عول في قضائه بالإدانة على هذا الإعتراف. ولما كان يبين من الإطلاع على محضر جلسة المحاكمة أن كلاً من الطاعنين دفع بأن إعترافه بمقارفة الحادث كان وليد إكراه إذ صدر عقب هجوم كلب الشرطة عليه أثناء العرض مما أدى إلى تمزيق ملابسه وإصابة ثانيهما بجروح، وكان الحكم المطعون فيه قد عول في إدانة الطاعنين على الإعتراف الصادر منهما بغير أن يرد على هذا الدفاع الجوهري ويقول كلمته فيه يكون معيباً بالقصور في التسبيب»[3].

(3) عدم بيان الصلة بين إعتراف المتهم وبين الإصابات الموجودة به نتيجة وثوب الكلب البوليسي عليه. وتطبيقاً لذلك قضى بأنه «من المقرر أن الإعتراف

---

(1) نقض 1949/11/22 مجـ أحكام النقض س1 ص87.

(2) نقض 1949/12/26 س1 ص303.

(3) نقض 1971/12/26 س22 ص805.

الذي يعول عليه يجب أن يكون اختيارياً. ولا يعتبر كذلك إذا حصل تحت تأثير الإكراه أو التهديد أو الخوف الناشئين عن أمر غير مشروع ولو كان صادقاً كائناً ما كان قدر هذا التهديد أو ذلك الإكراه. والأصل أنه يتعين على المحكمة أن تبحث الصلة بين إعتراف المتهم والإصابات المقول بحصولها لإكراهه عليه ونفي قيامها في استدلال سائغ إن هي رأت التعويل على الدليل المستمد منه. ولما كانت المحكمة قد سلمت في حكمها المطلعون فيه بتخلف إصابات بالطاعنين نتيجة وثوب «الكلب البوليسي» عليهما وإعتراف الطاعن الأول عقب تلك الواقعة وعلى الفور منها وأطرحت الدفع ببطلان إعترافه استناداً إلى تفاهة الإصابة المتخلفة به وأن إعترافه جاء صادقاً ومطابقاً لماديات الدعوى دون أن تعرض للصلة بين إعترافه هو والطاعن الآخر بين إصاباتهما، فإن حكمها يكون عندئذ قاصراً متعيناً نقضه. ولا يغني عن ذلك ما ذكرته المحكمة من أدلة أخرى «إذ أن الأدلة في المواد الجنائية متساندة يشد بعضها بعضاً ومنها مجتمعة تتكون عقيدة القاضي بحيث إذا سقط أحدها أو استبعد تعذر التعرف على مبلغ الأثر الذي كان لهذا الدليل الباطل في الرأي الذي انتهت إليه المحكمة»[1].

ومن ناحية أخرى يتبين من أحكام أخرى لمحكمة النقض أنها رفضت الدفع ببطلان الإعتراف الناتج عن إستعراف كلب الشرطة للمتهم. وبناء عليه قضى بأنه: «متى كان الحكم قد انتهى إلى أن إعتراف الطاعن الثاني خالص من كل شائبة وأنه صدر عنه طواعية واختياراً، ودلل على ذلك بما ينتجه وخاصة أنه لم يدفع بأن إكراه وقع عليه في المراحل السابقة، التي مرت بها الدعوى، وإنما ساق الدفع به قولاً مرسلاً عارياً عن دليله أمام المحكمة عند إعادة نظر الدعوى بعد نقض الحكم الأول الصادر بالإدانة، وكان هذا الرد

_____

(1) نقض 1965/10/25 مجـ أحكام النقض س26 ص739.

يشمل دعوى الإكراه على أية صورة ممكنة، وكانت العبارة المشار إليها في الطعن وهي أن الكلب تعرف على المتهم المذكور وأمسك بتلابيبه فقرر المتهم أنه سيروي الحقيقة فأبعد الكلب عنه، ليست نصاً في أن الكلب أعمل في الطاعن الثاني أنيابه، أو أنشب أظافره، أو أن ما ردده من إعتراف أمام النيابة العامة كان وليد الإكراه أو الخوف من الكلب ولا تفيده حتماً. وكان الحكم قد خلص- كما سبق- إلى أن الإعتراف برئ مما يقدح في سلامته وصحته وهو تقرير يستقل به قاضي الموضوع، فلا محل لما أثاره الطاعنان في هذا الشأن ولا وجه لما ينعياه»[1].

ولكن هل إستدعاء المتهم لعرضه على الكلب البوليسي يحمل معنى التهديد أو الإرهاب؟

أجابت على ذلك محكمة النقض بالنفي حيث قضت «أن قول الضابط أن المتهمة اعترفت له بارتكاب الجريمة إثر استدعائها لعرضها على الكلب البوليسي لا يحمل معنى التهديد أو الإرهاب مادام أن هذا الإجراء قد تم بأمر النيابة وبقصد إظهار الحقيقة»[2].

وأخيراً فإن المعول عليه في بطلان الإعتراف نتيجة الأسباب السابقة أو صدوره عن مؤثر خارجي من شخص ما، هو سلوك الشخص الذي يعزي إليه هذا المؤثر، وكون صاحب هذا السلوك قد ابتغى به انتزاع إعتراف المتهم. فإن لم يكن في سلوكه ما ينم عن هذا الهدف، فإنه لا يعتبر سبباً لبطلان الإعتراف في أعقابه.

(1) نقض 1969/12/1 س20 ص1344.
(2) نقض 1955/4/26 س6 ص922.

المبحث الثالث

أحكام الدفع ببطلان الإعتراف [1]

تمهيد:

سبق أن ذكرنا أن الإعتراف من أهم أدلة الإثبات الجنائي وأنه متى توافرت شروط صحته فإنه يعتبر دليلاً قوياً، بل وسيد أدلة الإثبات. فإذا تخلف أحد هذه الشروط كان للمتهم أن يدفع ببطلان إعترافه. فالدفع بالبطلان هو جزاء عدم مراعاة شروط صحة الإعتراف.

ويخضع الدفع ببطلان الإعتراف لمجموعة من الأحكام يتعلق ببيان بطبيعة هذا الدفع وخصائصه، ومتى يمكن إثارته، وسلطة المحكمة في تقديره.

وعلى ذلك نقسم البحث إلى ثلاثة مطالب على النحو التالي:

الأول: طبيعة الدفع ببطلان الإعتراف.

الثاني: وقت إثارة الدفع ببطلان الإعتراف وكيفيته.

الثالث: سلطة محكمة الموضوع في تقدير الدفع ببطلان الإعتراف.

---

(1) د. حسن الجندي- المرجع السابق- ص57 وما بعدها.

المطلب الأول

طبيعة الدفع ببطلان الإعتراف

تحديد قضاء النقض لهذه الطبيعة:

يشمل البحث في تحديد طبيعة الدفع ببطلان الإعتراف بيان نوع هذا البطلان: هل هو دفع قانوني أم دفع موضوعي؟ من ناحية وهل هو دفع جوهري أم غير جوهري من ناحية أخرى؟. وأخيراً هل البطلان المترتب على عدم مراعاة شروط صحة الإعتراف هو بطلان متعلق بالنظام العام أم متعلق بمصلحة الخصوم؟ وهو ما نحاول الإجابة عليه فيما يلي من خلال تطبيقات محكمة النقض المصرية.

أولاً : هل الدفع ببطلان الإعتراف ذات طبيعة قانونية أم موضوعية؟

تتوقف الإجابة على هذا التساؤل على تحديد سلطة محكمة الموضوع في تقدير الدفع ببطلان الإعتراف وعلى ضوئها يمكن الحكم بما إذا كان هذا الدفع ذا طبيعة موضوعية أم قانونية.

الثابت من قضاء محكمة النقض أن تقدير الدفع ببطلان الإعتراف وتحديد مدى صحته هو من شئون محكمة الموضوع تقدره حسبما تكشف لها من ظروف الدعوى[1].

ولذلك يلزم على المحكمة عند نظرها في هذا الدفع:

(أ) تحقيق الوقائع لتحري ما إذا كانت قد صدرت أفعال توصف بأنها إكراه أو تدليس أو غير ذلك، ومدى صلتها السببية بالإعتراف[2].

---

(1) نقض 1955/3/14 مج أحكام النقض س6 ص644، نقض 1957/5/6 س8 ص446.

(2) نقض 1943/12/27 مجموعة القواعد جـ6 ص368.

(ب) بيان ما إذا كان الإعتراف الذي يصدر من المتهم قد صدر عن إرادة حرة أو كان وليد إكراه وقع عليه[1]. والبحث في صحة ما يدعيه المتهم من أن الإعتراف المعزو إليه قد إنتزع بطريق الحيلة أو الإكراه[2]، وبيان منع تأثيرها - على فرض وجودها - في الإعتراف الصادر عن المتهم[3].

(ج) تحقيق دفاع المتهم من أن الإعتراف المسند إليه في التحقيقات والتي إستندت إليه في حكمها قد صدر نتيجة تعذيبه من رجال البوليس، بأن تبحث هذا الإكراه وسببه وعلاقته بأقوال المتهم، التي قيل بصدورها عنه[4] أم أنه من قبيل درء المسئولية عن نفسه فراراً من الإتهام[5].

(د) إذا رفضت الدفع فإن عليها أن تدلل على ذلك تدليلاً سائغاً[6].

يتبين مما تقدم أن الدفع ببطلان الإعتراف يتطلب تحقيقاً تقوم به محكمة الموضوع، وهو ينصب على تقدير الإعتراف ذاته الصادر عن المتهم في أية مرحلة من مراحل الدعوى الجنائية وبيان ما إذا كان إختيارياً من عدمه، وفي الحالة الأخيرة هل يوجد ثمة إكراه أو تهديد قد وقع على المتهم، ومدى تأثير ذلك على الإعتراف. وكل ذلك يجعل من الدفع ببطلان الإعتراف دفعاً ذا طبيعة موضوعية.

ثانياً: الدفع ببطلان الإعتراف من الدفوع الجوهرية:

إستقر قضاء محكمة النقض على أن الدفع ببطلان الإعتراف هو دفع جوهري. وإن كانت تطبيقاتها قد قصرت هذا الوصف على حالة الدفع ببطلان الإعتراف لصدوره تحت تأثير التهديد أو الإكراه.

---

(1) نقض 1955/4/4 س6 ص735.

(2) نقض 1973/11/25 س24 ص1053، نقض 1978/6/19 س29، ص625.

(3) نقض 1949/11/22 س1 ص87.

(4) نقض 1958/11/2 س9 ص1017، نقض 1965/3/29، س16 ص298.

(5) نقض 1972/11/19 س23 ص1201.

(6) نقض 1977/6/6 س28 ص713.

وتطبيقاً لذلك قضى بأنه "... من المقرر أن الدفع ببطلان الإعتراف لصدوره تحت تأثير التهديد أو الإكراه هو دفع جوهري يجب على محكمة الموضوع مناقشته والرد عليه ما دام الحكم قد عول في قضائه بالإدانة على ذلك الإعتراف"[1]. لأن المتهم إذا كان قد "... أنكر ما نسب إليه ... وذكر للمحكمة على لسان المدافع عنه أن هذا الإعتراف قد إنتزع منه بالإكراه..."[2]، فيجب على المحكمة أن تحقق هذا الدفاع، وأن تضمن حكمها الرد عليه وتفنده: فإذا أقرت المحكمة هذا الدفع، فإنه سوف يترتب على ذلك البراءة. أما إذا كانت المحكمة "... قد أفصحت عن إطمئنانها إلى أن هذا الإعتراف إنما كان عن طواعية وإختيار ولم يكن نتيجة أي إكراه، وإقتنعت بسلامته وصحته، فإن ما يثيره في هذا الخصوص لا يعدو أن يكون محاولة لإعادة الجدل في تقدير الدليل"[3]. ولكن إذا كان الحكم قد ".. أخذ المتهم بإعترافه ... الذي جعل من هذا الإعتراف دليلاً دون أن يعني بالرد على هذا الدفاع الجوهري ويقول كلمته فيه، فإنه يكون معيباً بالقصور في التسبيب"[4].

ويعني ذلك أن الدفع ببطلان الإعتراف هو دفع جوهري يتعين على المحكمة الرد عليه وتفنيده، لأنه يترتب عليه - لو صح هذا الدفع - تغيير وجه الرأي في الدعوى.

ثالثاً: هل الدفع ببطلان الإعتراف يتعلق بالنظام العام أم بمصلحة الخصوم:

يرجع السبب في طرح هذا التساؤل إلى أنه إذا إنتهينا إلى أن الدفع ببطلان الإعتراف ذات طبيعة موضوعية، وأنه يجب الدفع به أمام محكمة الموضوع،

---

(1) نقض 1975/6/22 مجموعة أحكام النقض س26 ص528.
(2) نقض 1954/2/16 مجموعة أحكام النقض س6 ص343.
(3) نقض 1978/6/19. س29 ص625.
(4) نقض 1975/1/22 س26 ص528، نقض 1954/1/28 س5 ص259.

وأنه لا تقبل إثارته لأول مرة أمام محكمة النقض، فإن هذه الخصائص لا تتفق إلا مع القول بأن هذا الدفع يتعلق بمصلحة الخصوم، وليس فيه ما يتصل بالدفوع المتعلقة بالنظام العام.

ولكن هذا الرأي يتعارض مع رأي آخر في الفقه المصري يرى أن الدفع ببطلان الإعتراف من الدفوع المتعلقة بالنظام العام [1] .

قد يقال أنه يوجد في قضاء محكمة النقض ما يؤيد هذا الرأي، حيث قضى بأنه "من المقرر أن الدفع ببطلان الإعتراف صدوره تحت تأثير الإكراه هو دفع جوهري يجب على محكمة الموضوع مناقشته والرد عليه، يستوي في ذلك أن يكون المتهم المقر هو الذي يدفع بالبطلان أو أن يكون أحد المتهمين الآخرين في الدعوى قد تمسك به، ما دام الحكم قد عول في قضائه بالإدانة على ذلك الإعتراف..." [2] .

وقد يقال أيضاً أن كل إجراء يتعلق بالحرية الشخصية للأفراد أو بحرياتهم العامة هو من النظام العام، ومن ثم فإن الإعتداء عليها يتعلق بالنظام العام بدوره. كما أن هذه المسألة ترتبط بنظام الإثبات في المسائل الجنائية وتخضع لقواعد هذا النظام الذي يلزم المحكمة – متى إستشعرت عدم نزاهة الدليل – أن تقضي ببطلانه دون ما طلب [3] .

على الرغم من وجاهة الحجج السابقة، فإنها لا تتفق مع إتجاه محكمة النقض المصرية. وإذا كان قضاء هذه المحكمة لم يتعرض لهذه المسألة صراحة، فإنه يمكن أن يستخلص من جماع أحكامها أن الدفع ببطلان

---

(1) د. محمود محمود مصطفى. شرح قانون الإجراءات الجنائية، الطبعة العاشرة سنة 1970 ص472 هامش رقم 2، الدكتور عمر الفاروق الحسيني: تعذيب المتهم لحمله على الإعتراف، الجريمة والمسئولية سنة 1986 ص281.

(2) نقض 1967/5/15 س18 ص651.

(3) د. عمر الفاروق الحسيني. المرجع السابق ص282.

الإعتراف هو دفاع موضوعي يتوقف الفصل فيه على عناصر موضوعية لا تجوز إثارة الجدل بشأنها لأول مرة أمام محكمة النقض[1]، ومن ثم لا يدخل في عداد الدفوع المتعلقة بالنظام العام. كما أن الإعتراف دليل من أدلة الإثبات الجنائي، وتقدير الأدلة من إختصاص محكمة الموضوع، ولا يجوز الخوض فيه أمام محكمة النقض".

ولكن ذلك لا يعني عدم إمكانية طرح هذا الدفع لأول مرة أمام محكمة النقض في جميع الأحوال، إذ يمكن لهذه المحكمة نظر الدفع ببطلان الإعتراف في الحالات الآتية:

(أ) إذا دفع به المتهم أو المدافع عنه، ولم تقم محكمة الموضوع بمناقشته والرد عليه أو تفنيده.

(ب) إذا لم تقم محكمة الموضوع بتحقيق دفاع المتهم ببطلان إعترافه[2].

(ج) إذا كان النعي على الحكم الذي آخذ المتهم بالإعتراف – رغم بطلانه – ينطوي على قدر من التعلق بمسألة قانونية تنفذ من خلالها محكمة النقض إلى إلغاء الحكم وإعادة محاكمة المتهم[3].

(د) لمحكمة النقض – ولمحكمة الموضوع أيضاً – الحق في إستبعاد أي دليل لم تر سلامته قانوناً ولو لم يطلب منها أحد الخصوم إستبعاده[4].

---

(1) نقض 1977/6/13 س28 ص759، نقض 1960/11/7 س11 ص756.
(2) نقض 1958/12/2 مجموعة أحكام النقض س9 ص1017.
(3) نقض 1947/12/15 مجموعة القواعد القانونية في 25 عام جـ1 ص47.
(4) نقض 1958/6/1 مجموعة أحكام النقض س9 ص609.

المطلب الثاني

وقت إثارة الدفع ببطلان الإعتراف وكيفيته

متى يمكن إثارة الدفع بالبطلان:

متى كان الإعتراف باطلاً، فإنه يجب الدفع به. وهو إذ يقتضي تحقيقاً موضوعياً فإنه يكون ذا طبيعة موضوعية، ولا يكون هذا الدفع مقبولاً إلا إذا تم إبدائه أمام محكمة الموضوع. ولا يقبل إثارته لأول مرة أمام محكمة النقض.

وبناء عليه فإنه "متى كان يبين من الإطلاع على محاضر جلسات المحاكمة وعلى المذكرة المقدمة من وكيل الطاعن أمام المحكمة الإستئنافية أنه لم يضمن دفاعه الدفع ببطلان الإعتراف الصادر منه، فإنه لا يكون له من بعد أن ينعى على المحكمة قعودها عن الرد على دفاع لم يثيره أمامها، ولا يقبل منه التحدي بذلك الدفاع الموضوعي لأول مرة أمام محكمة النقض"[(1)]. وقد جرى قضاء النقض على تطبيق هذه القاعدة، حيث قضى بأن:

تقدير الإعتراف الذي يصدر من المتهم على أثر إجراء باطل وتحديد مدى صلة هذا الإعتراف بهذا الإجراء وما ينتج عنه من شئون محكمة الموضوع[(2)]. وأن المجادلة في هذا الشأن ينحل إلى جدل موضوعي في سلطة المحكمة في تقدير الأدلة مما لا يجوز الخوض فيه أمام محكمة النقض[(3)].

ومتى كان لا يبين من محاضر جلسات المحاكمة أن الطاعن أو المدافع عنه لم يشر إلى إعتراف الطاعن أو إلى أنه كان وليد إكراه، ولم يطلب من

---

(1) نقض 1975/1/6 مجموعة أحكام النقض س26 ص20، وانظر أيضاً نقض 1973/1/1 س24 ص1، نقض 1973/1/28 س24 ص102.

(2) نقض 1975/6/23 س26 ص581.

(3) نقض 1973/3/5 س24 ص302.

المحكمة إجراء تحقيق بشأنه، فإنه لا يقبل منه إثارة ذلك لأول مرة أمام محكمة النقض[1].

ويتطلب القضاء عدة شروط لكي تلتزم محكمة الموضوع ببحث هذا الدفع، وهي تتلخص فيما يلي:

أولاً: صاحب الشأن في إبداء الدفع:

يشترط إبداء الدفع ببطلان الإعتراف بمعرفة المتهم في الدعوى الجنائية. ولكن هل يلزم إبداء هذا الدفع من المتهم المقر بالإعتراف؟

في الواقع أنه ليس في قضاء محكمة النقض المصرية ما ينبيء عن ضرورة إبداء الدفع بمعرفة المتهم المقر نفسه، بل أنه على العكس قضى في صدد الدفع ببطلان الإعتراف لصدوره تحت تأثير الإكراه أنه "... يستوي في ذلك أن يكون المتهم المقر هو الذي يدفع بالبطلان أو أن يكون أحد المتهمين الآخرين في الدعوى قد تمسك به، ما دام الحكم قد عول في قضائه بالإدانة على ذلك الإعتراف"[2]. ويعني ذلك أنه ".. يستوي في ذلك أن يكون المتهم المقر هو الذي وقع عليه الإكراه أو يكون قد وقع على غيره من المتهمين..."[3].

ويستخلص من هذين الحكمين أن قضاء محكمة النقض لم يربط بين إبداء الدفع ببطلان الإعتراف - وبصفة خاصة في حالة الإكراه - وبين شخص المكره، فيمكن أن يبدي هذا الدفع شخصاً آخر غير شخص المقر أو شخص الواقع عليه الإكراه، بشرط أن يكون متهماً في الدعوى، وأن يعول الحكم في قضائه بالإدانة على هذا الإعتراف.

---

(1) نقض 1983/1/28 س24 ص102، وانظر كذلك نقض 1977/6/13 س28 ص759.

(2) نقض 1967/5/15 س18 ص651، نقض 1975/11/23 س26 ص726.

(3) نقض 1973/11/13 س24 ص999.

ثانياً : طريقة إبداء الدفع:

يجب أن يبدي الـدفع ببطلان الإعتراف بطريقـة صريحـة، وأن يصـاغ في عبارات واضحة يفهم منها أن مـا يبديـه المـتهم أو المـدافع عنـه يشـكل دفعـاً ببطلان الإعتراف. أي أن يكون نصاً في أن إكراها قد وقع على المتهم. وبناء عليه لا يعد دفعاً ببطلان الإعتراف.

(أ) سوق الدفع به قولاً مرسلاً عارياً عن دليله أمام المحكمة عند إعادة نظر الدعوى بعد نقض الحكم الأول الصادر بالإدانة[1].

(ب) إذا كان ما يقرره المتهم لا يشكل دفعاً ببطلان الإعتراف[2]، أو يشـتمل عليه[3].

---

(1) نقض 1969/12/1 مجموعة أحكام النقض س20 ص1344.

(2) نقض 1979/12/30 س20 ص989.

(3) نقض 1973/11/25 س24 ص1053.

المطلب الثالث

سلطة محكمة الموضوع في تقدير الدفع ببطلان الإعتراف

الضوابط القضائية لتقدير الدفع:

بينا فيما تقدم أسباب الدفع ببطلان الإعتراف التي يمكن للمتهم أو المدافع عنه إبدائها. وقد تعرضت تطبيقات محكمة النقض لأغلب هذه الأسباب، وانتهت إلى وضع بعض الضوابط القضائية التي يجب على محكمة الموضوع إتباعها عند تقدير هذا الدفع.

وقد أرست محكمة النقض قاعدة عامة تحكم الإعتراف كدليل من أدلة الإثبات الجنائي، وسلطة محكمة الموضوع في تقديره وتقدير الدفع ببطلانه. ومقتضى هذه القاعدة أن «الإعتراف في المسائل الجنائية من عناصر الإستدلال التي تملك محكمة الموضوع كامل الحرية في تقدير صحتها وقيمتها في الإثبات»[1]. وهو لا يخرج عن كونه عنصراً من عناصر الدعوى التي تملك محكمة الموضوع كامل الحرية في تقدير حجتها وقيمتها التدليلية على المعترف[2]. وأضافت إلى ذلك أن «إعتراف المتهم وبحث كيفية صدوره والبواعث عليه وتقدير وقائعه هو أمر موضوعي، فلا يقبل منه إثارته لأول مرة أمام محكمة النقض»[3].

كما أن تقدير قيمة الإعتراف الذي يصدر من المتهم على أثر تفتيش باطل وتحديد مدى صلة هذا الإعتراف بواقعة التفتيش وما ينتج عنها ومبلغ تأثره بها، كل ذلك من شئون محكمة الموضوع وتقدره حسبما يتكشف لها من ظروف

(1) نقض 1973/11/25 مجـ أحكام النقض س24 ص1053، نقض 1976/1/26 س27 ص128.

(2) نقض 1983/1/25 س24 ص174.

(3) نقض 1959/6/29 س10 ص701.

الدعوى وملابساتها..»[1]. وهو ما يسري أيضاً بالنسبة للاعتراف اللاحق على قبض باطل أو أي إجراء قانوني[2].

وبناء عليه:

(أ) لا يقبل من المتهم أن يثير لأول مرة أمام محكمة النقض أن اعترافه بالتهمة كان وليد إكراه أو تعذيب[3].

(ب) أن لمحكمة الموضوع كامل الحرية في تقدير ما يدعيه المتهم من أن اعترافه نتيجة إكراه بغير معقب عليها مادامت تقيمه على أسباب سائغة[4].

(ج) متى كان لا يبين من محاضر جلسات المحاكمة أن المتهم أو المدافع عنه قد دفع أي منهما بأن الإعتراف المنسوب إليه قد صدر منه نتيجة إكراه وقع عليه أثناء التحقيق معه، فلا يقبل منه أن يثير هذا لأول مرة أمام محكمة النقض[5].

(د) تقدير الدليل المستمد من إعتراف المتهم موكول إلى محكمة الموضوع. فمتى إطمأنت إليه، وكان نصاً في إقتراف المتهم الجريمة، ولم يكن وليد إكراه فلا معقب عليها في ذلك[6]. والقول «..بأن الحكم قد خلص إلى أن الإعتراف برئ مما يقدح في سلامته وصحته هو تقرير يستقل به قاضي الموضوع»[7]. أي أنه «.. متى تحققت المحكمة من أن الإعتراف سليم

(1) نقض 1956/10/8 س7 ص109، نقض 1957/5/6 س8 ص446.
(2) نقض 1957/10/8 س8 ص765.
(3) نقض 1960/11/7 س11 ص756.
(4) نقض 1976/1/26 س27 ص128.
(5) نقض 197/6/12 7 س28 ص759.
(6) نقض 1960/5/10 س11 ص441.
(7) نقض 1969/12/1 س20 ص1344.

مما يشوبه واطمأنت إلى صدقه ومطابقته للواقع كان لها أن تأخذ به بما لا معقب عليها»[1]. ويكون ما يثيره الطاعن في هذا الخصوص لا يعدو أن يكون محاولة لإعادة الجدل في تقدير الدليل لا تجوز إثارته أمام محكمة النقض[2].

(هـ) لمحكمة الموضوع – كذلك- سلطة مطلقة في الأخذ باعتراف المتهم في أي دور من أدوار التحقيق متى اطمأنت إلى صحته ومطابقته للحقيقة والواقع[3]. وبناء عليه لا حرج على المحكمة إن أخذت باعتراف المتهم أمام البوليس، أو أمام النيابة رغم عدوله عنه بعد ذلك بجلسات المحاكمة مادامت قد اطمأنت إلى صدوره منه[4].

كما أن «... لقاضي الموضوع متى تحقق أن الإعتراف سليم .. أن يأخذ به في إدانة المتهم سواء أكان هذا الإعتراف صدر لديه لأول مرة أم كان هذا الإعتراف قد صدر أثناء التحقيق مع المتهم. ولا يخضع في ذلك لرقابة محكمة النقض»[5].

(و) ولمحكمة الموضوع الحرية المطلقة في استنباط معتقدها في الدعوى من مختلف الأدلة التي تقدم لها والأقوال التي تبدي أمامها. فلها أن تقدر الإعتراف المسند إلى المتهم في غير مجلس القضاء التقدير الذي يستحقه دون أن تكون مقيدة في تقديرها هذا بالقواعد المدنية الخاصة بالإثبات[6].

---

(1) نقض 1977/2/21 س28 ص281.
(2) نقض 1975/4/28 س26 ص367.
(3) نقض 1975/12/21 س26 ص839، نقض 1979/2/8 س30 ص226.
(4) نقض 1967/6/12 س18 ص802.
(5) نقض 1934/3/5 مج القواعد جـ3 ص288.
(6) نقض 1934/6/4 مج القواعد جـ3 ص349.

(ز) وللقاضي أيضاً السلطة المطلقة في أن يأخذ باعتراف منسوب إلى متهم ولا يعول على اعتراف آخر منسوب إلى متهم آخر تبعاً لما يتحراه هو من ظروف الواقعة وقرائن الأحوال[1].

(ح) هل يلزم أن يرد الإعتراف على الواقعة بكافة تفاصيلها؟ أجابت على ذلك محكمة النقض بالنفي، حيث أرست مبدأ عاماً في هذا الشأن مقتضاه أنه لا يلزم أن يرد الإعتراف على الواقعة بكافة تفاصيلها، بل يكفي فيه أنه يرد على وقائع تستنتج المحكمة منها ومن باقي عناصر الدعوى بكافة الممكنات العقلية والإستنتاجية اقتراف الجاني للجريمة»[2]. وطبقت هذا المبدأ في قولها أن «إستظهار الحكم في قضائه أن الإعتراف الذي أخذ به الطاعن ورد نصاً في الإعتراف بالجريمة واطمأنت المحكمة إلى مطابقته للحقيقة والواقع، فلا يغير من إنتاجه عدم اشتماله على توافر نية القتل أو ظرفي سبق الإصرار والترصد .....». كما أرست مبدأ آخر تكميلياً مقتضاه أن «المحكمة ليست ملزمة في أخذها باعتراف المتهم أن تلتزم نصه وظاهره، بل لها أن تستنبط منه ومن غيره من العناصر الأخرى التي أوردتها الحقيقة كما كشفت عنها بطريق الاستنتاج وكافة الممكنات الشكلية مادام إستنتاجها سليماً متفقاً مع حكم العقل والمنطق»[3]. أي أنها «.. غير ملزمة بظاهر أقواله، بل لها أن تأخذ منها ما تراه مطابقاً للحقيقة وأن تعرض عما تراه مغايراً لها»[4]. وهو ما طبقته في قولها «ومتى كانت المحكمة حين قضت بإدانة المتهم بإحراز سلاح ناري بغير ترخيص قد أخذت باعترافه، فقول الطاعن بأنه لم يعترف إلا بالعثور

---

(1) نقض 1974/3/5 سالف الذكر.

(2) نقض 1977/6/6 س28 ص713، نقض 1983/1/25 س34 ص174.

(3) نقض 1978/4/9 س29 ص373، وانظر أيضاً نقض 1977/6/6 س28 ص713.

(4) نقض 1954/2/23 س5 ص372، نقض 1960/11/15 س11 ص96.

على البندقية وأنه كان ينوي تسليمها للجهات الحكومية لا يكون له محل..»[1].

ولا يجوز لمحكمة أعمال العقل والمنطق فيما يتعلق بحدود الواقعة الجنائية التي أقر المتهم بارتكابها، وإنما يجوز أعماله فيما يتعلق بكيفية ارتكاب الجريمة وبالظروف الشخصية المقترنة بالوصف القانوني الذي خلعه المتهم عليها أو بمكان ارتكابها وزمانه[2].

وينبغي على القاضي أو المحكمة إذا أخذ بالإعتراف فإنه ملزم بأن يرد على ما ينعاه المتهم عليه من عيوب[3].

وإذا قرر إطراحه لعدم إطمئنانه إليه فعليه أن يبين سبب هذا الإطراح[4].

وإذا لم يستكمل الإعتراف سائر شروط صحته تعين على المحكمة أن تطرحه من عناصر الثبوت في الدعوى. فإن إستندت إليه كان حكماً باطلاً لاستناده على دليل باطل. ولا يغير من ذلك أن يكون الحكم مبنياً على أدلة أخرى، إذ الأدلة في المواد الجزائية متساندة ومنها مجتمعة تتكون عقيدة القاضي، فسقوط أحدها أو استبعاده يتعذر معه التعرف على مبلغ الأثر الذي كان للدليل الباطل فيما إستندت إليه المحكمة[5].

وحتى لو كان الاعتراف مستكملاً شرائط صحته فليس هناك ما يلزم المحكمة- على الرغم من ذلك- بالأخذ به، بل يعتبر من عناصر الإستدلال التي تملك محكمة الموضوع كامل الحرية في تقدير صحتها وقيمتها في الإثبات. ولها أن تأخذ به متى اطمأنت إلى صدقه ومطابقته

---

(1) نقض 1954/4/23 سالف الذكر.
(2) نقض 1973/3/5 س24 ص302.
(3) النقض سالف الذكر.
(4) نقض 1978/1/15 س29 ص45.
(5) نقض 1972/12/25 س23 ص1472.

للحقيقة والواقع[1]. ومعنى ذلك أن الإعتراف ليس دليلاً حسابياً يلتزم به القاضي بمجرد إستكماله لشروط صحته وإنما يلزم أن تلتمس المحكمة فيه الصدق وللحقيقة، وإلا كان لها أن تطرحه: لأنه لا يصح في القانون تأثيم إنسان ولو بناء على اعترافه بلسانه أو بكتابته متى كان ذلك مخالفاً للحقيقة والواقع. كما أن الإعتراف وليد الإكراه لا يصح الأخذ به ولو كان صادقاً، بل يجب بحث الإكراه وسببه وعلاقته بأقوال المتهم. وتقدير صحة أو عدم صحة ما ادعاه المتهم من أن اعترافه كان وليد الإكراه لا معقب عليه، مادام تقيمه على أسباب سائغة.

ويجب عدم الخلط بين صدق الإعتراف كدليل في الدعوى وصحته كعمل إجرائي. فلا يجوز الاعتداد بالإعتراف ولو كان صادقاً متى ثبت أنه غير صحيح، كما إذا كان قد وقع تحت تأثير الإكراه. وتقدير صحة أو عدم صحة ما ادعاه المتهم من أن إعترافه كان وليد الإكراه لا معقب عليه فيه مادامت المحكمة تقيمه على أسباب سائغة.

هل يمكن تجزئة الإعتراف؟

الذي يدعونا إلى إثارة هذا التساؤل أن كثيراً من المتهمين يدفعون ببطلان اعترافاتهم ويكون في هذا الإعتراف قدر من الصدق والصحة والمطابقة للواقع، فهل يمكن للمحكمة - على الرغم من الدفع- أن تجزئ الإعتراف وتأخذ منه ما تطمئن إليه وتترك مالا تثق به؟

قد يمكن القول بأن الإقرار- كما هو متبع في قواعد الإثبات المقررة في القانون المدني- لا يمكن تجزئته[2].

ولكن محكمة النقض المصرية لم تقر هذا القول حيث قضت «أن عدم تجزئة الإعتراف لا محل للقول به في المواد الجنائية حيث لا يفرض على

---

(1) نقض 1977/3/15 س 24 ص45.

(2) نقض 1943/5/3 مج القواعد جـ7 ص241.

القاضي أن يتبع قواعد الإثبات المقررة للمواد المدنية بالقانون المدني، بل له أن يكون عقيدته من أي دليل أو قرينة تقدم إليه مما مقتضاه أن يكون له كامل السلطة في تقدير أقوال المتهم والأخذ بما يراه صحيحاً منها والعدول على المدلول الظاهر لهذه الأقوال إلى ما يراه هو المدلول الحقيقي المقبول عقلاً أو المتفق مع وقائع الدعوى وظروفها»[1].

و«للمحكمة في المواد الجنائية أن تجزئ الدليل ولو كان اعترافاً وتأخذ منه ما يطمئن إلى صدقه وتطرح سواه مما لا نثق به، دون أن تكون ملزمة بيان علة ذلك»[2]. ولا يعتبر ذلك «.. تناقضاً أو تعارضاً يعيب حكمها»[3].

ويعلل هذه القاعدة بمبدأ الاقتناع القضائي الذي يعطي للقاضي الحرية في الأخذ بما يقتنع به وأن يهدر ما لا يقتنع به بكامله أو في جزء منه. ولا يلتزم القاضي بتعليل تجزئته للاعتراف.

ولكن سلطة القاضي الجنائي في تجزئة الإعتراف مقيدة بعدة قيود هي:

الأول : لا يجوز للقاضي أن يجافي المنطق فيما يقول به من تجزئة.

الثاني : إذا توقف الفصل في الدعوى الجنائية على مسألة مدنية تخضع للقواعد المدنية في الإثبات، فتطبق هذه القواعد بمجموعها. ومثال ذلك أن يعترف المتهم في جريمة خيانة الأمانة بوجود عقد وديعة يربط بينه وبين المجني عليه، ويضيف إلى ذلك أنه رد إليه حينما طالبه بذلك، فإن هذا الإعتراف يؤخذ على أنه كل لا يقبل التجزئة[4].

الثالث: أن القول بعدم تجزئة الإقرار محله ألا يكون في الدعوى أدلة غيره، إذ لا يسوغ لطالب الحق الذي ليس لديه الدليل عليه أن يتخذ من أقوال

---

(1) نقض 1943/5/3 النقض سالف الذكر.

(2) نقض 1955/12/19 مجـ أحكام النقض س6، نقض 1983/1/25 س34 ص174.

(3) 1933/5/15 الموسوعة الذهبية جـ1 ص161.

(4) 1931/5/7 مجـ القواعد جـ2 ص323.

خصمه دليلاً على ثبوت حقه. أما إذا كانت هناك أدلة أخرى غيره فإن المحكمة يكون لها أن تقضي فيها بناء على هذه الأدلة متى وثقت بها. ولا يمكن بداهة أن يمنعها من ذلك ما يصدر عن المدعي عليه من أوال مركبة. ولها عندئذ أن تعتمد على ما تطمئن إليه منها⁽¹⁾.

العدول عن الإعتراف:

إذا اعترف المتهم بجريمته ثم عدل بعد ذلك عن اعترافه، فهل يقبل منه هذا العدول؟ أم يكون الإعتراف حجة عليه فلا يجوز له العدول عنه؟ القاعدة في القانون المدني هي عدم جواز العدول عن الإعتراف. وتنبع هذه القاعدة من كون الإعتراف نزولاً، والنزول لا رجوع فيه.

ولكن هذه القاعدة لا تطبق في الإجراءات الجنائية، وهذا ما عبرت عنه محكمة النقض في قولها «أن تقدير قيمة الإعتراف وقيمة العدول عنه من المسائل الموضوعية التي يفصل فيها قاضي الموضوع بلا معقب عليه من محكمة النقض. فإذا كانت المحكمة قد اقتنعت بصحة اعتراف المتهم في تحقيق البوليس، وبينت الوقائع التي أيدت لديها ذلك، ولم تأبه بعدوله عنه أمام النيابة وبجلسة المحاكمة لما ظهر لها من أنه عدول قصد به التخلص من المسئولية وبعد أن تطورت حالة المجني عليه وانتهت بوفاته، فإنه لا يصح أن ينعي عليها شيء من ذلك»⁽²⁾.

وأخيراً فإن اعتراف المتهم لا يضع حداً لإجراءات التحقيق الابتدائي أو النهائي، بل إنه لا يمنع المحقق أو المحكمة من البحث عن غيره من الأدلة. ولكن هل اعتراف المتهم أمام المحكمة بإحدى التهم المسندة إليه يزيل

---

(1) نقض 1952/1/28 س3 ص563، وانظر أيضاً نقض 1951/10/29 س3 ص120.
(2) نقض 1944/4/24 جـ6 ص464.

ما بالحكم من عيب بالنسبة لباقي التهم؟ قضت محكمة النقض بغير ذلك، حيث قررت أن «اعتراف المتهم أمام المحكمة بإحدى التهم المسندة إليه لا يزيل ما بالحكم من عيب بالنسبة لباقي التهم التي دين بها دون سماع الشهود في مواجهته»[1].

---

(1) نقض 1957/2/26 مجـ أحكام النقض س8 ص180.

أحكام محكمة النقض

1) الإعتراف المشوب بالإكراه لا يصح التعويل عليه كدليل إثبات في الدعوى فإذا كان المتهم قد تمسك أمام المحكمة بأن العبارات التي فاه بها أثناء تعرف الكلب البوليسي عليه إنما صدرته منه وهو مكره لوثوب الكلب عليه دفعاً لما خشيه من أذاه ومع ذلك فإن المحكمة قد عدتها إقراراً بإرتكاب الجريمة وعولت عليها في إدانته دون أن ترد على ما دفع به وتفنده فإن حكمها يكون مشوباً بالقصور.

(الطعن رقم 1284 لسنة 19ق - جلسة 1949/12/26)

(الطعن رقم 1223سنة 19ق - جلسة 1949/11/22)

2) لا يلزم أن يوقع المتهم على الإعتراف الصادر منه والمثبت بمحضر التحقيق ما دام المحضر موقعاً عليه من المحقق والكاتب.

(الطعن رقم 83 لسنة 25ق - جلسة 1955/1/12)

3) أن قول الضابط أن المتهمة إعترفت له بإرتكاب الجريمة أثر إستدعائها لعرضها على الكلب البوليسي لا يحمل معنى التهديد أو الإرهاب ما دام هذا الإجراء قد تم بأمر محقق النيابة وبقصد إظهار الحقيقة.

(الطعن رقم 38 لسنة 25ق - جلسة 1955/4/26)

4) متى كان التفتيش الذي وقع في جيب المتهم قد تجاوز به مأمور الضبط الجنائي حدوده، وفيه إنتهاك لحرمة شخص المتهم وحريته الشخصية فهو باطل هو وما يترتب عليه من إعتراف صدر في أعقابه لرجل الضبط.

(الطعن رقم 348 لسنة 27ق - جلسة 1957/6/13 س8 ص681)

5) متى كان دخول رئيس مكتب المخدرات ومعه قوة كبيرة إلى منزل المتهمة مشروعاً، وكانت قد أدلت بإعترافها أمام وكيل النيابة المحقق بعد إنتهاء الضبط والتفتيش ببضع ساعات وفي وقت كان مكفولاً لها

فيه حرية الدفاع عن نفسها بكافة الضمانات، فإنه لا يصح الإعتراض على الإعتراف بمقولة أنه تولد عن إكراه تمثل فيما تملك المتهمة من خوف مفاجأة رجال البوليس لها.

(الطعن رقم 1811 لسنة 27ق جلسة 1958/2/2 س9 ص151)

6) من المقرر أن الإعتراف في المسائل الجنائية عنصر من عناصر الإستدلال التي تملك محكمة الموضوع كامل الحرية في تقدير صحتها و قيمتها في الإثبات، ولها في سبيل ذلك أن تأخذ إعتراف المتهم في أي دور من أدوار التحقيق، متى إطمأنت إلى صدقه ومطابقته للواقع وإن عدل عنه في مراحل أخرى.

(الطعن رقم 1947 لسنة 39ق جلسة 1970/4/6 س21 ع2 ص532)

7) إذا كان الحكم قد أورد مؤدى الإعترافات التي عول عليها في الإدانة، قال بصدورها طواعية و إختيار، فإنه لا يقبل من الطاعن أن يثير أمام محكمة النقض لأول مرة بطلان الإعتراف.

(الطعن السابق)

8) متى تبين من الرجوع إلى محاضر جلسات المحاكمة أن الدفاع عن الطاعن الثاني لم يدفع ببطلان الإعتراف الصادر منه ولم يقل أنه كان وليد إكراه، وكل ما قاله هذا الدفاع عنه في هذا الصدد هو أن الإعترافات الموجودة في الدعوى "إعترافات غير سلمية" دون أن يبين وجه ما ينعاه على هذه الإعترافات مما يشكك في سلامتها، فإنه لا يمكن القول بأن هذه العبارة المرسلة التي ساقها، تشكل دفعاً ببطلان الإعتراف، أو تشير إلى الإكراه المبطل له، وكل ما يمكن أن تنصرف إليه هو التشكيك في الدليل المستمد من الإعتراف، توصلاً إلى عدم تعويل المحكمة عليه.

(الطعن السابق)

9) من المقرر أنه ليس في حضور ضابط الشرطة التحقيق ما يعيب إجراءاته إذ أن سلطان الوظيفة في ذاته بما يسبغه على صاحبه من إختصاصات وإمكانيات لا يعد إكراهاً ما دام هذا السلطان لم يستطل على المتهم بالأذى مادياً كان أو معنوياً. كما أن مجرد الخشية لا يعد قرين الإكراه المبطل للإعتراف لا معنى ولا حكماً.

(الطعن رقم 777 لسنة 40ق جلسة 1970/6/22 س36 ص918)

10) من المقرر أن الإعتراف في المسائل الجنائية من عناصر الإستدلال التي تملك محكمة الموضوع كامل الحرية في تقدير صحتها وقيمتها في الإثبات فلها تقدير عدم صحة ما يدعيه المتهم من إعترافه كان نتيجة إكراه بغير معقب عليها ما دامت تقيمه على أسباب سائغة. ولما كان الحكم المطعون فيه قد عرض للدفع بأن أعراف الطاعن كان وليد إكراه وأطرحه إستناداً منه إلى أنه قول مرسل وقد أثبت وكيل النيابة خلوه (الطاعن) من أية إصابات لأن الإعتراف جاء صريحاً وقاطعاً في وصف الحادث ومحدداً لعدد الضربات والآلة المستعملة فيه وبما يتفق مع ما ثبت من تقرير الصفة التشريحية، فإن ما يثيره الطاعن في هذا الشأن لا يكون له محل إذ هو لا يعدو أن يكون جدلاً موضوعياً.

(الطعن رقم 201 لسنة 42ق - جلسة 1972/4/3 س23 ع2 ص53)

11) من المقرر أن الدفع ببطلان الإعتراف لصدوره تحت تأثير الإكراه هو دفع جوهري يجب على محكمة الموضوع مناقشته والرد عليه ما دام الحكم قد عول في قضائه بالإدانة على هذا الإعتراف. ولما كان الحكم المطعون فيه قد عول في إدانة الطاعن على هذا الإعتراف والذي تمسك الطاعن بأنه كان وليد ضغط وتهديد من وكيل المنطقة بغير أن يرد على هذا الدفاع الجوهري ويقول كلمته فيه فإن الحكم يكون مسبباً بالقصور في التسبيب.

(الطعن رقم 853 لسنة43ق جلسة 1972/10/15 س23ع3ص1049)

12) الأدلة في المواد الجنائية متساندة يكمل بعضها بعضاً ومنها مجتمعة تتكون عقيدة القاضي بحيث إذا سقط أحدها أو إستبعد تعذر التعرف على مبلغ الأثر الذي كان للدليل الباطل في الرأي الذي إنتهت إليه المحكمة.

(الطعن السابق)

13) الدفع ببطلان الإعتراف لصدوره تحت تأثير الإكراه. عدم جواز إثارته لأول مرة أمام محكمة النقض.

(الطعن رقم 1041 لسنة 42ق – جلسة 1973/1/1 س34 ع1 ص1)

14) المادة (29) من قانون الإجراءات الجنائية، أجازتها لمأمور الضبط سؤال المتهم عن التهمة دون إستجوابه الإستجواب المحظور عليه هو .... إثبات الضابط في محضر ضبط الواقعة سؤال المتهمات إثر الضبط. إعترافهن بممارسة الدعارة إثباته هذا الإعتراف في محضره لا تثريب عليه ولا بطلان في سؤاله للمتهمات عن التهمة المسندة إليهن أو في إثبات ذلك الإعتراف الذي أدلين به.

(الطعن رقم953 لسنة43ق جلسة 1973/11/25 س24 ع3 ص1053)

15) الإعتراف في المسائل الجنائية من العناصر التي تملك محكمة الموضوع كامل الحرية في تقدير قيمتها في الإثبات ولها دون غيرها البحث في صحة ما يدعيه المتهم من الإعتراف المعزو إليه قد إنتزع منه بطريق الحيلة أو الإكراه ومتى تحققت أن الإعتراف سليم مما يشوبه وإطمأنت إليه كان لها أن تأخذ به بما لا معقب عليها. أما مجرد القول بأن الإعتراف موصى به من الضابط فإنه لا يشكل دفعاً ببطلان الإعتراف ولا يعد قرينة الإكراه المبطل له لا معنى ولا حكماً ما دام سلطان الضابط لم يستطل إلى المتهم بالأذى مادياً كان أو معنوياً.

(الطعن رقم 953 لسنة 43ق جلسة 1973/11/25س24ع3ص1053)

16) من الجائز أن يكون الإعتراف وحده دليلاً تأخذ به المحكمة ولو مع بطلان القبض والتفتيش. لما كان ذلك وكان يبين من الإطلاع على المفردات المضمومة عن المطعون ضدها (المتهمة) أقرت في محضر تحقيق النيابة بإحرازها لفافة المخدر المضبوطة وقررت أن شخصاً سمته قد أعطاها هذه اللفافة في القاهرة دون أن يخبرها بفحواها وطلب منها أن تنقلها إلى بلدته التابعة لمركز ملوي وأنقدها جنيهن في مقابل ذلك، فلما إستقلت القطار في صباح يوم الضبط دخلت إلى دورة المياه وأخفت اللفافة حول وسطها تنفيذاً لما أمرها به، ولما كان الحكم المطعون فيه قد أغفل مناقشة هذه الأقوال المسندة إلى المطعون ضدها في محضر تحقيق النيابة وبيان مدى إستقلالها عن إجراءات القبض والتفيتش التي قال ببطلانها وتقاعد عن بحث دلالتها وتقدير قيمتها بإعتبارها أحد أدلة الثبوت التي قام الإتهام عليها، فإن الحكم إذ إغفال التحدث عن هذا الدليل ومدى صلته بالإجراءات التي قرر ببطلانها فإنه يكون قاصر البيان.

(الطعن رقم 1016 لسنة 43ق جلسة 1973/12/16 س24ع3ص123)

17) متى كان يبين من الإطلاع على محاضر جلسات المحاكمة وعلى المذكرة المقدمة من وكيل الطاعن أمام المحكمة الإستئنافية أنه لم يضمن دفاعه الدفع ببطلان الإعتراف الصادر منه، فإنه لا يكون له من بعد أن ينعى على المحكمة قعودها عن الرد على دفاع لم يثيره أمامها ولا يقبل منه التحدي بذلك الدفاع الموضوعي لأول مرة أمام محكمة النقض.

(الطعن رقم 649 لسنة 44ق - جلسة 1975/1/6 س26 ص20)

18) من المقرر أن الإعتراف الذي يعول عليه يجب أن يكون إختيارياً وهو لا يعتبر كذلك - ولو كان صادقاً - إذا صدر أثر إكراه أو تهديد كائناً ما كان قدر هذا التهديد أو ذلك الإكراه، وكان من المقرر أن الدفع ببطلان الإعتراف صدوره تحت تأثير التهديد أو الإكراه، وكان هو دفع

جوهري يجب على محكمة الموضوع مناقشته و الرد عليه ما دام الحكم قد عول في قضائه بالإدانة على ذلك الإعتراف. لما كان ذلك وكان الحكم قد خلا من بيان الواقعة المستوجبة للعقوبة بالنسبة على الطاعنين وإكتفى في بيان الدليل بالإحالة إلى محضر ضبط الواقعة ومحضر التحريات دون أن يورد مضمونها القانونية كافة، وكان يبين من محضر جلسة المحاكمة الإستئنافية الأخيرة التي حجزت عنها الدعوى للحكم أن المدافع عن الطاعن الثاني دفع ببطلان الإعتراف المعزو إليه لصدوره تحت تأثير الإكراه في ظل تعذيب المتهم الأول (الطاعن الأول) – الذي عول في إدانة الطاعن الثاني على ما جهله من أقواله بمحضر الضبط – ولم يرد على هذا الدفاع الجوهري ويقول كلمته فيه، فإنه يكون معيباً بالقصور في التسبيب بما يوجب نقضه بالنسبة إلى الطاعنين الثاني والرابع والخامس وإلى الطاعنين الأول والثالث الذين قضى بعدم قبول الطعن المقدم منهما شكلاً لإتصال وجه الطعن بهما عملاً بحكم المادة (42) من قانون حالات وإجراءات الطعن أمام محكمة النقض الصادر بالقانون رقم 57 لسنة 1959.

(الطعن رقم 256 لسنة 55ق - جلسة 1985/2/25 س36 ص300)

19) الأصل في الإعتراف الذي يعول عليه أن يكون إختيارياً وهو لا يعتبر كذلك ولو كان صادقاً إذا صدر أثر ضغط أو إكراه كائناً ما كان قدره، وكان من المقرر أن الدفع ببطلان الإعتراف لصدوره تحت تأثير الإكراه هو دفع جوهري يجب على محكمة الموضوع مناقشته، ولما كان الحكم المطعون فيه قد عول في إدانة الطاعنين على إعتراف الطاعن الأول بغير أن يرد على هذا الدفاع الجوهري ويقول كلمته فيه فإنه يكون معيباً بالقصور في التسبيب، ولا يغني عن ذلك ما أوردته المحكمة من أدلة أخرى ذلك بأن الأدلة في المواد الجنائية متساندة يكمل بعضها

بعضاً ومنها مجتمعة تتكون عقيدة القاضي بحيث إذا سقط أحدها أو إستبعد تعير التعرف على مبلغ الأثر الذي كان للدليل الباطل في الرأي الذي إنتهت إليه المحكمة.

(الطعن رقم 5925 لسنة 54ق جلسة 1985/5/2 س36 ص601)

20) من المقرر أن الإعتراف في المسائل الجنائية عنصر من عناصر الإستدلال التي تملك محكمة الموضوع كامل الحرية في تقدير صحتها وقيمتها في الإثبات ولها في سبيل ذلك أن تأخذ بإعتراف المتهم عدل عنه في مراحل أخرى كما لها أن تجزيء الإعتراف فتأخذ منه ما تطمئن إليه وتطرح ما عداه وتقدير قيمة الإعتراف من شئون محكمة الموضوع تقدره حسبما ينكشف لها من ظروف الدعوى ولو كان صادراً من المتهم أثر تفتيش باطل بحيث إذا قدرت أن هذه الأقوال قد صدرت منه صحيحة غير متأثرة بهذا الإجراء الباطل جاز لها الأخذ بها.

(الطعن رقم 2696 لسنة 55ق جلسة 1985/12/19 س36ص1132)

21) لما كان لا جدوى من النعي على الحكم بالقصور في الرد على الدفع ببطلان القبض والإعتراف ما دام البين من الواقعة كما صدر إثباتها في الحكم من إستدلاله أن الحكم لم يستند في الإدانة إلى دليل مستمد من القبض والإعتراف المدعى ببطلانها وإنما أقام قضاءه على الدليل المستمد من أقوال شهود الإثبات وهو دليل مستقل عن القبض والإعتراف فإن ما يثيره الطاعنون في هذا الصدد يكون غير سديد.

(الطعن رقم 3673 لسنة 55ق جلسة 1986/1/13 س37 ص51)

22) صدور الإعتراف بتحقيقات النيابة العامة بالكيفية التي ذكرها الحكم من الوضوح والتفصيل لا ينفي وقوع الإكراه، ما دام أن العيب الذي تمسك به المتهم يتعلق بالنوازع التي دفعت إلى الإدلاء بالدليل ذاته، وليست بنصه أو مضمونه، وإذ أثبت وكيل النيابة المحقق وجود إصابتين بالطاعن

فقد كان لزاماً على المحكمة - قبل أن تقطع برأي في سلامة الإعتراف - أن تتولى بنفسها تحقيق ما آثاره الطاعن في هذا الشأن والوقوف على سبب إصاباته وأن تبحث الصلة بين الإعتراف وبين هذه الإصابات، أما وقد نكلت عن ذلك، وعولت في إدانة الطاعن على الدليل المستمد من إعترافه، فإن حكمها يكون معيباً بالقصور والفساد في الإستدلال فضلاً عن الإخلال عن الدفاع، ولا يغني في ذلك ما أورده الحكم من أدلة أخرى، إذ الأدلة في المواد الجنائية متساندة يشد بعضها بعضاً، ومنها مجتمعة تتكون عقيدة القاضي بحيث إذا سقط أحدها أو إستبعد تعذر التعرف على مبلغ الأثر الذي كان لهذا الدليل البال في الرأي الذي إنتهت إليه المحكمة.

(الطعن رقم 10509 لسنة 68ق - جلسة 1999/1/10)

23) لما كان من المقرر أن الإعتراف في المسائل الجنائية من العناصر التي تملك محكمة الموضوع كامل الحرية في تقدير صحتها وقيمتها في الإثبات وفي الأخذ بالإعتراف في حق المتهم في أي دور من أدوار التحقيق ولو عدل عنه بعد ذلك، ولها دون غيرها البحث في صحة ما يدعيه المتهم من أن الإعتراف المعزو إليه قد إنتزع بطريق الإكراه ولا يطابق الحقيقة. لما كان ذلك، وكن ما آثاره الدفاع بشأن بطلان إعتراف المتهم في تحقيقات النيابة العامة لوقوع إكراه مادي عليه بالإعتداء عليه من رجال الشرطة على النحو الثابت بالتقرير الطبي المرفق مردوداً بأن الثابت من التقرير الطبي أن الإصابات حديثة ولا يتفق تاريخ حدوثها وتاريخ 6 من مارس سنة 1994 الذي يدعي حدوثها فيه كما أنه مثل أمام النيابة العامة للتحقيق في 6 من مارس سنة 1994 وقامت بمناظرته ولم تجد به إصابات وأدلى في التحقيقات بإعترافات تفصيلية بإرتكابه للجريمة وخطوات إعداده لها ثم تنفيذها وهو في كامل حريته، كما أنه أرشد عن السلاح الناري

المستخدم في الخادم والمبلغ المسروق، ومن ثم فإن القول بأن إعترافه أمام النيابة العامة وليد إكراه يضحي قولاً عذر من دليل عليه وتطمئن المحكمة إلى صحة هذا الإعتراف وبراءته من أي عيب من عيوب الإرادة وأنه كان وليد إرادة حرة خاصة وقد تأيد بإعترافه أمام قاضي المعارضات بجلسة 9 من مارس سنة 1994 بإرتكابه الحادث، أما إثارة الدفاع من عدم وضوح الرؤيا بالنسبة للمتهم فقد أثبت الطبيب الشرعي بتقريره أنه لا يعاني من أي مرض عضوي بالعينين فإن ما يثيره الدفاع في هذا الشأن يكون على غير سند.

(الطعن رقم 23657 لسنة 67ق - جلسة 24 2 1999)

24) من المقرر أن الإعتراف الذي يعول عليه كدليل إثبات في الدعوى يجب أن يكون إختيارياً صادراً عن إرادة حرة، فلا يصح التعويل على الإعتراف – ولو كان صادقاً – متى كان وليد إكراه كائناً ما كان قدره، ولما كان الأصل أنه يتعين على المحكمة إن هي رأت التعويل على الدليل المستمد من الإعتراف أن تبحث الصلة بينه وبين الإصابات المقول بحصولها لإكراه الطاعن عليه ونفى قيامها في إستدلال سائغ، وإذ كان الثابت مما أورده الحكم المطعون فيه أنه كان يوجد بالطاعن إصابات أشار التقرير الطبي الشرعي إلى أنها لاحقة للواقعة وقد أطرحت المحكمة دفاع الطاعن ببطلان إعترافه بتحقيقات النيابة إستناداً إلى مجرد القول بأنه لم يدل بسبب هذه الإصابات أمام النيابة العامة دون أن تعرض للصلة بين هذا الإعتراف، وما وحد بالطاعن من إصابات فإن حكمها يكون مشوباً بالقصور المبطل له، ولا يعصمه من البطلان ما قام عليه من أدلة أخرى إذ أن الأدلة في المواد الجنائية متساندة يكمل بعضها البعض الآخر، ومنها مجتمعة تتكون عقيدة القاضي بحيث إذا أسقط أحدها أو إستبعد تعذر التعرف على مبلغ الأثر الذي كان للدليل الباطل في الرأي

الذي إنتهت إليه أو الوقوف على ما كانت تنتهي إليه من نتيجة أو أنها فطنت إلى أن هذا الدليل غير قائم.

(الطعن رقم 6754 لسنة 67ق - جلسة 1999/3/11)

25) من المقرر أنه ينبغي في الإعتراف يكون صحيحاً يمكن الإستناد إليه أن يكون المتهم قد أدلى به وهو في كامل إرادته ووعيه، فلا يجوز الإستناد إلى الإعتراف الذي يصدر من المتهم في حالة فقدان الإرادة، كما لو كان تحت تأثير مخدر أو عقار يسلبه إرادته، ذلك أن الإعتراف هو سلوك إنساني والقاعدة أنه لا يعتبر سلوكاً إلا ما كان يجد مصدراً في الإرادة، لما كان ذلك، وكان الدفع ببطلان الإعتراف لصدوره وليد إرادة منعدمة غير واعية وتحت تأثير المخدر هو من الدفوع الجوهرية التي يتعين على الحكم أن يواجهها ويقبلها، أو يردها بما ينحسم به أمر هذا الدفع، أما وقد أغفل ذلك فإنه يكون فوق إخلائه بحق الدفاع قد جاء قاصراً.

(الطعن رقم 20894 لسنة 68ق - جلسة 1999/4/5)

26) لما كان ما أثبته الحكم المطعون فيه من إقرار الطاعنة بإحرازها للمخدر المضبوط إثر مواجهتها به لا يعد إعترافاً منها بما أسند إليها، ولا يعدو ما أثبته الضابط في هذا الشأن كونه مجرد قول للضابط يخضع لتقدير المحكمة التي أفصحت عن إطمئنانها إليه، وهو من إطلاقات محكمة الموضوع دون معقب عليها، فإن ما تثيره الطاعنة بشأن إقرارها في محضر الضبط وعدولها عنه بتحقيقات النيابة العامة، وأثناء المحاكمة يتمخض دفاعاً موضوعياً قصد به التشكيك في الأدلة التي أفصحت المحكمة عن إطمئناها إليها وإلى توافرها في حق الطاعنة.

(الطعن رقم 15181 لسنة 67ق - جلسة 1999/7/29)

27) لما كان من المقرر أنه إذا نظرت قضيتان أمام المحكمة في وقت واحد فلا ضير على المحكمة إذا أخذت بالدليل المقدم في الأخرى، وكان

الثابت أن الجناية رقم .. .. لسنة 1996 جنايات مطاي كانت منظورة بذات الجلسة التي نظرت فيها الدعوى التي صدر فيها الحكم المطعون فيه، ومطروحة على بساط البحث وتحت نظر الخصوم، فإن تعويل المحكمة على إعتراف الطاعن ...... وتقرير فحص السلاح في تلك الجناية يكون صحيحاً لا مخالفة فيه للقانون.

(الطعن رقم 20207 لسنة 67ق - جلسة 1999/10/21)

28) من المقرر أن المحكمة ليست ملزمة في أخذها بإقرار المتهم أن تلتزم نصه وظاهره، بل لها أن تجزئه وأن تستنبط منه الحقيقة كما كشفت عنها، وكان الحكم المطعون فيه قد أخذ من إقرار الطاعن الأول ما يتعلق بقيامه بإطلاق النار على المجني عليهما بنية إزهاق زوجها دون باقي قوله من أن إطلاقه النار كان بعد أن حرض المجني عليهما بنية إزهاق روحها دون باقي قوله من أن إطلاقه النار كان بعد أن حرص المجني عليه الأول أحد بنيه على قتله، فإنه يكون سليماً فيما إنتهى إليه، ومبنياً على فهم صحيح للواقع، ومن ثم فإن النعي عليه في هذا الشأن لا يكون له محل.

(الطعن رقم 217236 لسنة 67ق - جلسة 1999/11/10)

29) من المقرر أنه لا يصح في القانون التعويل على الإعتراف ما لم يكن ناشئاً عن حرية وإختيار، وهو لا يكون كذلك - ولو كان صادقاً - إذا جاء وليد إجراء باطل، ففي هذه الحالة يجب إستبعاد الدليل المستمد منه، إلا أن هذا البطلان لا يستطيل إلى إجراءات التحقيق اللاحقة عليه إذا ثبت لقاضي الموضوع أنها منقطعة الصلة بذلك القبض الباطل.

(الطعن رقم 682 لسنة 68ق - جلسة 1999/11/17)

30) إن خطأ المحكمة في تسمية الإقرار إعترافاً لا يقدح في سلامة حكمها ما دام أن الإقرار قد تضمن من الدلائل ما يعزز أدلة الدعوى الأخرى، وما دامت المحكمة لم ترتب عليه وحدة الأثر القانونية للإعتراف وهو

الإكتفاء به والحكم على الطاعن بغير سماع شهود، ومن ثم فإن ما يثيره الطاعن في هذا الشأن يكون غير سديد.

(الطعن رقم 11354 لسنة 69ق - جلسة 1999/12/23)

31) إذ كان يبين من الرجوع إلى محضر المحاكمة أن الدفاع عن الطاعنين لم يدفع ببطلان الإعتراف لكونه وليد إكراه وكل ما ورد على لسان المدافع عن الطاعن الأول في هذا الصدد أنه تعرض لإكراه أدبي والقبض على أسرته كما ساق الأول عن الطاعن الثاني عبارة مرسلة هي بطلان الإعتراف بمحضر الضبط دون أن يبين أيهما وجه ما ينعاه على هذا الإعتراف مما يشكك في سلامته ولا يمكن القول بأن أيا من هاتين العبارتين المرسلتين اللتين ساقاها تشكل دفعاً ببطلان الإعتراف أو تشير إلى الإكراه المبطل له وكل ما يمكن أن تنصرف إليه هو التشكيك في الدليل المستمد من الإعتراف توصلاً إلى عدم تعويل المحكمة عليه، فإنه لا يقبل الطاعنين إثارة هذا الدفع لأول مرة أمام محكمة النقض لما يتطلبه من إجراء تحقيق موضوعي تنحسر عنه وظيفة محكمة النقض.

(الطعن رقم 26293 لسنة 67ق - جلسة 2000/3/13)

32) لما كان البين من محضر جلسة المحاكمة التي صدر فيها الحكم أن أحداً من الطاعن أو المدافع عنه لم يثر شيئاً بصدد إعتراف الطاعن التحقيقات لأنه جاء نتيجة إكراه مادي أدبي ووليد إجراءات باطلة، وإنما قصوى ما أثبت بالمحضر وأطرحه الحكم المطعون فيه مجرد قول المدافع عن الطاعن (ولا بد أن يكون الإعتراف إختيارياً حتى ولو كان صادقاً) وهو قول لا يمكن حمله على الدفع ببطلان ذلك الإعتراف، ومن ثم فإنه لا يكون للطاعن النعي على المحكمة قعودها عن الرد على دفاع يثر أمامها، ولا يقبل التحدي بذلك الدفاع الموضوعي الأول مرة أمام محكمة النقض، ومن ثم فإن ما يثيره الطاعن في هذا الشأن لا يكون مقبولاً.

(الطعن رقم 7981 لسنة 70ق - جلسة 2001/2/8)

33) إن المحكمة ليست ملزمة أخذها بإعتراف المتهم أن تلتزم نصه وظاهره بل لها أن تجزئه وأن تستنبط منه الحقيقة كما كشف عنها، ولا يلزم في الإعتراف أن يرد على الواقعة بكافة تفاصيلها، بل يكفي فيه أن يرد على وقائع تستنتج المحكمة منها ومن باقي عناصر الدعوى بكافة الممكنات العقلية والإستنتاجية إقتراف الجاني للجريمة.

(الطعن رقم 6263 لسنة 70ق جلسة 2001/5/7)

34) الخطأ في تسمية إقرار الطاعن بالإتهامات التي تليت عليه بجلسة المحاكمة إعترافاً - على فرض وقوعه - لا يعيب الحكم طالما أن المحكمة لم ترتب عليه وحدة الأثر القانوني للإعتراف، وهو الإكتفاء به وحده، والحكم على الطاعن بغير سماع الشهود، بل بنت معتقدها كذلك على أدلة أخرى عددها.

(الطعن رقم 31175 لسنة 68ق - جلسة 2000/4/2)

35) الإعتراف في المسائل الجنائية من عناصر الإستدلال التي تملك محكمة الموضوع كامل الحرية في تقدير صحتها وقيمتها في الإثبات ولها أن نأخذ به متى إطمأنت إلى صدقة ومطابقته للحقيقة والواقع، كما أن لها دون غيرها البحث في صحة ما يدعيه المتهم من أن الإعتراف المعزو إليه قد إنتزع منه بطريق الإكراه بغير معقب عليها ما دامت تقم تقديرها - كالشأن في الطعن المطروح - على أسباب سائغة.

(الطعن رقم 20064 لسنة 68ق - جلسة 2001/7/9)

36) إذا كان الحكم المطعون فيه بعد أن بين واقعة الدعوى وقبل الدفع ببطلان إجراءات القبض والتفتيش برر قضاءه ببراءة المطعون ضده تأسيساً على أن إذن التفتيش صدر بعد ضبط المطعون ضده وتفتيشه، ولما كان ذلك، وكان الثابت بمدونات الحكم أن المطعون ضده قد إعترف بتحقيقات النيابة العامة بإحرازه المادة المخدرة المضبوطة، ولما كان

الحكم المطعون فيه قد أغفل مناقشة أقوال المطعون ضده بمحضر النيابة، فضلاً عن عدم بيان مدى إستقلالها عن إجراءات القبض والتفتيش التي قام ببطلانها وتقاعس عن بحث دلالتها وتقدير قيمتها بإعتبارها أحد أدلة الثبوت التي قام الإتهام عليها، وكان من الجائز أن يكون الإعتراف وحده دليلاً تأخذ به المحكمة ولو مع بطلان القبض والتفتيش فإن الحكم إذا أغفل التحدث عن هذا الدليل ومدى صلته بالإجراءات التي قرر ببطلانها يكون قاصر البيان، ولا يقدح في ذلك ما هو مقرر من أنه يكفي أن يتشكك القاضي في ثبوت التهمة ليقضي للمتهم بالبراءة لأن حد ذلك أن يكون قد أحاط بالدعوى عن بصر وبصيرة وألم بأدلتها وخلا حكمه من الخطأ في القانون ومن عيوب التسبيب وهو ما تردي فيه الحكم المطعون فيه مما يوجب نقضه.

(الطعن رقم 5173 لسنة 63ق - جلسة 2001/11/28)

37) من المقرر أن الإعتراف في المسائل الجنائية من عناصر الإستدلال التي تملك محكمة الموضوع كامل الحرية في تقدير صحتها وقيمتها في الإثبات ومتى خلصت إلى سلامة الدليل المستمد من الإعتراف فإن مفاد ذلك أنها أطرحت جميع الإعتبارات التي ساقها الدفاع لحملها على عدم الأخذ به.

(الطعن رقم 35109 لسنة 69ق - جلسة 2002/1/1)

38) من المقرر أن لمحكمة الموضوع سلطة مطلقة في الأخذ بإعتراف المتهم في أي دور من أدوار التحقيق وأن عدل عنه بعد ذلك متى إطمأنت إلى صحته ومطابقته للحقيقة والواقع وأن لمحكمة الموضوع دون غيرها البحث في صحة ما يدعيه المتهم من أن الإعتراف المعزو إليه قد إنتزع منه بطريق الإكراه ومتى تحققت من أن الإعتراف سليم مما يشوبه وإطمأنت إليه كان لها أن تأخذ به بلا معقب عليها.

(الطعن رقم 7704 لسنة 71ق - جلسة 2002/1/1)

39) من المقرر أن الإعتراف في المسائل الجنائية من عناصر الإستدلال التي تملك محكمة الموضوع كامل الحرية في تقدير صحتها وقيمتها في الإثبات، ولها أن تأخذ به متى إطمأنت إلى صدقة ومطابقته للحقيقة والواقع، كما أن لها أن تقدر عدم صحة ما يدعيه المتهم من أن الإعتراف المعزو إليه قد إنتزع منه بطريق الإكراه بغير معقب ما دامت تقيم تقديرها على أسباب سائغة.

(الطعن رقم 5476 لسنة 69ق - جلسة 2002/3/13)

40) إن إعتراف الطاعنين لدى النظر في تجديد أمر حبسهم وسكوتهم عن الإقتضاء بواقعة الإكراه في أية مرحلة من مراحل التحقيق وعدم ملاحظة وكيل النيابة وجود إصابات ظاهرة بالطاعنين ونفيهم له أنهم أجبروا على الإعتراف وإيضاحهم كيفية إرتكاب الجريمة - كما ذهب الحكم - ليس من شأنه أن ينفي حتماً وقوع الإكراه في أية صورة من صوره مادية كانت أم أدبية.

(الطعن رقم 23449 لسنة 71ق - جلسة 2002/2/5)

41) لما كان الحكم فيه قد عرض للدفع ببطلان إعتراف المتهمين - وأطرحه في قوله: "أما ما ينعاه الدفاع على إعتراف المتهمين الأول والثاني والرابع بأنه كان وليد إكراه تعرضاً له من قبل الشرطة فأثر على نفسهما فإعترفوا بإرتكاب الحادث فضلاً عن حضور الشاهد الأول إستجوابهم في النيابة فمردود بأن إعترافات هؤلاء المتهمين تعددت في مجالس الشهداء لدى مأمورو الضبط القضائي وبين يدي المحقق القضائي وأثناء المعاينة التصويرية التي جرت بعد أسبوع من إستجوابهم فضلاً عن إعتراف المتهم الأول أمام هذه المحكمة - بهيئة أخرى - بجلسة 1996/3/18 أثناء محاكمته لأول مرة وتحريره إقرارين بخط يده أحدهما موجه لشقيقه ...... والآخر موجه لسلطة التحقيق تضمنتا إعترافه بإرتكابه الحادث

وكذا تحرير المتهم الرابع إقراراً لسلطة التحقيق متضمناً أيضاً إعترافه التفصيلي بإرتكاب الحادث وإقرارهما أمام سلطة التحقيق بتحرير هذه الإقرارات طواعية وإختياراً وبإرادتهم الحرة ومن ثم فإن رجـوع المتهمـين المذكورين عن إقرارتهم وإعترافاتهم التي أدلوا بها في إسهاب وإفاضة مـع الزعم بأن تلك الإعترافات إنما درت نتيجة إكراه مادي ومعنوي كل ذلك لا تقيم له المحكم وزناً ولا تلقي إليه بألا بل تعول وتعتمد على تلك الأقوال والإقرارات ذلك أنه فضلاً عما فيها من تفصيلات تتصل بماديات الـدعوى وتؤيدها ما كشف عنه التحقيق من ضبط الحلي المسروقة والإهتداء إلى مشتريها والوسيطة في بيعها فإن مـا فيهـا مـن دقائق في التفصيل وبيـان لتسلسل حوادث الجريمة يدق على رجال البـوليس معرفته فـلا يمكن أن يكون مزعراً بما منهم أو غيرهم والقول بإستعمال العنف والإكراه المعنوي ليـس لـه ظـل مـن الحقيقـة في أوراق الـدعوى أو في أشخاص المتهمـين وأجسامهم بل إن الثابت أن إعترافه لسلطة التحقيق المختصة صدر منهم بعـد تيقنهم مـن صفة وكيل النيابة المحقـق الـذي أثبـت في محـضره إحاطتهم علماً بشخصيته والتهمة المسندة إليهم وعقوبتها المقررة في القانون وأثر   ما عساه يدلي به كل منهم من أقوال دفعاً لها فذكر له كل منهم تفاصيل إرتكابهم الحادث ودور كل مـنهم فيه وقد جاء قولهم واحداً إستطرد فيه الحديث جوهرياً لا تفسده التفاصيل إذا أعطى صدوره واقعية للأفعال المتتالية التي إرتكبها كـل مـنهم بأسلوب الخبر اليقيني الصادق الذي لا يشوبه إحتمال الإختلاق أو تداخل الأوهام وقد تطابق إعترافهم بما أثبته المعاينة وتقرير المعمل الجنائية وتقرير الصفة التشريحية، وهذا ومن المقرر أن حضور ضابط الشرطة التحقيق لا يعيب إجراءاتـه لأن سـلطان الوظيفـة لم يستطل إليـه، وكانت هذه المحكمـة تستخلص من تعداد إعترافات المتهمين على ما تقدم بيانه سلامة إعترافهم

وصدوره عن إرادة حرة مختارة ما يدحض ما تشدق به الدفاع من بطلان هذه الإعترافات والإقرارات بفرض حضور ضابط الشرطة إستجوابهم وهو ما لم يقم عليه دليل من الأوراق، كذلك فإنه لا ينال من سلامة إعترافاتهم إستطالة الإستجواب منحصراً في التحقيق من سلامة هذا الإعتراف ومطابقته وصدوره عن إرادتهم الحرة ومواجهتهم بما لهم وما عليهم من أدلة والتحقق من صدور أقوالهم طواعية وإختيارياً بما يفند ما أثره الدفاع عن وقوع إكراه معنوي بسبب إستطالة التحقيق على غير أساس .. .. "لما كان ذلك، وكان ما رد به الحكم على ما أثير بشأن الإكراه سائغاً في تفنيده ويتفق وصحيح القانون لما هو مقرر أن الإعتراف في المواد الجنائية هو من العناصر التي تملك محكمة الموضوع كامل الحرية في تقدير صحتها وقيمتها في الإثبات، فلها في ذلك أن تقرر عدم صحة ما يدعيه الطاعنان من أن الإعتراف المعزو إليهما قد إنتزع منهما بطريق الإكراه بغير معقب عليها ما دامت تقيم تقديرها على أسباب سائغة، هذا فضلاً على أنه لا يصح ما يثيره الطاعنان من أن إستجوابهما بالنيابة قد تم في حضور رجال الشرطة لا يفيد في قيام الإكراه لأن مجرد حضورهم وخشيتهما منهم لا يعد قرين الإكراه المبطل للإعتراف في السياق المتقدم بما يسوغ رفضه ومن ثم فإن النعي عليه في هذا الخصوص لا يكون له محل.

(الطعن رقم 7240 لسنة 69ق - جلسة 2000/2/15)

42) من حيث إن الثابت من محاضر جلسات المحاكمة الإبتدائية والإستئنافية أن المحامي الحاضر مع التهمة الثالثة دفع بأن إعترافها كان وليد قبض باطل، وكان البين من مدونات الحكم المستأنف المؤيد لأسبابه بالحكم المطعون فيه أنه إستند - ضمن ما إستند إليه - إلى إعتراف المتهمة الثالثة بالإستدلالات وتحقيقات النيابة العامة، ولم يعرض الحكم المطعون فيه

إلى ما أثير في صدد هذه الإعتراف ويقو كلمته فيه، لما كان ذلك، وكان الأصل في الإعتراف الذي يعول عليه أن يكون إختيارياً وهو لا يعتبر كذلك - ولو كان صادقً - إذ صدر إثر ضغط أو إكراه كائناً ما كان قدره أو جاء وليد إجراء باطل، ففي هذه الحالة يجب إستبعاد الدليل المستمد منه، إلا أن هذا البطلان لا يستطيل إلى إجراءات التحقيق اللاحقة عليه إذا ثبت لقاضي الموضوع أنها منقطعة الصلة بذلك القبض الباطل، وإذ كان ذلك، وكان الدفع ببطلان الإعتراف لووقعه إثر قبض باطل يعد من الدفوع الجوهرية التي يتعين على المحكمة أن تعرض لها وترد عليها بأسباب سائغة ما دامت قد عولت على الدليل المستمد من الإعتراف ذاك، ويستوي في ذلك أن يكون المتهم المعترف هو الذي أثار البطلان أو أن يكون متهماً آخر في الدعوى قد تمسك به ما دام الحكم قد عول في قضاءه بالإدانة على هذا الإعتراف، لما كان ذلك، وكانت الطاعنة الثالثة قد تمسكت أمام محكمة الموضوع بدرجتيها ببطلان إعترافها بالإستدلالات وتحقيقات النيابة لكونه وليد قبض باطل، وكان الحكم المطعون فيه قد أغفل الرد على الدفع إيراداً ورداً فإنه يكون معيباً بالقصور في التسبيب.

(الطعن رقم 11746 لسنة 63ق - جلسة 2002/10/21)

43) لما كان الثابت أن الدفع بالإكراه جاء مرسلاً وأن المتهم عند مثوله أمام النيابة العامة كان خالياً من أي إصابات وأنه أدلى بإعترافه في هدوء وطمأنينة بل أنه أكد صدور الإعتراف منه طواعية وإختياراً تكفيراً عما إرتكبه من قتل المجني عليه، كما أنه ردد ذلك الإعتراف عند إجراء المعاينة التصويرية ومن ثم فإن المحكمة تلتفت عن هذا الدفع ولا تثريب عليها إن هي ركنت إلى هذا الإعتراف كدليل في إسناد الإتهام إلى المتهم" لما كان ذلك وكان الحكم المطعون فيه قد أطرح الدفع ببطلان

الإعتراف على السياق المتقدم بمقاله أن دفاع المتهم بـالإكراه جـاء مرسلاً وأن النيابة العامة ناظرته عند مثوله أمامها وأثبتت خلوه من أية إصابات وأن إعترافه صدر عنه طواعية وإختياراً وقد إستند الحكـم المطعـون فيه ضمن ما إستند إليه في إدانة الطاعن إلى إعترافه بالتحقيقات دون أن يعرض إلى ما قرره من دفاع أو يـرد عليه في شـأن بطلان هـذا الإعتراف مغفلاً الأساس الذي قام عليه هذا الدفع وهو خوفه مـن بطـش أبو زيد ورجاله فضلاً عن أنه لم يقرر أن إعتداءاً فعلياً وقع عـ ليه مما يؤكد عـدم إحاطة المحكمة بأساس الدفع ومحوره، وإذ كان مـن المقرر أن الإعتراف الذي يعول عليه يجب أن يكون إختيارياً وهو لا يعتبر كـذلك – ولـو كـن صادقاً – إذا صدر أثر إكراه أو تهديد كائناً ما كان قدر هـذا التهديد – أو ذلك الإكراه وكان لا يصح في منطق العقل والبداهة أن يـرد الحكـم عـلى الدفع ببطلان الإعتراف أمام جهة ما بإطمئنانه إلى هذا الإعتراف لحصوله أمام تلك الجهة ولعدم ذكر من نسب إليه الإعتراف أمامها أنه كان مكرهاً عليه أو أنها ناظرته فلم تلحظ أن بـه أيـة إصابات مـا دام أنـه ينازع في صحة ذلك الإعتراف أمام ذات الجهة، ولما كان من المقرر أن الدفع ببطلان الإعتراف لصدوره تحت تأثير إكراه هو دفع جوهري يجب عـلى محكمة الموضوع مناقشته والرد عليه ولا يغني عن ذلك ما أوردته المحكمـة مـن أدلة أخرى ذلك بأن الأدلة في المواد الجنائية متساندة إذا سقط أحـدها أو إستبعد تعذر التعرف على مبلغ الأثر الذي كـان للـدليل الباطل في الـرأي الذي إنتهت إليه المحكمة مما يوفر سبباً آخر لنقض الحكم.

(الطعن رقم 44821 لسنة 72ق – جلسة 2003/4/6)

44) لما كان الحكم قـد عرض لما أثـره الطاعن مـن أن الإعتراف المعـزو إليـه كـان وليـد إكـراه أدبي ورد عليـه في قولـه " ...... لمـا كـان البـين مـن

تحقيقات النيابة العامة أن المتهم إذ عرض عليها بعد أن سلم نفسه طواعية إلى قسم شرطة مدينة نصر وأقر بإرتكابه الحادث وواجهه المحقق بما نسب إليه في سراي النيابة بعد أن أحاطه علماً بالإتهام المنسوب إليه وعقوبته وناظرهع فلم يتبين من ثمة إصابات بجسده فأدلى بإعترافه مختاراً أمام سلطة التحقيق يوم 2001/10/4 بتفصيل يتفق ومجريات الواقعة في ترتيب منطقي وجاء إعترافه صريحاً واضحاً لا يحتمل تأويلاً ولا تفسيراً مطابقاً للحقيقة والواقع الثابت بتقرير الصفة التشريحية والتقرير الطبي وتقرير الأدلة الجنائية ثم صمم على إعترافه في تحقيق النيابة العامة اللاحق بتاريخ 2001/10/13 وبمحضر المعاينة التصويرية بتاريخ 2001/10/14 ولم يذكر المتهم في أي مرحلة من مراحل التحقيق أن ثمة تهديد أو إكراه مادي أو أدبي أو معنوي وقع عليه ومن ثم تطمئن المحكمة تمام الإطمئنان إلى ذلك الإعتراف الصادر من المتهم". وما أورده الحكم من ذلك سائغ في القانون ذلك لأن الإعتراف في المسائل الجنائية من العناصر التي تملك محكمة الموضوع كامل الحرية في تقدير صحتها وقيمتها في الإثبات ولها دون غيرها البحث في صحة ما يدعيه المتهم من أن الإعتراف سليم مما يشوبه وإطمأنت إليه كان لها أن تأخذ به بما لا معقب عليها، ومن ثم فإن هذا الوجه من الطعن يكون غير سديد، لما كان ذلك، وكان يبين من مطالعة محضر جلسة المحاكمة أن الطاعن لم يدفع ببطلان الإعتراف الصادر منه لتناقضه مع معاينتي الشرطة والنيابة العامة وتقرير الأدلة الجنائية وكذا لحصوله تحت ظروف نفسية خاصة لإصابته بمرض الجذام فلا يقبل منه إثارة ذلك لأول مرة أمام محكمة النقض.

(الطعن رقم 34782 لسنة 72ق -جلسة 2003/2/2)

45) حيث أنه يبين من الإطلاع على محاضر جلسات المحاكمة أمام محكمة الموضوع بدرجتيها أن الطاعن أنكر التهمة وتمسك به الإعتراف المعزو إليه كان وليد إكراه وقع عليه من ضابط الشرطة الذي قام بضبط الواقعة، ويبين من مدونات الحكم المطعون فيه أنه إستند في إدانة الطاعن – ضمن ما إستند إليه – إلى إعترافه بمحضر الضبط على نفسه وعلى المحكوم عليه الأول، ولم يعرض الحكم المطعون فيه إلى ما أثير بشأن ما شاب الإعتراف المذكور أو يرد عليه، لما كان ذلك، وكان الأصل في الإعتراف الذي يعول عليه أن يكون إختيارياً، وهو لا يعتبر كذلك ولو كان صادقاً إذا صدر أثر ضغط أو إكراه كائناً ما كان قدره، وكان من المقرر أن الدفع ببطلان الإعتراف لصدوره تحت تأثير الإكراه هو دفع جوهري يجب على محكمة الموضوع مناقشته والرد عليه ما دام الحكم قد عول في قضائه بالإدانة على هذا الإعتراف، ولما كان الحكم المطعون فيه قد عول في إدانة الطاعن على إعترافه بغير أن ترد على هذا الدفاع الجوهري ويقول كلمته فيه فإنه يكون معيباً بالقصور في التسبيب، ولا يغني عن ذلك ما أوردته المحكمة من أدلة أخرى ذلك بأن الأدلة في المواد الجنائية متساندة يكمل بعضها بعضاً ومنها مجتمعة تتكون عقيدة القاضي بحيث إذا سقط أحدها أو إستبعد تعذر التعرف على مبلغ الأثر الذي كان الدليل الباطل في الرأي الذي إنتهت إليه المحكمة ومن ثم يتعين نقض الحكم المطعون فيه والإعادة بالنسبة إلى الطاعن والمحكوم عليه الأول والذي لم يطعن في الحكم لإتصال وجه الطعن به.

(الطعن رقم 2060 لسنة 64ق - جلسة 2003/3/23)

46) الأصل أن الاعتراف الذي يعول عليه يجب أن يكون اختياريا صادراً عن إرادة حرة فلا يصح التعويل على الاعتراف – ولو كان صادقاً – متى

كان وليد إكراه أو تهديد كائناً ما كان قدره. وكان الوعـد أو الإغـراء يعـد قرين الإكراه والتهديد لأن له تأثيـره عـلى حريـة المـتهم في الاختيـار بـين الإنكار والاعتراف ويؤدي إلى حمله على الاعتقاد بأنه قد يجنـي مـن وراء الاعتراف فائدة أو يتجنب ضرراً.

(الطعن رقم 24294 لسنة 77ق جلسة 2008/1/20)

الفصل الرابع

الخبـــــرة

ماهية الخبرة:

الخبرة هـي وسـيلة لكشـف بعـض الـدلائل أو الأدلـة أو تحديـد مـدلولها بالإستعانة بالمعلومات العلمية. والعنصر المميز للخبرة عن غيرها من إجـراءات الإثبات كالمعاينة والشهادة والتفتيش، هو الرأي الفني للخبير في كشف الدلائل أو الأدلة أو تحديد قيمتها التدليلية في الإثبات. ومـن هنـا كانـت الخـبرة وقفاً على الأخصائيين من أهل العلم والتكنولوجيا. فهم يـدلون بخـبرتهم مـن واقـع معلوماتهم العلمية والتكنولوجية لا بناء على مجـرد مشـاهداتهم أو سـماعهم. ولذا جاز إستبدال الخبير في الدعوى بغيره من الخـبراء. وهـو أمـر غـير متصـور بالنسبة للشاهد لأن دوره في الدعوى قاصر عليه وحده[1].

وقد تطورت الخـبرة منـذ القـرن التاسـع عشر وتنوعـت مجالاتهـا (الخـبرة الطبيـة، والعقليـة، والنفسـية، والكيميائيـة، والميكانيكيـة وفي الخطـوط، وفي المحاسبة الخ). وقد تمتعت نتائجها بالثقة إلى الحد الذي دفع المدرسة الوضيعة للقانون الجنائي إلى الدعوى بإحلال الخبراء محل القضاة والمحلفين حتى تصـبح العدالة مجرد عمل علمي محض.

وتفيد الخبرة في إثبات وقوع الجريمة أو في نسبتها إلى المتهم. أو في تحديد ملامـح شخصـيته الإجراميـة. ويلاحـظ أن رأي الخبـير هـو محـض تقريـر فنـي لواقعة معينة. والقاضي يلمس هذه الواقعة من خلال هذا التقريـر الفنـي. أي أنه وصف يسبغه الخبـير عـلى هـذه الواقعـة مـن خـلال هـذا التقريـر الفنـي فتصبح بناء على هذا الوصف دليلاً فنياً مقبولاً في الإثبات.

---

(1) د. آمال عثمان، الخبرة في المسائل الجنائية، رسالة دكتوراه، سنة 1964 ص36-65.

الأصل في الخبرة أنها من إجراءات التحقيق الإبتدائي لأنها تهدف إلى الوصول إلى الحقيقة. وبالتالي فإن إنتداب الخبراء يعتبر بدوره إجراء من إجراءات التحقيق. وإذا إفتتحت به النيابة العامة الخصومة الجنائية – كما إذا إنتدبت الطبيب الشرعي لتشريح جثة القتيل في جنحة القتل الخطأ – إعتبر هذا الإنتداب محركاً للدعوى الجنائية. وإذا رأت النيابة بعد الإطلاع على تقرير هذا الخبير عدم رفع الدعوى إلى المحكمة فإنها تأمر بعدم وجود وجه لإقامة الدعوى.

سلطة المحقق في إنتداب الخبراء:

نظم المشرع سلطة قاضي التحقيق في إنتداب الخبراء، وهي تسري على النيابة العامة عندما تتولى التحقيق. وتتمثل قواعد الخبرة أمام سلطة التحقيق فيما يلي:

(1) يجب على الخبراء أن يحلفوا أمام المحقق يميناً على أن يبدو رأيهم بالذمة وعليهم أن يقدموا تقريرهم كتابة (المادة 86 إجراءات). ويترتب على عدم تحليفهم بطلان الخبرة بطلاناً متعلقاً بمصلحة الخصوم[1]. ويجب أداء اليمين أمام المحقق نفسه، فلا يكفي مجرد تفويض المحقق لجهة معينة لتشكيل لجنة من الخبراء تؤدي عملها بعد حلف اليمين أمام رئيس الجهة التي شكلت اللجنة. هذا ما لم يكن الخبير من خبراء الجدول الذين سبق لهم حلف اليمين قبل مزاولة أعمال وظيفتهم (المادة 48 من المرسوم بقانون رقم 96 لسنة 1952 بتنظيم الخبرة أمام جهات القضاء).

(2) الأصل أنه يجب على المحقق الحضور وقت إبداء الخبير لمهمته. وإذا إقتضى الأمر إثبات الحالة بدون حضور المحقق نظراً إلى ضرورة القيام ببعض

---

[1] نقض 30 ديسمبر سنة 1940 مجموعة القواعد جـ5 رقم 177 ص27، 22 مارس سنة 1946 جـ7 رقم 846 ص810.

أعمال تحضيرية أو تجارب متكررة أو لأي سبب آخر وجب على المحقق أن يصدر أمراً يبين فيه أنواع التحقيقات وما يراد إثبات حالته. ويجوز في جميع الأحوال أن يؤدي الخبير مأموريته بغير حضور الخصوم (المادة 85 إجراءات).

(3) يحدد المحقق ميعاداً للخبير ليقدم تقريره فيه، وللقاضي أن يستبدل به خبيراً آخر إذا لم يقدم التقرير في الميعاد المحدد (المادة 87 إجراءات). وللمحقق أن يسمع الخبير بوصفه خبير إذا لم يكن قد قدم تقريره من قبل.

(4) للمتهم أن يستعين بخبير إستشاري ويطلب تمكينه من الإطلاع على الأوراق وسائر ما سبق تقديمه للخبير المعين من قبل القاضي، على ألا يترتب على ذلك تأخير السير في الدعوى (المادة 88 إجراءات).

(5) للخصوم رد الخبير إذا وجدت أسباب قوية تدعو لذلك. ويقدم طلب الرد إلى المحقق للفصل فيه. ويجب أن تبين فيه أسباب الرد. وعلى المحقق الفصل فيه في مدة ثلاثة أيام من يوم تقديمه. ويترتب على هذا الطلب عدم إستمرار الخبير في عمله إلا في حالة الإستعجال بأمر من المحقق (المادة 79 إجراءات).

(6) إذا كانت الخبرة باطلة فلا يجوز للقاضي الإعتماد على أقوال الخبير بإعتباره شهادة، لأن الشهادة بخلاف الخبرة هي نقل لصورة معينة إنطبعت في ذهن الشاهد بأحد حواسه. وليست تقديراً فنياً لواقعة مادية. هذا بالإضافة إلى أن أقوال الخبير لن تكون غير ترداد للخبرة الباطلة، وما بني على الباطل فهو باطل.

سلطة المحكمة في الإستعانة بالخبراء:

للمحكمة أن تأمر، ولو من تلقاء نفسها، أو بناء على طلب الخصوم أن تعين خبيراً واحداً أو أكثر في الدعوى (المادة 294 إجراءات).

ونود التنبيه إلى أنه لا يشترط في الخبرة أن تتعلق بوقوع الجريمة إثباتاً أو نفياً، وإنما يمكن أن تمتد أيضاً إلى شخص المجرم. فالقاضي لا يحاكم الجريمة بل يحاكم المجرم، ولذا يجب أن يكون عالماً بشخصية هذا المجرم حتى يقدر العقوبة الملائمة له. وقد عنيت بعض التشريعات بالنص صراحة على البحث في شخصية المتهم قبل الحكم. ورغم خلو القانون المصري من نص صريح يفيد هذا المعنى، إلا أنه يمكن الوصول إليه وفقاً للمبدأ العام الذي يجيز للمحكمة أن تأمر بتقديم أي دليل لازم لظهور الحقيقة، وبوجه خاص سلطتها من إنتداب الخبراء.

سلطة مأمور الضبط القضائي في إنتداب الخبراء:

يجوز لمأموري الضبط القضائي الإستعانة بالخبراء في مرحلة جمع الإستدلالات (المادة 29 إجراءات) إلا أن مأمور الضبط القضائي لا يملك أجبارهم على الحضور لإبداء أقوالهم، أو تحليفهم اليمين، لأن مهمته قاصرة على جمع الإيضاحات اللازمة لتقديمها إلى النيابة العامة بإعتبارها سلطة إتهام. ولعضو النيابة العامة بوصفه رئيساً للضبطية القضائية الإستعانة بأهل الخبرة وفي طلب رأيهم شفوياً أو بالكتابة بغير حلف يمين[1].

أما الخبرة كإجراء من إجراءات التحقيق فإنها تتمتع بضمانات معينة لكفالة الثقة بها. وقد قصر القانون سلطة مباشرة على سلطة التحقيق. ولكنه رأى أنه في بعض الأحوال قد تدعو المصلحة العامة إلى تحويل مأمور الضبط القضائي سلطة مباشرتها. ومعيار هذه المصلحة العامة هو حالة الإستعجال، وتتوافر إذا كان هناك خوف من عدم إمكان إتخاذ هذا الإجراء بعد حلف اليمين.

---

(1) نقض 22 يناير سنة 1978 الطعن رقم 90 سنة 47ق، 13 أبريل سنة 1975 مجموعة الأحكام س26 رقم 76 ص323..

فقد يرى مأمور الضبط القضائي مثلاً أن آثار الحادث قد تضيع معالمها قبل حضور سلطة التحقيق فيستعين بأحد الخبراء بعد تحليفه اليمين لرفع هذه الآثار وإبداء رأيه الفني حولها.

وتقدير حالة الإستعجال أمر موضوع يقدره مأمور الضبط القضائي على ضوء الظروف التي تحيط به، وذلك تحت رقابة محكمة الموضوع. ويجب أن تقدر هذه الحالة بقدرها، فلا يجوز للمشتبه فيه أن يستعين بخبير إستشاري يحلف اليمين، وإنما مجال ذلك بعد دخول الدعوى في حوزة سلطة التحقيق الأصلية وهي النيابة العامة أو قاضي التحقيق.

وننبه إلى أنه لكي تعتبر الخبرة إجراءاً من إجراءات التحقيق يجب تحليف الخبير اليمين إذا خيف ألا يستطاع فيما بعد تقديم خبرته.

وقد قضت محكمة النقض بأن قيام الطبيب في المستشفى بإخراج المخدر من الموضع الذي أخفاه فيه المتهم بناء على طلب مأمور الضبط القضائي من رجال الجمارك، يعتبر إجراءاً صحيحاً على أساس أن قيامه بهذا العمل إنما تم بوصفه خبيراً[1]. وهنا يلاحظ أن معيار إعتبار الطبيب في هذا المثال من الخبراء هو قيامه بالبحث عن المخدر في جسم المتهم بوسيلة لا يقدر عليها الأشخاص العاديون. وهنا تكون الخبرة من أجل كشف الدليل. أما البحث المادي الذي لا يتطلب مقدرة فنية خاصة فهو تفتيش محض[2].

---

(1) نقض 7 أبريل سنة 1974 مجموعة الأحكام س25 رقم 82 ص378، 4 يناير سنة 1976 س27 رقم 1 ص9.

(2) د. آمال عثمان، المرجع السابق ص63.

أحكام محكمة النقض

أولا : حالات ندب الخبير وإجراءاته:

1) من المقرر أن الطعن بالتزوير على ورقة من أوراق الدعوى هو من وسائل الدفاع التي تخضع لتقدير محكمة الموضوع التي لا تلزم بإجابته لأن الأصل أن للمحكمة كامل السلطة في تقدير القوة التدليلية لعناصر الدعوى المطروحة على بساط البحث وهي الخبير الأعلى في كل ما تستطيع أن تفصل فيه بنفسها أو بالاستعانة بخبير يخضع رأيه لتقديرها ما دامت المسألة المطروحة ليست من المسائل الفنية البحتة التي لا تستطيع المحكمة بنفسها أن تشق طريقها لإبداء رأي فيها، وأنه لما كان طلب المتهم تمكينه من الطعن بالتزوير إنما هو من قبيل التأجيل لاتخاذ إجراء مما لا تلتزم المحكمة في الأصل بالاستجابة إليها إلا أن ذلك مشروط بأن تستخلص المحكمة من وقائع الدعوى عدم الحاجة إلى ذلك الإجراء.

(نقض 1978/10/30 مجموعة القواعد القانونية س29 ص757)

2) إن محكمة الموضوع هي صاحبة الحق في تقدير كل دليل يطرح عليها، تفصل فيه على الوجه الذي ترتاح إليه، على ضوء ما تسمعه من أقوال الخصوم والشهود وما تشاهده بنفسها، وهي في سبيل تكوين عقيدتها، غير ملزمة بإتباع قواعد معينة مما نص عليها قانون الإثبات في المواد المدنية والتجارية، ومن ذلك تعيين خبير في دعاوى التزوير، متى كان الأمر ثابتا لديها للاعتبارات السائغة التي أخذت بها. وإذ كان ذلك، وكانت محكمة الموضوع في حدود هذا الحق قد قامت بفحص السند المطعون عليه بالتزوير وانتهت في حكمها المطعون فيه إلى أنه ثبت لها من الإطلاع على ذلك السند، أنه قد كتب كتابة طبيعية وانه لا خلاف في المراد بين بصمة الإصبع وبصمة الختم، وأنه إزاء إقرار الطاعنة بصحة بصمتها على الإيصال منذ الوهلة الأولى وعدم إنكارها لها، فإنها

تستخلص من ذلك صحة الإيصال، فإن ما ذهبت إليه المحكمة يدخل ضمن حقها في فحص الدليل وتقديره، مما تستقل به ولا معقب عليها فيه.

(نقض 1970/10/4 مجموعة القواعد القانونية س21 ص942)

3) إن قانون الإجراءات الجنائية قد نص في المادتين 85، 89 على ندب الخبراء بمعرفة قاضي التحقيق وردهم بمعرفة الخصوم وطلب هؤلاء ندب خبراء استشاريين ونظم الإجراءات التي يسير عليها الخبراء في أداء مأموريتهم، فنص على وجوب حضور قاضي التحقيق وقت العمل وملاحظته ما لم يقتض الأمر القيام بالمأمورية بدون حضوره، وأجاز أن يؤدي الخبير مأموريته في جميع الأحوال بدون حضور الخصوم، كما نص في المادتين 292، 293 من القانون المشار إليه على حق المحكمة في أن تعين خبيرا واحدا أو أكثر سواء من تلقاء نفسها أو بناء على طلب الخصوم، وأن تأمر بإعلان الخبراء ليقدموا إيضاحات بالجلسة عن التقارير المقدمة منهم في التحقيق الابتدائي أو أمام المحكمة دون أن يشفع ذلك بوضع إجراءات تنظم الندب بمعرفة محكمة الموضوع، ووضع ضوابط يراعيها الخبراء في أداء مأموريتهم، وسكوت الشارع في هذا الباب عن ذلك يشير إلى اكتفائه بما وضعه عنها من تقنين من قبل، وأنه لا يرى تعديلا أو إضافة إليها وخصوصا وقد أشار إلى التقارير المقدمة في التحقيق الابتدائي وأجاز للمحكمة أن تستكمل ما بها من نقص بإعلان الخبراء لتقديم إيضاحات عنها بالجلسة.

(نقض 1954/11/1 مجموعة القواعد القانونية س6 ص136)

4) أوجب القانون على الخبراء أن يحلفوا يمينا أمام سلطة التحقيق بأن يبدوا رأيهم بالذمة وأن يقدموا تقريرهم كتابة كما أنه من المقرر أن عضو النيابة بوصف كونه صاحب الحق في إجراء التحقيق ورئيس الضبطية القضائية له من الاختصاص ما خوله القانون لسائر رجال الضبطية

القضائية طبقا للمادتين 24، 31 من قانون الإجراءات الجنائية - لما كان ذلك - وكانت المادة 29 من هذا القانون تجيز لمأموري الضبط القضائي أثناء جمع الاستدلالات أن يستعينوا بأهل الخبرة وأن يطلبوا رأيهم شفهيا أو بالكتابة بغير حلف يمين، وكان القانون لا يشترط في مواد الجنح والمخالفات إجراء أي تحقيق قبل المحاكمة، فإنه ليس ثمة ما يمنع من الأخذ بما جاء بتقرير الخبير المقدم في الدعوى ولو لم يحلف مقدمه يمينا قبل مباشرة المأمورية، على أنه ورقة من أوراق الاستدلال في الدعوى المقدمة للمحكمة وعنصرا من عناصرها ما دام أنه كان مطروحا على بساط البحث وتناوله الدفاع بالتنفيذ والمناقشة - لما كان ذلك - وكان الثابت بالأوراق أن عضو النيابة قد ندب الخبير الهندسي لفحص المصعد لبيان مدى صلاحيته للعمل وما إذا كان به خلل أو أعطال فنية وبالذات بابه الكائن بالدور الثالث من المبنى الذي وقع به الحادث وما إذا كان من الممكن حصول الواقعة بالصورة الواردة بالتحقيقات، فإنه غير لازم طبقا لمؤدى نص الفقرة الثانية من المادة رقم 85 من قانون الإجراءات الجنائية حضوره أثناء مباشرة الخبير لمهمته ما دام أن الأمر قد اقتضى إثباتا للحالة القيام بفحوص وتجارب فنية.

(نقض 1975/4/13 مجموعة القواعد القانونية س26 ص323)

(ونقض 1985/1/24 مجموعة القواعد القانونية س36 ص117)

5) للطبيب المعين في التحقيق أن يستعين في تكوين رأيه بمن يرى الاستعانة بهم على القيام بمأموريته فإذا كان الطبيب الشرعي الذي ندب في الدعوى قد استعان بتقرير طبيب أخصائي ثم أقر رأيه وتبناه، وأبدى رأيه في الحادث على ضوئه، فليس يعيب الحكم الذي يستند إلى هذا التقرير الذي وضعه الطبيب الشرعي كون الطبيب الأخصائي لم يحلف اليمين.

(نقض 1181962/26 مجموعة القواعد القانونية س13 ص775)

6) إذا طلب المتهم انتقال المحكمة لمعاينة مكان الجناية لإثبات بطلان الاتهام فبدلا من انتقالها انتدبت خبيرا وحددت له مأموريته، فليس في ذلك أي بطلان ولا تنازل عن ولاية القضاء، لأن للمحكمة الحق قانونا في ندب أي خبير لإيضاح نقطة فنية معينة.

(نقض 1936/4/20 المحاماة س17 رقم24 ص46)

7) إذا كانت المحكمة قد رأت أن الفصل في الدعوى يتطلب تحقيق الدليل الذي عهدت إلى الخبير بتحقيقه، فواجب عليها أن تعمل على تحقيق هذا الدليل أو تضمن حكمها الأسباب التي دعتها إلى أن تعود فتقرر عدم حاجة الدعوى ذاتها إلى هذا التحقيق، وذلك بغض النظر عن مسلك المتهمين في صدد هذا الدليل، لأن تحقيق أدلة الإدانة في المواد الجنائية لا يصح أن يكون رهنا لمشيئة المتهمين في الدعوى، فإذا هي استغنت عن الدليل بحجة أن المتهمين لم يصروا على تنفيذ المأمورية دون أن تبين الأسباب التي تدل على أن الدعوى في ذاتها أصبحت غير مفتقرة إلى هذا الدليل، فإن حكمها يكون باطلا متعينا نقضه.

(نقض 1945/11/5 المجموعة الرسمية س47 رقم11 ص18)

متى تلتزم المحكمة بندب خبير :

1) الأصل أن المحكمة لها كامل السلطة في تقدير القوة التدليلية لعناصر الدعوى المطروحة على بساط البحث وهي الخبير الأعلى في كل ما تستطيع أن تفصل فيه بنفسها أو بالاستعانة بخبير يخضع رأيه لتقديرها. إلا أن هذا مشروط بأن المسألة المطروحة ليست من المسائل الفنية البحتة التي لا تستطيع المحكمة بنفسها أن تشق طريقها لإبداء رأي فيها.

(نقض 1978/4/9 مجموعة القواعد القانونية س29 ص388)

2) إذا كان الحكم - في جريمة عدم تنفيذ قرار اللجنة المختصة بترميم عقار - حين رد على طلب الطاعن ندب خبير هندسي للتحقق من سلامة

العقار قال " إن إجابة الطلب غير مقبولة قانونا لأنه بمثابة تعقيب من المحكمة على قرار من جهة مختصة ألزم القانون من تعلق به تنفيذه " فإن هذا الرأي قاله الحكم لا يصلح ردا على دفاع الطاعن، لأنه فضلا عما ينطوي عليه من الإخلال بحق الدفاع فإن فيه تعطيلا لسلطة المحكمة عن ممارسة حقها في تمحيص واقعة الدعوى وأدلتها لإظهار الحقيقة فيها، وهو أمر لا يقره القانون بحال.

(نقض 1959/1/20 مجموعة القواعد القانونية س10 ص65)

3) إذا كان الدفاع عن المتهم بتزوير محررات عرفية قد تمسك في دفاعه بتعيين خبير لتحقيق التزوير المدعى، ولكن المحكمة أدانته دون أن تستجيب إلى هذا الطلب أو ترد عليه بما يبرر عدم إجابته، فهذا منها قصور يستوجب نقض حكمها. ولا يغني عن ذلك قولها أن المحكمة رأت بنفسها أن العبارات المزورة لا تطابق أوراق المضاهاة.

(نقض 1948/5/10 مجموعة القواعد القانونية ج 6 ص560)

4) لما كان الدفاع الذي أبداه الطاعن حول قدرة المجني عليه على الجري والنطق عقب إصابته بالمقذوف الناري الذي مزق القلب يعد دفاعا جوهريا في صورة الدعوى ومؤثرا في مصيرها إذ قد يترتب على تحقيقه تغيير وجه الرأي فيها، وهو يعد من المسائل الفنية البحتة التي لا تستطيع المحكمة أن تشق طريقها إليها بنفسها لإبداء الرأي فيها، فقد كان يتعين عليها أن تتخذ ما تراه من وسائل لتحقيقها بلوغا إلى غاية الأمر فيها، وذلك عن طريق المختص وهو الطبيب الشرعي، أما وهي لم تفعل فإنها تكن قد أحلت نفسها محل الخبير الفني في مسألة فنية، ولما كان الحكم المطعون فيه إذ رفض إجابة الطاعن إلى طلبه تحقيق هذا الدفاع الجوهري عن طريق الخبير الفني واستند في الوقت نفسه إلى أقوال شاهدي الإثبات التي يعارضها الطاعن ويطلب تحقيق دفاعه في شأنها للقطع بحقيقة الأمر

فيها، فإن الحكم المطعون فيه يكون قد انطوى على إخلال بحق الدفاع، فضلا عما شابه من قصور مما يعيبه ويوجب نقضه والإحالة.

(نقض 1976/12/26 مجموعة القواعد القانونية س27 ص991)

5) من المقرر أنه متى واجهت المحكمة مسألة فنية بحتة كان عليها أن تتخذ ما تراه من الوسائل لتحقيقها بلوغا إلى غاية الأمر فيها، وكانت المحكمة قد ذهبت إلى أن مرض الطاعن بالشلل النصفي الأيمن وتصلب الشرايين لا يحول بينه وبين حمل زجاجة فارغة والاعتداء بها على المجني عليهما ومقارفة الجريمتين اللتين دانته بهما على الوجه الذي خلصت إليه في بيانها لواقعة الدعوى، ودون أن تحقق هذا الدفاع الجوهري عن طريق المختص فنيا، فإنها تكون قد أحلت نفسها محل الخبير الفني في مسألة فنية، ويكون حكمها المطعون فيه معيبا مما يوجب نقضه.

(نقض 1974/12/9 مجموعة القواعد القانونية س25 ص849)

6) متى كان الثابت من محضر الجلسة أن المدافع عن الطاعنين اقتصر على تجريح شهادة أحد شهود الإثبات بسبب ما يصيبه من العشى ليلا، ولم يطلب من المحكمة إجراء تحقيق ما في هذا الشأن، وكان الحكم المطعون فيه قد عرض لهذا الدفاع وأورد ما يسوغ به إطراحه – وهو في هذا الخصوص دفاع موضوعي متعلق بواقعة يمكن إدراكها بالحس بغير ما حاجة للجوء إلى ذوي الخبرة بشأنها، فلا تثريب على المحكمة إن هي عولت في إثبات ما قنعت به في خصوصها على أقوال الشهود، وخاصة أن الطاعنين قد سكتا عن طلب إجراء أي تحقيق فيها.

(نقض 1966/10/17 مجموعة القواعد القانونية س17 ص971)

7) من المقرر أن تقدير حالة المتهم العقلية ومدى تأثيرها على مسئوليته الجنائية من الأمور الموضوعية التي تستقل محكمة الموضوع بالفصل فيها، ما دامت تقيم تقديرها على أسباب سائغة، وهي لا تلزم بالالتجاء

إلى أهل الخبرة إلا فيما يتعلق بالمسائل الفنية البحتة التي يتعذر عليها أن تشق طريقها فيها.

(نقض 1982/1/19 مجموعة القواعد القانونية س33 ص37)

(ونقض 1975/3/3 مجموعة القواعد القانونية س26 ص207)

(ونقض 1980/2/11 مجموعة القواعد القانونية س31 ص41)

8) من المقرر أن تقدير حالة المتهم العقلية وإن كان في الأصل من المسائل الموضوعية التي تختص محكمة الموضوع بالفصل فيها، إلا أنه يتعين ليكون قضاؤها سليما أن تعين خبيرا للبت في هذه الحالة وجودا وعدما لما يترتب عليها من قيام أو انتفاء مسئولية المتهم، فإن لم تفعل الخ كان عليها أن تبين في القليل الأسباب التي تبني عليها قضاؤها برفض هذا الطلب بيانا كافيا وذلك إذا ما رأت من ظروف الحال ووقائع الدعوى وحالة المتهم أن قواه العقلية سليمة وأنه مسئول عن الجرم الذي وقع منه فإذا هي لم تفعل شيئا من ذلك فإن حكمها يكون مشوبا بعيب القصور في التسبيب والإخلال بحق الدفاع مما يبطله.

(نقض 1977/5/22 مجموعة القواعد القانونية س28 ص642)

(ونقض 1985/5/9 مجموعة القواعد القانونية س36 ص631)

9) من المقرر أن المرض العقلي الذي يوصف بأنه جنون أو عاهة عقلية وتنعدم به المسئولية قانونا على ما تقضي به المادة 62 من قانون العقوبات هو ذلك المرض الذي من شأنه أن يعدم الشعور والاختيار أما سائر الأحوال النفسية التي لا تفقد الشخص شعوره وإدراكه فلا تعد سببا لانعدام المسئولية وكان المستفاد من دفاع الطاعنة الأولى أمام المحكمة هو أنها ارتكبت الجريمتين المنسوبتين إليها تحت تأثير ما كانت تعانيه من حالة نفسية نتيجة إصابتها بالشلل. ومن ثم فإن ما انتهى إليه الحكم المطعون فيه من أن مرض الطاعنة النفسي - بفرض صحته - لا يؤثر على سلامة عقلها

وصحة إدراكها وتتوافر معه المسئولية الجنائية عن الفعل الذي وقع منها يكون صحيحا في القانون إذ أن المحكمة غير ملزمة بندب خبير فني في الدعوى تحديدا لمدى تأثير مرض الطاعنة على مسئوليتها الجنائية بعد أن وضحت لها الدعوى.

(نقض 1985/5/9 مجموعة القواعد القانونية س36 ص631)

10) الكشف عن كنه المادة المضبوطة والقطع بحقيقتها لا يصلح فيه غير التحليل ولا يكتفي فيه بالرائحة، ولا يجدي في ذلك التدليل على العلم من ناحية الواقع – فإذا خلا الحكم من الدليل الفني الذي يستقيم به قضاؤه فإنه يكون معيبا متعينا نقضه.

(نقض 1960/3/14 مجموعة القواعد القانونية س11 ص231)

11) من المقرر أن المرجع في مطابقة المادة للمواصفات المطلوبة إنما هو للتحليل دون الإشراف النظري.

(نقض 1974/3/18 مجموعة القواعد القانونية س25 ص307)

12) لما كان الطاعن أو المدافع عنه لم يتمسك أمام محكمة أول درجة بطلب تحليل العينة المحفوظة لديه واستأنف الحكم الابتدائي الصادر بإدانته، فطلب المدافع عنه تحليل العينتين المحفوظتين لديه ولدى معاون الصحة، ولوجود مانع لدى أحد أعضاء الهيئة من نظر الدعوى عرضت على هيئة أخرى ولم يبد الطاعن أو المدافع عنه أي طلب حتى صدور الحكم المطعون فيه، لما كان ذلك، فإن الطاعن يعد متنازلا عن طلب التحليل الذي كان قد أبداه في مرحلة سابقة للدعوى.

(نقض 1977/1/17 مجموعة القواعد القانونية س28 ص119)

13) الأصل أنه وإن كان للمحكمة أن تستند في حكمها إلى الحقائق الثابتة علميا إلا أنه لا يجوز لها أن تقتصر في قضائها على ما جاء بأحد كتب الطب الشرعي متى كان ذلك مجرد رأي عبر عنه بألفاظ تفيد التعميم

والاحتمال الذي يختلف بحسب ظروف الزمان والمكان دون النظر إلى مدى انطباقه في خصوصية الدعوى، ذلك بأن القضاء بالإدانة يجب أن ينبني على الجزم واليقين.

(نقض 1973/4/1 مجموعة القواعد القانونية س24 ص451)

14) لمحكمة الموضوع كامل الحرية في تقدير القوة التدليلية لتقرير الخبير المقدم إليها ولا تلتزم بندب خبير آخر ما دامت الواقعة قد وضحت لديها ولم تر من جانبها حاجة إلى اتخاذ هذا الإجراء، فلا يعيب الحكم عدم تحقيق الدفاع غير المنتج أو الرد عليه بعد أن اطمأنت المحكمة إلى التقرير الطبي الشرعي للأسباب السائغة التي أوردتها.

(نقض 1977/1/21 مجموعة القواعد القانونية س28 ص281)

15) من المقرر أن تقدير آراء الخبراء والفصل فيما يوجه إلى تقاريرهم من اعتراضات مرجعه إلى محكمة الموضوع التي لها كامل الحرية في تقدير القوة التدليلية لتقرير الخبير المقدم إليها، دون أن تلتزم بندب خبير آخر ولا بإعادة المهمة إلى ذات الخبير ما دام استنادها في الرأي الذي انتهت إليه هو استناد سليم لا يجافي المنطق والقانون.

(نقض 1977/5/16 مجموعة القواعد القانونية س28 ص609)

ثانياً: تعيين الخبير :

1) مفتش الصحة يعتبر من أهل الخبرة المختصين فنيا لإبداء الرأي فيما تصدى له وأثبته.

(نقض 1977/2/21 س28 ق61 ص281)

2) مفاد نصوص المواد 1 و35 و36 من القانون رقم 96 لسنة 1952 بتنظيم أعمال الخبرة أمام جهات القضاء أن لخبراء مصلحة الطب الشرعي ابتداء من كبير الأطباء الشرعيين وانتهاء بمعاون الطبيب الشرعي حق القيام بأعمال الخبرة تحت رقابة القضاء، وهذا الحق مستمد من القانون ويقوم

به أي منهم ولو كان معاونا كيماويا دون حاجة إلى ندب ممن يعنوه في الوظيفة.

(نقض 1969/5/12 س20 ق137 ص673)

3) ليس ثمة ما يوجب أن يكون توقيع الكشف الطبي وإثبات إصابات المصابين بموجب تقارير من الطبيب الشرعي دون غيره من الأطباء المتخصصين، لأن التقارير الأخرى صادرة من أهل الخبرة المختصين فنيا بإبداء الرأي فيما تصدت له وأثبتته.

(نقض 1983/3/1 س34 ق57 ص294)

4) قيام طبيب آخر من قسم الطب الشرعي بتوقيع الكشف على المتهمين غير رئيسه الذي ندبته المحكمة لا يؤثر في سلامة الحكم ما دام أن المحكمة قد اطمأنت إلى عمله، وإلى ما ذكره كبير الأطباء الشرعيين من أن توقيع الكشف الطبي على المتهمة كان بحضوره وتحت إشرافه وما دام تقدير الدليل موكولا إليها

(نقض 1957/4/8 س8 ق99 ص370)

5) متى كان قرار المحكمة بندب كبير الأطباء الشرعيين لتوقيع الكشف الطبي على المجني عليه لم يصدر بندبه باسمه بل بمنصبه فقام مساعده بهذه المأمورية ولم يعترض الطاعن على ذلك فإنه لا جناح على المحكمة إذا هي اعتمدت في حكمها على تقرير المساعد.

(نقض 1952/11/24 س4 ق62 ص151)

6) يجوز إعلان أي رجل من رجال الفن تكون له معرفة بوقائع متعلقة بموضوع القضية واستجوابه كشاهد عادي، ومتى أعلن يجوز له إبداء رأيه من الوجهة العملية في أي مسألة خاصة بفنه بدون أن يحلف اليمين القانونية التي يجب أن يحلفها الخبير، وتقدير المحكمة آراءه هذه حق قدرها عند الفصل في القضية.

(نقض 1910/6/11 المجموعة الرسمية س11 ق107)

7) التقرير المقدم من طبيب شرعي لم يحلف اليمين القانونية يكون في قوة الاستدلالات المفيدة التي لمحكمة الموضوع السلطة المطلقة في تقديرها وبناء عليه لا يعتبر عدم حلف اليمين القانونية وجها موجبا لنقض الحكم.

(نقض 1910/4/22 المجموعة الرسمية س11 ق90)

ثالثاً : حق عضو النيابة في الاستعانة بأهل الخبرة :

● من المقرر أن عضو النيابة بوصف كونه صاحب الحق في إجراء التحقيق ورئيس الضبطية القضائية له من الاختصاص ما خوله قانون الإجراءات الجنائية لسائر رجال الضبطية القضائية في الفصلين الأول والثاني من الباب الثاني منه بما في ذلك ما تجيزه لهم في المادة 29 من هذا القانون أثناء جمع الاستدلالات من الاستعانة بأهل الخبرة وطلب رأيهم شفهيا أو بالكتابة بغير حلف يمين.

(الطعن رقم 1624 لسنة 50ق جلسة 1981/3/4 س32 ص202)

رابعاً : مراعاة حق الدفاع :

1) ندب المحكمة خبيرا في الدعوى لم يباشر مأموريته لعدم حضور الطاعن أمامه تنتفي به دعوى الإخلال بحق الدفاع.

(نقض 1984/6/14 س35 ق133 ص595)

2) إن قانون الإجراءات الجنائية لم يوجب تلاوة تقارير الخبراء بالجلسة، فإذا كان الطاعن لم يطلب هذه التلاوة فلا يجوز له أن يثير شيئا في صددها أمام محكمة النقض.

(نقض 1952/6/9 س3 ق396 ص1059)

3) لا يجوز قانونا الاعتماد على تقرير خبير كدليل للإثبات أو النفي إلا بعد أن يتمكن الأخصام من مناقشته والإدلاء للمحكمة بملاحظاتهم عليه، ولا يتيسر ذلك في أحوال المضاهاة إلا إذا كانت أوراقها موجودة في ملف الدعوى ومخالفته ذلك تعتبر إخلالا بحق الدفاع مبطلا للحكم،

خصوصا إذا طلب الخصم من المحكمة تمكينه مـن الاطـلاع عـلى تقريـر الخبير ولم تجبه المحكمة إلى طلبه.

(نقض 1936/6/15 مجموعة القواعد القانونية ج3 ق483 ص609)

4) إن البطلان المبني على عدم قيام الطبيب الذي قام بتشريح الجثة بحلف اليمين لا يصح إبداؤها أمام محكمة النقض ما لم يكن قد حصل التمسك به أمام محكمة الجنايات التي نظرت في الدعوى.

(نقض 1922/2/27 المجموعة الرسمية س24 ق4)

5) لا ينقض الحكم الصادر بعقوبة بسبب أن أعمال المضاهاة كانت في غيبـة المتهمين.

(نقض 1906/10/27 المجموعة الرسمية س8 ق50)

6) ما فرض على الخبراء من وجوب حلفهم اليمين أمام قاضي التحقيق بـأنهم يبدون رأيهم بغاية الذمة هو أمر واجب أداؤه حتما وإلا كان العمل لاغيا موجبا للنقض.

(نقض 1903/1/31 المجموعة الرسمية س4 ق100)

خامساً: مدى التزام المحكمة برأي الخبير :

1) لمحكمة الموضوع أن تجزم بما لا يجزم به الطبيب الشرعي في تقريره متـى كانت وقائع الدعوى حسبما كشف عنها قد أيـدت ذلك عنـدها وأكدتـه لديها، كما أن لها كامل الحريـة في تقديـر القوة التدليليـة لتقريـر الخبير المقدم في الدعوى. لما كان ذلك، وكان من المقرر أن المحكمـة لا تلتـزم في أصول الاستدلال بالتحدث في حكمها إلا عن الأدلة ذات الأثر في تكوين عقيدتها، فلها أن تفاضل بين تقارير الخبراء وتأخذ بما تـراه وتطرح مـا عداه إذ أن الأمر يتعلق بسلطتها في تقدير الـدليل، ومتى كـان الحكـم المطعون فيه قـد أخـذ بتقريـر الطبيب الشرعي دون بـاقي التقاريـر المقدمة في الدعوى واستخلص من ذلك توافر رابطة السببية بـين خطأ

الطاعن ووفاة وإصابة المجني عليهم، فإن منعى الطاعن في هذا الصدد يكون غير قويم.

(نقض 1979/6/17 مجموعة القواعد القانونية س30 ص700)

2) من المقرر أنه ليس بلازم أن تطابق أقوال الشهود مضمون الدليل الفني بل يكفي أن يكون جماع الدليل القوي غير متناقض مع الدليل الفني تناقضا يستعصي على الملاءمة والتوفيق - لما كان ذلك - وكان من حق محكمة الموضوع أن تجزم بما لم يستطع الخبير الجزم به ما دامت وقائع الدعوى قد أيدت ذلك عندها وأكدته لديها. كما أن أخذ الحكم بدليل احتمالي، غير قادح فيه ما دام قد أسس الإدانة على اليقين كما هو الحال في الدعوى المطروحة. لما كان ذلك، وكان الحكم قد عرض لدفاع الطاعن المثار بوجه الطعن فرد عليه بقوله.. وكان مفاد هذا الذي أورده الحكم – أن الرأي الفني المبدي في الدعوى بشأن تحديد وقت حصول إصابة البطن بالمجني عليه لا يتضمن القطع بحصولها في اليوم الذي عينته النيابة العامة خطأ في مذكرتها كتاريخ لوقوع الحادث، وإنما كان هذا الرأي بحسب مساقه مبنيا على التقريب والاحتمال وهو ما لا ينازع فيه الطاعن، ومن ثم فهو لا ينفي إمكان حصول هذه الإصابة نتيجة للضرب الذي أوقعه الطاعن بالمجني عليه في اليوم السابق مباشرة على التاريخ الخاطئ بما يتواءم مع رواية المجني عليه وأقوال شهود الإثبات ممن نقلوا عنه يوم الحادث قبل وفاته وإذ كان ذلك هو عين ما خلص إليه الحكم نتيجة فهم سليم للواقع في الدعوى ويسوغ به رفع التعارض الظاهري القائم بين الدليلين القولي والفني اللذين حصلهما الحكم بغير تناقض، فإن ما ينعاه الطاعن يكون غير سديد.

(نقض 1979/1/25 مجموعة القواعد القانونية س30 ص150)

(ونقض 1985/10/3 مجموعة القواعد القانونية س36 ص814)

3) لما كان الحكم قد استدل على أن تعذيب المجني عليه قد ترك آثارا بجسده مما أثبته المحقق العسكري بمحضره المؤرخ 1968/3/16 حين عدد شطرا من تلك الآثار، كما ردد الكشف الطبي الموقع عليه في 1968/4/3 شطرا آخر منها وإن لم يجزم بسببها، ومن ثم فلا تثريب عليه إذا هو التفت عن التقرير الطبي الموقع على المجني عليه عند دخوله السجن في 1965/12/1، الذي صمت عن الإشارة إلى تلك الآثار لما هو مقرر من أن لمحكمة الموضوع أن تفاضل بين تقارير الخبراء وتأخذ منها بما تراه وتطرح ما عداه إذ أن ذلك أمر يتعلق بسلطتها في تقدير الدليل ولا معقب عليها فيه.

(نقض 1978/4/4 مجموعة القواعد القانونية س29 ص285)

4) لا محل لما ينعاه الطاعن على المحكمة قعودها عن ندب خبير آخر مرجح بعد أن التفتت عن التقرير الاستشاري المقدم من الطاعن، ما دامت الواقعة التي وضحت لديها ولم تر هي من جانبها اتخاذ هذا الإجراء.

(نقض 1975/3/30 مجموعة القواعد القانونية س26 ص285)

5) لما كانت المحكمة قد اطمأنت إلى ما تضمنته التقارير الطبية الشرعية متفقا مع ما شهد به الطبيب أمامها وأطرحت - في حدود سلطتها طلبه استدعاء كبير الأطباء الشرعيين لمناقشته ما دام أن الواقعة قد وضحت لديها ولم تر هي من جانبها - بعد ما أجرته من تحقيق المسألة الفنية في الدعوى - حاجة إلى اتخاذ هذا الإجراء. وإذ كان من المقرر أن استناد المحكمة إلى التقرير الفني المقدم في الدعوى يفيد إطراحها التقرير الاستشاري المقدم فيها وليس بلازم عليها أن ترد على هذا التقرير استقلالا، فإن النعي على الحكم في هذا الخصوص لا يكون له محل.

(نقض 1978/2/12 مجموعة القواعد القانونية س29 ص150)

6) لما كان من حق المحكمة أن تستنبط معتقدها من أي دليل يطرح عليها، وليس ثمة ما يمنع محكمة الجنح من أن تأخذ بتقرير خبير قدم للمحكمة المدنية متى اطمأنت إليه ووجدت فيه ما يقنعها بارتكاب المتهم للجريمة، ولها أن تفاضل بين تقارير الخبراء وتأخذ بما تراه وتطرح ما عداه إذ أن الأمر يتعلق بسلطتها في تقدير الدليل، وكانت المحكمة قد اطمأنت إلى ما تضمنه تقرير دعوى إثبات الحالة من وجود عجز في الأخشاب التي تسلمها الطاعن وأطرحت في حدود سلطتها التقديرية تقرير الخبير الاستشاري فإنه لا يجوز مجادلة المحكمة في ذلك أمام محكمة النقض ما دام استنادها إلى التقرير السابق ذكره سليما.. وهي غير ملزمة من بعد بإجابة الدفاع إلى ما طلبه من ندب خبير ما دام أن الواقعة قد وضحت لديها ولم تر هي من جانبها حاجة لاتخاذ هذا الإجراء.

(نقض 1977/5/1 مجموعة القواعد القانونية س28 ص532)

(ونقض 1985/4/11 مجموعة القواعد القانونية س36 ص558)

7) متى كان لا يبين من محاضر جلسات المحاكمة أمام محكمة ثاني درجة أن الطاعن تمسك أمامها بطلب إعادة التحليل مما يعد تنازلا عن هذا الطلب الذي أبداه أمام محكمة أول درجة، وإذا ما كانت محكمة الموضوع غير ملزمة بالرد على الطعون الموجهة إلى تقرير الخبير ما دامت قد أخذت بما جاء فيه، لأن مؤدى ذلك منها أنها لم تجد في تلك الطعون ما يستحق التفاتها إليه، وإذا كان الحكم المطعون فيه قد أخذ بما جاء بتقرير التحليل فإن ذلك يفيد إطراح ما أثاره الدفاع عن الطاعن في هذا الصدد ولا يقبل منه إثارة شئ من ذلك أمام محكمة النقض.

(نقض 1974/11/11 مجموعة القواعد القانونية س25 ص740)

8) إذا كان الحكم قد استند إلى تقرير الخبير دون أن يعرض إلى الأسانيد التي أقيم عليها هذا التقرير ودون أن يعنى بذكر حاصل المناقشة التي

دارت حوله بالجلسة أو يناقش أوجه الاعتراض التي أثارها المتهمان في خصوص مضمون ذلك التقرير ودون أن يورد مؤدى التحقيقات التي أشار إليها، فإنه لا يكون كافيا في بيان أسباب الحكم الصادر بالعقوبة لخلوه مما يكشف عن وجه استشهاد المحكمة بالأدلة المذكورة التي استنبط منها معتقدة في الدعوى، مما يصم الحكم المطعون فيه بالقصور ويعجز محكمة النقض عن مراقبة صحة تطبيق القانون على الواقعة.

(نقض 1961/11/6 مجموعة القواعد القانونية س12 ص880)

9) الأصل أن لمحكمة الموضوع كامل السلطة في تقدير القوة التدليلية لعناصر الدعوى المعروضة على بساط البحث وهي الخبير الأعلى في كل ما تستطيع أن تفصل فيه بنفسها إلا أنه من المقرر أنه متى تعرضت المحكمة لرأي الخبير الفني في مسألة فنية بحتة فإنه يتعين عليها أن تستند في تفنيده إلى أسباب فنية تحمله، وهي لا تستطيع في ذلك أن تحل محل الخبير فيها. لما كان ذلك، وكان ما أورده الحكم تبريرا لإطراحه تقرير التحليل المقدم في الدعوى من إرجاع اختلاف نسبة الكحول إلى احتمال عدم دقة أجهزة القياس أو افتراض حدوث تفاعل في السوائل الكحولية بفعل الزمن - مجردا عن سنده في ذلك، لا يكفي بذاته لإهدار تقرير التحليل وما حواه من أسانيد فنية، وكان خليقا بالمحكمة وقد داخلها الشك في صحة النتيجة التي انتهى إليها ذلك التقرير، وأن تستجلي الأمر عن طريق المختص فنيا، أما وهي لم تفعل فإن حكمها يكون معيبا بالقصور بما يستوجب نقضه والإحالة في خصوص الدعوى المدنية.

(نقض 1974/1/27 مجموعة القواعد القانونية س25 ص74)

10) من المقرر أنه لا يسوغ للمحكمة أن تستند في دحض ما قاله الخبير الفني إلى معلومات شخصية، بل يتعين عليها إذا ما ساورها الشك فيما قرره

الخبير في هذا الشأن أن تستجلي الأمر بالاستعانة بغيره من أهل الخبرة لكونه من المسائل الفنية البحتة التي لا يصح للمحكمة أن تحل محل الخبير فيها. ولما كان يبين من الاطلاع على أوراق القضية أن ما استند إليه الحكم في إثبات توافر ركن الخطأ في حق الطاعنين من الجزم بأن ثمة خللا سابقا قد ظهر في البناء لم يبادر الطاعنون بإصلاحه يخالف ما شهد به مدير الأعمال الهندسية أمام المحكمة من أنه لا يستطيع نفي أو إثبات ظهور الخلل في تاريخ سابق على الحادث، فإن الحكم المطعون فيه يكون مشوبا بالقصور في التسبيب والفساد في الاستدلال بما يعيبه ويستوجب نقضه والإحالة.

(نقض 1971/1/31 مجموعة القواعد القانونية س22 ص119)

سادساً: طلب مناقشة الخبير:

1) لا يقبل من الطاعن أن ينعى على المحكمة قعودها عن مناقشة الأطباء أو كبيراً للأطباء الشرعيين ترجيحا لأحد التقارير، طالما أن الثابت بمحضر جلسة المحاكمة أنه لم يطلب منها شيئا من ذلك ولم تر المحكمة من جانبها محلا له اطمئنانا منها إلى تقرير الطب الشرعي.

(نقض 1967/11/27 مجموعة القواعد القانونية س18 ص1191)

(ونقض 1985/5/15 مجموعة القواعد القانونية س36 ص66)

2) لا تلزم المحكمة بإجابة طلب استدعاء الخبير لمناقشته ما دامت الواقعة قد وضحت لديها ولم تر هي من جانبها اتخاذ هذا الإجراء.

(نقض 1976/11/14 مجموعة القواعد القانونية س27 ص892)

3) لا تلزم محكمة الموضوع بأن تفحص الحساب بنفسها، أو أن تناقش الخبير في النتيجة التي لم تأخذ هي بها، ما دام أنها لم تجد من ظروف الدعوى وملابساتها ما يدعو إلى هذا الإجراء.

(نقض 1960/11/7 مجموعة القواعد القانونية س11 ص764)

4) لما كان البين مـن الحكم أنـه عـرض لطلب الطاعن استدعاء الطبيب الشرعي، لمناقشته في وصف إصابات المجني عليه وما إذا كانت طولية أم عرضية وهل حدثت من فاس أم من بلطة، ورد عليه – بصدد تدليله على صدق أقوال الطاعنين الثلاثة الأول – في قوله " وقد تأيدت هذه الأقوال أيضا بما جاء بالتقرير الطبي الشرعي الذي أثبت أن الاعتداء عـلى المجني عليه وقع بآلة حادة ثقيلة نوعا كسن بلطة أو ما في حكم ذلك. ولا شك أن الفأس هي مما يدخل تحت لفظ (ما في حكم ذلك) ولا تجدي منازعة الـدفاع مـن أن الضربـة بالفـأس تحـدث إصابة مستعرضة وأن الإصابة بالبلطة تحدث إصابة طولية ذلك أن إصابة الفـأس كمـا تحدث إصابة مستعرضة يمكنها أيضا أن تحدث إصابة طولية وحدوث الإصابة على هذا النحو أو ذاك يختلف باختلاف وضع كل مـن المجني عليه والضارب ولا شك في أن الاثنين كانا في وضع غير ثابت وهذا القول مـن البديهات التـي تطمئن إليها المحكمة دون حاجة في ذلك إلى سماع أقوال الطبيب الشرعي إجابة إلى طلب الدفاع " وإذ كان هـذا الـذي رد بـه الحكـم عـلى طلب استدعاء الطبيب الشرعي سائغا في رفض هذا الطلب، لما هو مقرر من أن محكمة الموضوع لا تلتزم بإجابة طلب استدعاء الطبيب الشرعي لمناقشته ما دامت الواقعة قد وضحت لديها ولم تر هي من جانبها حاجة إلى اتخاذ هذا الإجراء، ولأن البلطة لا تعدو – في حقيقتها – أن تكون فأسا يقطع بها الخشب ونحوه ومن ثم فإن ما يعيبه الطاعن على الحكم في هـذا الصدد يكون غير سديد.

(نقض 1977/11/27 مجموعة القواعد القانونية س28 ص976)

5) من المقرر أن لمحكمة الموضوع كامـل الحرية في تقـدير القـوة التدليلية لتقرير الخبير المقدم إليها والفصل فيما يوجه إليها من اعتراضات وأنها لا تلتزم باستدعاء الطبيب الشرعي لمناقشته ما دام أن الواقعة قـد وضحت

لديها ولم تر هي من جانبها حاجة إلى اتخاذ هذا الإجراء أو كان الأمر المطلوب تحقيقه غير منتج في الدعوى وطالما أن استنادها إلى الرأي الذي انتهى إليه الخبير هو استناد سليم لا يجافي المنطق أو القانون، ومن ثم فلا تثريب على المحكمة إن هي التفتت عن طلب دعوة الطبيب الشرعي وضم أوراق علاج المجني عليه لتحقيق دفاع الطاعنة المبني على انقطاع رابطة السببية للتراخي والإهمال في علاج المجني عليه ما دام أنه غير منتج في نفي التهمة عنها على ما سلف بيانه – ومن ثم فإن النعي على الحكم بقالة الإخلال بحق الدفاع لهذا السبب يكون في غير محله.

(نقض 1977/12/4 مجموعة القواعد القانونية س28 ص1023)

6) متى كان الذي أورده الحكم يستقيم به إطراح دفاع الطاعن ذلك بأنه انتهى في قضاء سليم لا مخالفة فيه للقانون إلى أن المرض الذي يدعيه الطاعن على فرض ثبوته لا يؤثر على سلامة عقله وصحة إدراكه وتتوافر معه مسئوليته الجنائية عن الفعل الذي وقع منه. وكان من المقرر أن للمحكمة كامل السلطة في تقدير القوة التدليلية لعناصر الدعوى المطروحة أمامها، وأنها الخبير الأعلى في كل ما تستطيع أن تفصل فيه بنفسها أو بالاستعانة بخبير يخضع رأيه لتقديرها، وهي في ذلك ليست ملزمة بإعادة المهمة إلى الخبير أو بإعادة مناقشته ما دام استنادها إلى الرأي الذي انتهت إليه هو استناد سليم لا يجافي المنطق والقانون وهو الأمر الذي لم يخطئ الحكم المطعون فه في تقديره، وكانت المحكمة قد كونت عقيدتها مما اطمأنت إليه من أدلة وعناصر في الدعوى سائغة ولها مأخذها الصحيح من الأوراق، وكان تقدير أدلة الدعوى من إطلاقاتها فإن ما يثيره الطاعنون ينحل إلى جدل موضوعي في تقدير الأدلة لا تجوز إثارته أمام محكمة النقض.

(نقض 1979/12/30 مجموعة القواعد القانونية س30 ص994)

7) إن تقدير أراء الخبير والفصل فيما يوجه إلى تقاريره من مطاعن مرجعه إلى محكمة الموضوع التي لها كامل الحرية في تقدير القوة التدليلية لتقرير الخبير شأنه في هذا شأن سائر الأدلة فلها مطلق الحرية في الأخذ بما تطمئن إليه منها والالتفات عما عداه ولا تقبل مصادره المحكمة في هذا التقرير، وإذا كان ذلك وكانت المحكمة قد اطمأنت في حدود سلطتها التقديرية إلى ما ورد بتقرير الطبيب الشرعي واستندت إلى رأيه الفني من وجود آثار التئام تام التكوين مستديرة الشكل على غرار ما يتخلف من مقذوفات الرش الناري منتشرة بمقدمة فروة رأس المجني عليه وبالجبهة والوجه وأعلى الصدر على الجانبين وأعلى وحشية العضد الأيسر وظهر الساعد الأيسر وتخلف لدى المجني عليه من جراء إصابته بالعينين في الحادث عاهة مستديمة أدت إلى فقد إبصار العين اليسرى تماما ونهائيا وضعف شديد في قوة إبصار العين اليمنى فإنه لا يجوز مجادلة المحكمة في ذلك أمام محكمة النقض وهي غير ملزمة بإجابة الدفاع إلى طلب مناقشة أخصائي العيون أو تقديم تقرير استشاري ما دام أن الواقعة قد وضحت لديها ولم تر هي من جانبها حاجة لاتخاذ هذا الإجراء.

(نقض 1978/11/15 مجموعة القواعد القانونية س27 ص905)

8) إن قانون الإجراءات الجنائية لم يوجب تلاوة تقارير الخبراء بالجلسة، فإذا كان الطاعن لم يطلب هذه التلاوة فلا يجوز أن يثير شيئا في صددها أمام محكمة النقض.

(نقض 1956/3/15 مجموعة القواعد القانونية س 7 ص351)

سابعاً: أداء الخبير لمهمته:

1) إن نص المادة (85) من قانون الإجراءات الجنائية صريح في أنه يجوز للخبير أداء مأموريته التي أول عملية فيها هو فض الإحراز - بغير حضور الخصوم وأن القانون حين نظم الإجراءات الخاصة بتحريز المضبوطات

وفضها إنما قصد تنظيم العمل والمحافظة على الدليل لعدم توهين قوته في الإثبات، ولكنه لم يرتب على مخالفتها أي بطلان.

(نقض 1954/2/22 مجموعة المكتب الفني س 5 ص 355)

2) إن قانون الإجراءات الجنائية قد نص في المواد من (85) إلى (89) على ندب الخبراء بمعرفة قاضى التحقيق وردهم بمعرفة الخصوم وطلب هؤلاء ندب خبراء استشاريين، ونظم الإجراءات التي يسير عليها الخبراء في أداء مأموريتهم ونص على وجوب حضور قاضى التحقيق وقت العمل وملاحظته ما لم يقتضى الأمر القيام بالمأمورية بدون حضوره، وأجاز أن يؤدى الخبير مأموريته في جميع الأحوال بدون حضور الخصوم، كما نص في المادتين (292، 293) من القانون المشار إليه على حق المحكمة في تعين خبيرا واحدا أو أكثر سواء من تلقاء نفسها أو بناء على طلب الخصوم، وأن تأمر بإعلان الخبراء ليقدموا إيضاحات بالجلسة عن التقارير المقدمة منهم في التحقيق الابتدائي أو أمام المحكمة دون أن يشفع ذلك بوضع إجراءات تنظيم الندب بمعرفة محكمة الموضوع ويوضع ضوابط يراعيها الخبراء في أداء مأموريتهم. وسكوت الشارع في هذا الباب عن ذلك يشير إلى اكتفائه بما وضعه عنها من تقنين من قبل وأن لا يرى تعديلا أو إضافة إليها، وخصوصا وقد أشار إلى التقارير المقدمة في التحقيق الابتدائي، وأجاز للمحكمة أن تستكمل ما بها من نقض بإعلان الخبراء لتقديم إيضاحات عنها بالجلسة، ولا محل للاستعانة بنصوص قانون المرافعات إلا عند خلو قانون الإجراءات ذاته من القواعد التنظيمية.

(نقض 1954/11/1 مجموعة القواعد القانونية س 6 ص 136)

3) لا محل للقول بضرورة توقيع الكشف الطبي على المجني عليه بمعرفة الطبيب الشرعي، ذلك أن مفتش الصحة يعتبر من أهل الخبرة المختصين فنيا بإبداء الرأي فيما تصدى له وأثبته، لأن القانون لا يوجب أن يكون

الكشف الطبي واثبات إصابات المصابين نتيجة لتقرير طبي شرعي دون تقرير من مفتش الصحة حيث يغنى الأخير في هذا المقام.

(نقض جلسة 1986/2/12 س 37 ق 57 ص 272)

4) ليس في القانون رقم 96 لسنة 1952 نص يجب على معاوني الخبراء القيام بما يناط بهم من أعمال الخبرة تحت إشراف رؤسائهم المباشر أو بناء على ندب منهم. ولا محل للقياس على إجراءات التحقيق التي يباشرها معاونو النيابة الذين يخضعون في تنظيم عملهم لقانوني السلطة القضائية والإجراءات الجنائية لتعلق ذلك بولايتهم التي حددتها النصوص الواردة بهذين القانونين.

(نقض جلسة 1968/10/28 س19 ق 171 ص864)

5) إن المادة (268) مرافعات إذا نصت على ضرورة وضع أهل الخبرة إمضاءاتهم أو علامتهم على الأوراق المقتضى المضاهاة عليها قبل الشروع في التحقيق فإنها لم ترتب البطلان على مخالفة ذلك.

(جلسة1948/11/15مجموعة القواعد القانونية ج7ق687 ص649)

6) إذا ندبت المحكمة خبيرا لإجراء معاينة تحت إشراف وكيل النيابة، وأجرى الخبير التجربة بحضور النيابة وبحضور محامى الدفاع، وأبدى رأيه الفني في المحضر الذي حرره وكيل النيابة عن هذه المعاينة ثم سمعت المحكمة أقواله بالجلسة كشاهد في الدعوى وناقشت الدفاع وترافع في موضوع التهمة على أساس نتيجة ذلك الإجراء. ثم اعتمد الحكم على ما سجله وكيل النيابة في محضره من ذلك وعلى ما شهد به المهندس الفني في الجلسة فلا يكون هذا الحكم مشوبا بعيب في الإجراءات أو خطأ في تطبيق القانون.

(نقض جلسة 1951/2/6 س 2 ق 226 ص 599)

7) الدفع ببطلان تقرير الخبير لمباشرة المأمورية في غيبة الخصوم لا يجوز إبداؤه لأول مرة لدى محكمة النقض. على أنه في الدعاوى الجنائية لا يكون عمل الخبير في مرحلة التحقيقات الأولية بغير حضور الخصوم باطلاً، إذا كانت السلطة القضائية التي ندبته لم توجب عليه حضور الخصوم معه أثناء مباشرة العمل، وذلك لأن هذه التحقيقات لا يشترط قانونا لصحتها أن تكون قد بوشرت حتما في حضرة الخصوم كما هو الحال في إجراءات المحاكمة في جلسات المحاكم.

(نقض1940/12/30مجموعة القواعد القانونية ج5 ق177ص328)

8) نصت المادة الأولى من القانون رقم 96 لسنة 1952 على أن يقوم بأعمال الخبرة أمام جهات القضاء خبراء الجدول الحاليون وخبراء وزارة العدل ومصلحة الطب الشرعي. وبنيت المادة (36) من القانون المذكور ترتيب وظائف خبراء مصلحة الطب الشرعي وهى تبدأ بوظيفة كبير الأطباء الشرعيين وتنتهي بوظيفة معاون طبيب شرعي وما يعادلها. ولم يفرق القانون بينها في ولاية أعمال الخبرة ومن ثم فليس في هذا القانون نص يوجب على معاوني الخبراء القيام بما يناط بهم من أعمال الخبرة تحت إشراف رؤسائهم المباشر أو بناء على ندب منهم ولا محل للقياس على إجراءات التحقيق التي يباشرها معاونو النيابة الذين يخضعون في تنظيم عملهم القانوني للسلطة القضائية والإجراءات الجنائية لتعلق ذلك بولايتهم التي حددتها النصوص الواردة بهذين القانونين.

(الطعن رقم 997 لسنة 28 ق جلسة 1968/10/28 س19ص864)

الفصل الخامس

بعض الإجراءات الماسة بحرمة الحياة الخاصة[1]

1 - ضبط المراسلات

الحقوق المتعلقة بالمراسلات:

يتعلق بالمراسلات حقان: الحق في الملكية، والحق في الحياة الخاصة. أما الحق في الملكية فيتمتع به المرسل إليه بعد تسلمه للرسالة. فهو الذي يملك كيانها المادي. وله على مضمونها حق الملكية الأدبية والفنية. وبمقتضى هذا الحق يملك المرسل إليه الحق في الإنتفاع بها والتصرف فيها. كل ذلك في الحدود التي لا يمس فيها حق الحياة الخاصة لمرسل الرسالة أو للغير.

ففي الرسائل التي تتضمن بعض أسرار الحياة الخاصة للمرسل أو للغير، تغل يد المرسل إليه فلا يملك نشر هذه الأسرار أو إذاعتها. فكتابة هذه الأسرار للمرسل إليه لا يعني مطلقاً رضاء صاحب الشأن بإذاعتها أو رفع ستار سريتها، لأن المرسل قد خص المرسل إليه شخصياً في معرفة هذه الأسرار ولم يقصد مطلقاً جعلها في متناول أفراد المجتمع بغير تمييز. بل أن الحياة الخاصة نفسها يجوز ممارستها على مشهد من عدد محدود معين من الناس، دون أن يغمط ذلك الحق في المحافظة على سريتها. ولا يتغير الوضع إذا ما أريد إنباء شخص معين ببعض أسرار هذه الحياة بعد ممارستها.

الحق في حرمة المراسلات:

كفلت معظم دساتير العالم الحق في حرمة المراسلات. ونص الدستور المصري في المادة (2/45) على أن للمراسلات البريدية والبرقية حرمة وسريتها

---

(1) د. أحمد فتحي سرور- المرجع السابق- ص443 وما بعدها.

مكفولة، ولا يجوز مصادرتها أو الإطلاع عليها أو رقابتها إلا بأمر قضائي مسبب ولمدة محددة وفقاً لأحكام القانون.

وينصرف المقصود بالمراسلات إلى كافة الرسائل المكتوبة، سواء أرسلت بطريق البريد أو بواسطة رسول خاص. وإلى البرقيات. ويستوي أن تكون الرسالة داخل مظروف مغلق أو مفتوح أو أن تكون في بطاقة مكشوفة، طالما أن الواضح من قصد المرسل أنه لم يقصد إطلاع الغير عليها بغير تمييز.

ويتمثل مضمون حرمة المراسلات في المبادئ الآتية:

(1) لا يجوز للمرسل إليه أن ينشر محتويات الرسالة التي تتعلق بالحياة الخاصة للمرسل إلا بموافقته.

(2) لا يجوز للمرسل الذي يحرر خطاباً بشأن الحياة الخاصة للمرسل إليه أن ينشر محتوياتها إلا بموافقة هذا الأخير.

(3) لا يجوز للمرسل أو للمرسل إليه بشأن خطاب يتعلق بالحياة الخاصة بالغير أن ينشر مضمون هذا الخطاب إلا بموافقة هذا الغير.

(4) لا يجوز للغير الذي يحوز خطاباً يتعلق بالحياة الخاصة للمرسل أو المرسل إليه أن ينشر مضمون هذا الخطاب إلا بموافقة صاحب الشأن.

هكذا يتضح أن حرمة المراسلات مستمدة من الحق في الحياة الخاصة. وأنه لا يجوز المساس بهذه الحرمة إلا بموافقة من يتعلق الخطاب بحياته الخاصة سواء كان هو المرسل إليه أو الغير.

وقد ثار البحث عن مدى جواز التمسك أمام القضاء بخطاب يتمتع بحرمة الحياة الخاصة. ووجه الدقة هنا هو التناقض بين الحق في الإثبات والحق في حرمة الحياة الخاصة. ومن المقرر في القضاء المدني أنه يجوز لصاحب السر أن يعترض على تقديم الخطاب الذي يتناول أسرار حياته الشخصية. ويستوي أن يكون صاحب السر هو المرسل أو الغير.

أما القضاء الجنائي فإنه يخضع لقواعد أخرى، إذ لا يجوز له الإستناد في الإدانة إلى أدلة غير مشروعة جاءت ثمرة لإنتهاك الحرية الشخصية. ويختلف الأمر بالنسبة إلى البراءة، لأن الأصل في المتهم البراءة. فيجوز للمحكمة الإستناد إلى خطاب شخصي في تأكيد براءة المتهم ولو تضمن معلومات عن الحياة الخاصة للمرسل أو المرسل إليه أو الغير. نعم، إن التمسك بهذا الخطاب فعل غير مشروع لأنه إنتهاك لحرمة المراسلات، ولكن الدليل المستمد من هذا الفعل ليس إلا إستصحاباً على أصل عام هو البراءة، فيمكن لذلك الإستناد إليه[1]. ومع ذلك، فيظل لصاحب الشأن في حرمة المراسلات الحق في مطالبة المتهم أمام المحكمة المدنية بالتعويض المدني المترتب على خطئه في التمسك بالخطاب. وإذا توافرت للمتهم حالة الضرورة بالتمسك بهذا الخطاب لإثبات براءته، فإن ذلك لا يحول دون مساءلته مدنياً طبقاً للمادة (168) مدني.

ضمانات ضبط المراسلات:

إعتبر القانون ضبط المراسلات إجراء من إجراءات التحقيق التي تستقل بمباشرتها سلطة التحقيق. وقد ميز القانون في هذا الصدد بين قاضي التحقيق والنيابة العامة. فبالنسبة إلى قاضي التحقيق يجوز له أن يضبط لدى مكاتب البريد جميع الخطابات والرسائل والجرائد والمطبوعات والطرود ولدى مكاتب البرق جميع البرقيات (المادة 95 إجراءات). ويتقيد قاضي التحقيق في اتخاذ الإجراءات بضمانات معينة هي:

(1) أن يكون لهذا الإجراء فائدة في ظهور الحقيقة في جناية أو جنحة معاقب عليها بالحبس لمدة تزيد على ثلاثة أشهر.

(2) أن يكون الضبط بناء على أمر مسبب.

(3) ألا تزيد المدة المسموح بالضبط خلالها على ثلاثين يوماً قابلة لتجديد المدة أو لمدة أخرى مماثلة.

---

(1) نقض 25 يناير سنة 1965 مجموعة الأحكام س16 رقم 21 ص87.

ويجوز للنيابة العامة أن تتخذ هذا الإجراء مع مراعاة الضمانات السابقة مضافاً إليها ما يلي:

(1) الحصول مقدماً على أمر مسبب بذلك من القاضي الجزئي بعد إطلاعه على الأوراق. ويختص هذا القاضي بتجديد ذلك الأمر مدة أو مدداً أخرى مماثلة. ويصدر هذا الأمر أو تجديده بناء على طلب النيابة العامة.

(2) يجوز للنيابة العامة أن تطلع الخطابات والرسائل والأوراق الأخرى المضبوطة على أن يتم هذا كلما أمكن ذلك بحضور المتهم والحائز لها أو المرسلة إليه وتدون ملاحظاتهم عليها. ولها حسب ما يظهر من الفحص أن تأمر بضم تلك الأوراق إلى ملف الدعوى أو بردها إلى من كان حائزاً لها أو من كانت مرسلة إليه.

ولا يملك مأمور الضبط القضائي أي إختصاص تلقائي في هذا الشأن. على أنه يجوز لقاضي التحقيق أو النيابة العامة ندبه لمباشرة هذا الإجراء بشرط مراعاة الضمانات التي تطلبها القانون بالنسبة إلى السلطة الآمرة بالندب.

2- مراقبة المحادثات الشخصية أو تسجيلها

ماهية المحادثات الشخصية:

تعتبر الأحاديث الشخصية والمكالمات التليفونية أسلوباً من أساليب الحياة الخاص للناس. ففيها يهدأ المتحدث إلى غيره، سواء بطريق مباشر أو بواسطة الأسلاك التليفونية. وهذه الأحاديث والمكالمات مجال لتبادل الأسرار وبسط الأفكار الشخصية الصحيحة دون حرج أو خوف من تصنت الغير، وفي مأمن من فضول إستراق السمع. ولاشك أن الإحساس بالأمن الشخصي في الأحاديث الشخصية والمكالمات التليفونية ضمان هام لممارسة الحياة الخاصة من خلال هذه الوسائل.

ومـن هنـا، يتبـين أن حرمـة الأحاديـث الشخصية والمكالمـات التليفونيـة تستمد من حرمة الحياة الخاصة لصاحبها، وذلك باعتبار أن هذه الأحاديث والمكالمات ليست إلا تعبيراً عن هذه الحياة.

وتتضمن حرمة الأحاديث الشخصية والمكالمـات التليفونيـة حمايتها ضد جميع وسائل التصنت والإستماع والنشر. فلا يجـوز مطلقاً تسجيل الأحاديث الشخصية والمكالمات التليفونية أو مراقبتها بأية وسيلة.

وتتعرض هذه الحرمة لخطر الانتهاك من سلطات الدولة التـي تملـك مـن الإمكانات ومصادر القـوة مـا يمكنهـا مـن مراقبـة هـذه الأحاديـث والمكالمـات وتسجيلها. وكثيراً مـا تسـتخدم وسـائل الاعتـداء عـلى هـذه الحرمـة كوسـيلة للضغط أو الابتزاز السياسي في بعض المجتمعـات لتتغـير اتجاهـات مؤسسـاتها الحاكمة سواء على المستوى التشريعي أو التنفيذي أو القضائي.

عـلى أن الخطـر لا يقـتصر مصـدره عـلى سـلطة الدولـة أو قـوى الضغط السـياسي بـل يمتـد إلى سـلطات الضغط القضائي والتحقيـق الجنـائي لكشـف الحقيقة. وقد يعمد بعض الأفراد إلى استخدام هذه الوسائل لإثبات حقوقهم.

والواقع من الأمر أن مناط الأحاديث الشخصية التـي يمـارس بهـا الإنسـان حقه في الحياة الخاصة لا يمكن أن يتقيد بالمكان الخاص وحده. فمـن المتصـور في مكان عام أن يتحدث الإنسان مـع غـيره حديثاً شخصياً غـير مسـموع مـن الحاضرين. ولعل السبب الذي حدا بالمشرع الفرنسي (والمصري) إلى الاعتماد عـلى معيـار المكـان الخـاص هـو رغبتـه في توحيـد معيـار حمايـة الأحاديـث الشخصية والصورة، إذ اشترط للاعتداء على حرمة الاثنين أن يكون لكل مـنهما في مكان خاص. على أن المساواة بـين الأحاديـث الشخصية والصورة لا يبـدو منطقياً. فمكان وجود الشخص لـه أهميـة كبـيرة لتقـديم مـدى حمايتـه ضـد المصورين، وذلك باعتبار أن التواجد في مكان عام حيث يتيح مقابلـة النـاس بغير تمييز ينطوي عـلى قبـول ضـمني بعلانيـة أفعالـه في هذا المكان العـام،

وبالتالي فإن قبول تصويره في هذا المكان هي قرينة قابلة لإثبات العكس. أما الأحاديث الشخصية فإن طبيعتها على العكس من ذلك لا تتوقف على مكان صدورها. فالحديث الشخصي يمكن أن يجري بسهولة في مكان عام بين اثنين أو جماعة من الأشخاص. ويتحدد ذلك في ضوء درجة علو صوت المتحدث والمحيط الذي يتحدث داخله ونوع الحديث وكل حالة يجب بحثها على حدة. نعم إن المكان الذي يجري فيه الحديث سوف يساعد القاضي في تحديد طبيعة هذا الحديث. ولكن هذه الخصائص ليست كافية وحدها لهذا التحديد. والمسألة موضوعية متروكة لتقدير قاضي الموضوع في ضوء ظروف كل حالة. ويجب أن يراعى في ذلك التقاليد الجارية في كل بلد على حدة. والعبرة هي بطبيعة الأحاديث لا بمكان صدورها.

ومع ذلك فلا مناص عند تطبيق حكم القانون المصري أن نعتمد على المعيار الذي اعتنقه وهو المكان الخاص الذي تدور فيه المحادثات. هذا مع ملاحظة أن المكالمات التليفونية بحسب طبيعتها هي محادثات شخصية، لأن وعاء هذه المكالمات وهو الأسلاك التليفونية يتسم بحسب طبيعته بالخصوصية.

ضمانات مراقبة المحادثات السلكية واللاسلكية:

وتعتبر مراقبة المكالمات التليفونية والمحادثات اللاسلكية اعتداء على حرمة الحياة الخاصة لضبط ما يفيد في كشف الحقيقة. وهي تعتبر قيداً خطيراً على الحرية مما يتعين معه أن يخضع للضمانات. ومع ذلك فقد ذهب البعض إلى أنه إذا كانت المراقبة التليفونية عملاً مقيتاً مردوداً، فإن الجريمة تفوقها مقتاً وخاصة أنها أصبحت ترتكب في نطاق واسع وبصورة منتظمة. وهذا الرأي غير دقيق، لأن الطريق إلى إقرار سلطة الدولة في العقاب يجب أن ينطوي على احترام الحرية الفردية للمتهم والتي تفترض فيه البراءة. ولهذا أحاط المشرع إجراء المراقبة التليفونية واللاسلكية بضمانات معينة، فلم يجز للنيابة العامة عندما تباشر التحقيق سلطة الوضع تحت المراقبة أو إنتداب

مأمور الضبط القضائي لمباشرتها. وأوجب دائماً الحصول على أمر مسبب من القاضي الجزئي بعد إطلاعه على الأوراق (المادة 3/206 إجراءات). أما إذا كان قاضي التحقيق هو الذي باشر التحقيق فإنه يختص بالأمر بالوضع تحت المراقبة التليفونية (المادة 95 إجراءات). ويتقيد كل من قاضي التحقيق والنيابة العامة بعدم اتخاذ هذا الإجراء إلا إذا كانت هناك فائدة في ظهور الحقيقة في جناية أو جنحة معاقب عليها بالحبس لمدة لا تزيد على ثلاثة أشهر، وأن تكون المراقبة بناء على أمر مسبب ولمدة لا تزيد على ثلاثين يوماً قابلة للتجديد لمدة أو لمدد أخرى مماثلة. ويختص القاضي الجزئي بتجديد الأمر عند اتخاذ المراقبة بواسطة النيابة العامة.

ويلاحظ أن مأمور الضبط القضائي لا يملك من تلقاء نفسه الوضع تحت المراقبة أسوة بما هو مقرر بالنسبة إلى التفتيش نظراً إلى ذاتية ما تتمتع به المراقبة من إجراءات خاصة. ومن ناحية أخرى، فإن سلطة القاضي الجزئي في مراقبة المكالمات التليفونية محدودة بمجرد إصداره الإذن أو رفضه دون أن يخلع عليه القانون ولاية القيام بالإجراء موضوع الإذن نفسه، وبالتالي فلا يجوز له أن يندب أحد أعضاء الضبط القضائي لتنفيذ الإجراء المذكور[1]. أما إذا صدر الإذن للنيابة العامة كسلطة تحقيق كان لها أن تندب مأمور الضبط القضائي لتنفيذه. وقد قضت محكمة النقض بأنه إذا أمر وكيل النيابة بتنفيذ الإذن الصادر من القاضي الجزئي، فإنه لا يعيبه عدم تعيينه اسم المأمور المندوب لإجراء المراقبة ولا يقدح في صحة الإجراء أن ينفذه أي واحد من هؤلاء المأمورين مادام الأمر لم يعين مأموراً بعينه.

ضمانات تسجيل الأحاديث الشخصية:

للفرد الحق في سرية حديثه مع غيره وهو حق يرتبط بكيانه الشخصي ويقتضي ألا يتسلل أحد إلى حياته الخاصة. وضبط الأحاديث الشخصية عن

---

(1) نقض 12 فبراير سنة 1965 مجموعة الأحكام س16 رقم 37 ص135.

طريق تسجيلها يعتبر اعتداء على حرمة الحياة الخاصة طالما أنه يتم لضبط بعض الأسرار من مجال الحياة الخاصة لمن أدلى بها. ولذا فإنه يجب أن يخضع لضمانات الحرية الشخصية. ولا يقدح في ذلك أن المتحدث قد عبر عن هذه الأسرار لغيره، لأنه لم يتكلم بها إلا لصفة شخصية واثقاً من عدم تصنت الغير، ولو أدرك أن هذا الغير يسمع ما يدلي به لما تكلم فتسجيل الأسرار دون علم قائلها هو إستراق لها من شخص صاحبها. وتطبيقاً لذلك قضى في مصر بإبطال إستعمال جهاز التسجيل دون إذن من سلطة التحقيق، وذلك باعتبار أنه أمر يجافي قواعد الخلق القويم وتأباه مبادئ الحرية التي كفلتها كافة الدساتير. ووفقاً لهذا الاتجاه سار القضاء في مصر وسويسرا. وتسري الحماية القانونية لهذه الأحاديث طالما أجريت في مكان خاص، حتى ولو كان الاعتداء عليها من مكان عام. كمن يسلط جهاز تسجيل بالغ الدقة في مكان عام لتسجيل ما يجري في شقة معينة.

وقد كفل القانون المصري حرمة المحادثات الشخصية ضد تسجيلها. فأحاط هذا التسجيل بضمانات معينة تبدو في ما يلي:

(أ) قاضي التحقيق: يجوز لقاضي التحقيق أن يأمر بإجراء تسجيلات لأحاديث جرت في مكان خاص مع مراعاة الضمانات الآتية:

(1) أن تكون لذلك فائدة في ظهور الحقيقة في جناية أو جنحة يعاقب عليها بالحبس لمدة تزيد على ثلاثة أشهر.

(2) أن يكون التسجيل بناء على أمر مسبب.

(3) أن يكون الأمر لمدة لا تزيد على ثلاثين يوماً قابلة للتجديد لمدة أخرى مماثلة (المادة 95 إجراءات).

(ب) النيابة العامة: يجوز للنيابة العامة أن تأمر بإجراء تسجيلات لمحادثات جرت في مكان خاص مع مراعاة الضمانات السابقة، مضافاً إليها فيما يلي:

(1) الحصول مقدماً على أمر مسبب بذلك من القاضي الجزئي بعد إطلاعه على الأوراق. ويختص هذا القاضي بتجديد الأمر مدة أو مدداً أخرى مماثلة. ويكون الأمر أو تجديده بناء على طلب النيابة العامة.

(2) للنيابة العامة أن تطلع على التسجيلات المضبوطة، على أن يتم هذا كلما أمكن ذلك بحضور المتهم وتدون ملاحظاته عليها. (المادة 206 إجراءات).

وليس لمأمور الضبط القضائي أي إختصاص تلقائي في هذا الشأن. على أنه يجوز لقاضي التحقيق أو النيابة العامة انتدابه لمباشرة هذا الإجراء بشرط مراعاة الضمانات التي يتقيد بها كل منهما سلفاً.

الرضا بتسجيل الأحاديث الشخصية:

يتوقف عدم شرعية إستماع أو تسجيل الأحاديث الشخصية على عدم رضاء صاحب الشأن بهذا الإستماع أو التسجيل. فهذا الرضاء هو الذي يمحو من الأحاديث الشخصية خصوصيتها فيزيل سريتها ويرفع بالتالي عنها الحماية التي قررها القانون. والرضاء كما يكون صراحة قد يكون ضمناً. ومثال الرضاء الضمني أن يعلم المتحدث أن كلامه يجري تسجيله دون استئذانه ولكنه يمضي في الحديث غير عابئ بذلك، أو أن يتحدث مع زميله في مكان خاص بصوت مسموع في المكان العام المجاور له.

ويلاحظ أن رضاء الشخص في الماضي بالإستماع إلى حديثه الشخصي في وقت معين لا يعني رضاءه النهائي الدائم بالإستماع إلى جميع أحاديثه الشخصية المستقبلة. وحرية الأحاديث الشخصية هي فرع من حرمة الحياة الخاصة التي تعتبر من حقوق الشخصية، وهي حقوق لا يجوز التنازل عنها. والرضاء بالإستماع للأحاديث الشخصية ليس تنازلا عن حرمتها، وإنما هو إزالة لخصوصيتها الأمر الذي يرفع حرمتها بوصفها ملازمة لخصوصيتها.

ولما كانت الأحاديث الشخصية تفترض على الأقل وجود شخصين كل منهما متحدث ومستمع إلى الآخر، فمن الذي يعتد برضائه للإستماع إلى هذه

الأحاديث أو تسجيلها؟ لاشك أن حرمة هذه الأحاديث يملكها جميع أطرافه بغير إستثناء لأنها جزء من حياتهم الخاصة جميعاً. ومن ثم فإن رضاء أحد الأطراف بتسجيل الحديث الذي يجريه مع غيره لا ينصب فقط على حياته الخاصة وحدها وإنما يمس حياة الطرف الآخر وهو لا يملكه. فإذا أراد الشخص أن يخرج حديثه مع غيره من دائرة حياته الخاصة التي تتمتع بالحرمة فيسمح بتسجيل هذا الحديث، فلا يجوز أن يفعل ذلك بغير رضاء سائر أطراف الحديث الذين يدلون به في نطاق حياتهم الخاصة والتي تتمتع بالحرمة. وكذلك أيضاً لا يجوز لأحد أطراف الحديث الشخصي أن يسجله بغير موافقة بقية أطرافه. فإذا وقع هذا الحديث المسجل في يد القضاء وجب طرحه لأنه يعتبر دليلاً غير مشروع.

أحكام محكمة النقض

ضبط الخطابات والرسائل والمطبوعات وإجراء التسجيلات ومراقبة التليفون بأمر قاض التحقيق:

1) لم يشترط القانون شكلا معينا أو عبارات خاصة للأمر الصادر من النيابة العامة بتكليف أي من مأموري الضبط القضائي بتنفيذ الإذن الصادر من القاضي الجزئي بمراقبة المحادثات التليفونية، كما انه لا يلزم أن يعين في هذا الأمر اسم مأمور الضبط القضائي الذي يقوم بتنفيذ الإذن، وكل ما يشترطه هو التنفيذ من مأموري الضبط القضائي المختصين. والتعديل المدخل على المادة (206) من قانون الإجراءات الجنائية وان أوجب أن يكون الأمر الصادر من القاضي الجزئي بمراقبة المحادثات السلكية واللاسلكية مسببا، إلا أن ذلك لا ينسحب على الأمر الصادر من القاضي الجزئي بمراقبة المحادثات السلكية واللاسلكية فلا يلزم تسبيب الأمر الصادر من النيابة العامة بذلك.

(نقض 1985/10/9 مجموعة المكتب الفني س 36 ص 831)

2) لما كان البين من مطالعة المفردات أن الإذن الصادر بوضع جهاز التليفون الخاص بالطاعنة تحت المراقبة قد صدر من أحد القضاة بدرجة رئيس محكمة بناء على ندبه من رئيس المحكمة الابتدائية إعمالا لنص المادة (2/61) من القانون رقم 46 لسنة 1972 في شأن السلطة القضائية التي تجيز لرئيس المحكمة ندب أحد قضاتها عند غياب زميل له أو قيام مانع لديه فانه يكون صحيحا في القانون. ولما كانت الطاعنة لا تجادل في الظروف التي حدت برئيس المحكمة لندب أحد قضاتها لإصدار إذن المراقبة التليفونية فان الإذن يكون قد صدر صحيحا ممن يملكه وما تثيره الطاعنة في غير محله، ومتى كان مأمور الضبط القضائي قد قام

بتنفيذ إذن المراقبة التليفونية بناء على ندبه من النيابة العامة فان الإجراءات تكون قد تمت وفقا لصحيح القانون.

(الطعن رقم 986 لسنة 47 ق جلسة 27 /1978/2 ص29 ص192)

3) من حيث أن البين من الاطلاع على محضر جلسة المحاكمة في 17 مايو سنة 1994 أن المدافع عن الطاعن دفع بطلان الإذن بتسجيل أحاديث الطاعن الخاصة لصدوره من القاضي الجزئي لمأمور الضبط القضائي مباشرة دون ندب النيابة العامة للأخير لتنفيذه، لما كان ذلك، وكانت المادة (95) من قانون الإجراءات الجنائية تجيز لقاضي التحقيق أن يأمر بإجراء تسجيلات لأحاديث جرت في مكان خاص متى كان لذلك فائدة في ظهور الحقيقة في جناية أو جنحة معاقب عليها بالحبس مدة تزيد على ثلاثة اشهر، وكانت المادة 199 من ذات القانون تنص على انه فيما عدا الجرائم التي يختص قاضي التحقيق بتحقيقها وفقا لأحكام المادة (64) - وليس من بينها الحالة التي في الدعوى الراهنة - تباشر النيابة العمة التحقيق في مواد الجنح والجنايات طبقا للأحكام المقررة من قاضي التحقيق مع مراعاة ما هو منصوص عليه في المواد التالية ومنها المادة 206 من القانون المشار إليه التي أجازت للنيابة العامة تسجيل محادثات جرت في مكان خاص بشرط الحصول مقدما على أمر مسبب بذلك من القاضي الجزئي بعد إطلاعه على الأوراق، بيد أن سلطة القاضي الجزئي في هذا الصدد محدودة بمجرد إصداره الإذن أو رفضه دون أن يخلع عليه القانون ولاية القيام بالإجراء موضوع الإذن بنفسه إذ انه من شأن النيابة العامة _ كسلطة تحقيق _ أن شاءت قامت به بنفسها أو ندبت من تختاره من مأموري الضبط القضائي، وليس للقاضي الجزئي أن يندب أحد هؤلاء مباشرة لتنفيذ الإجراء المذكور. لما كان ذلك، وكان الثابت من الإطلاع على المفردات المضمومة أن وكيل النيابة المختص استصدر إذنا من

القاضي الجزئي بتسجيل المحادثات الخاصة بالطاعن بناء ما ارتآه من كفاية محضر التحريات المقدم إليه لتسويغ استصدار الإذن بذلك، إلا أن القاضي الجزئي ندب مباشرة أحد مأموري الضبط القضائي لتنفيذه، ولما كان مأمور الضبط القضائي قد قام بهذا التسجيل الصوتي للطاعن دون أن يندب لذلك من النيابة العامة فانه يقع باطلا لحصوله على خلاف أحكام القانون ومن ثم يبطل الدليل المستمد منه، ومتى تقرر هذا البطلان فإنه يتناول جميع الآثار والإجراءات التي ترتبت عليه بما في ذلك التفتيش الذي انبنى عليه وما أسفر عنه من ضبط مبلغ نقدي، ولا يجوز التعويل على شهادة الضابط - من شهود الإثبات - الذين اجروا التسجيل والتفتيش والضبط الباطلين ولا على شهادة .... خبير الأصوات الذي قام بمضاهاة الأصوات بما ورد بهذا التسجيل إذ ما بني على باطل فهو باطل. لما كان ذلك، وكان الحكم المطعون فيه لم يعرض إيرادا وردا لدفع الطاعن ببطلان هذا التسجيل - للسبب سالف البيان - كما عول الحكم ضمن ما عول عليه على أدلة الثبوت المستمدة من هذا التسجيل والسالف الإشارة إليها رغم بطلانه فان الحكم يكون مشوبا بالبطلان ومخالفة القانون والقصور في التسبيب. ولا يغني في ذلك ما ذكره الحكم المطعون فيه من أدلة أخرى عول عليها في قضائه بالإدانة لأن الأدلة في المواد الجنائية متساندة يكمل بعضها بعضا بحيث إذا سقط أحدها أو استبعد تعذر التعرف على مبلغ الأثر الذي كان للدليل الباطل في الرأي الذي انتهت إليه المحكمة أو الوقوف على ما كانت تنتهي إليه من نتيجة لو أنها تفطنت إلى بطلان هذا الدليل. لما كان ما تقدم، فانه يتعين نقض الحكم المطعون فيه والإعادة.

(الطعن رقم 19833 لسنة 64 ق جلسة 2003/6/7)

4) لما كان البين من مطالعة المفردات أن الإذن الصادر بوضع جهاز التليفون الخاص بالطاعنة تحت المراقبة قد صدر من أحد القضاة بدرجة

رئيس محكمة بناء على ندبه من رئيس المحكمة الابتدائية إعمالا لنص المادة (2/61) من القانون رقم 46 لسنة 1972 في شأن السلطة القضائية التي تجيز لرئيس المحكمة ندب أحد قضاتها عند غياب زميل له أو قيام مانع لديه فانه يكون صحيحا في القانون.

(1978/2/27 أحكام النقض س 29 ق 34 ص193)

5) لما كان الحكم المطعون فيه قد عرض لواقعة الدعوى، بما مفاداه أن المطعون ضدهما وجها عبارات عن طريق التليفون وأضاف الحكم أنه "قد تم تسجيل تلك العبارات بمعرفة المدعيين بالحقوق المدنية على شريط ثبت من تفريغه أنه تضمن أن عبارات السب مطابقة لأصوات المتهمين "، ثم عرض الحكم للدليل المستمد من التسجيلات واطرحه في قوله "..... لما كان الثابت من الأوراق أن تسجيل المكالمات التليفونية التي استند إليها المدعيان بالحقوق المدنية كدليل في الأوراق قد تم دون الحصول على الإذن المسبب من القاضي الجزئي المختص وفقا لصحيح القانون، ومن ثم فلا يجوز الاستناد إليه كدليل، ويكون دفع المتهمين في هذا الصدد قد جاء متفقا وصحيح القانون ". ولما كان ذلك، وكان نص المادة 95 مكررا من قانون الإجراءات الجنائية قد جرى على انه " لرئيس المحكمة الابتدائية المختصة في حالة قيام دلائل قوية على إن مرتكب إحدى الجرائم المنصوص عليها في المادتين (166 مكرراً، 308 مكرراً) من قانون العقوبات قد استعان في ارتكابها بجهاز تليفوني معين أمر بناء على تقدير مدير عام مصلحة التلغرافات والتليفونات وشكوى المجني عليه في الجريمة المذكورة بوضع جهاز التليفون المذكور تحت الرقابة للمدة التي يحددها "، ومفاد ذلك بصريح النص وواضح دلالته، أن المشرع تطلب مباشرة الإجراءات المبينة بالمادة المار ذكرها، كي يوضع تحت المراقبة، التليفون الذي استعان به الجاني في توجيه ألفاظ السب والقذف إلى المجني عليه،

بحسبان أن تلك الإجراءات فرضت ضمانة لحماية الحياة الخاصة والأحاديث الشخصية للمتهم، ومن ثم فلا تسري تلك الإجراءات على تسجيل ألفاظ السب والقذف من تليفون المجني عليه الذي يكون له بإرادته وحدها ودون حاجة إلى الحصول على إذن من رئيس المحكمة الابتدائية تسجيلها، بغير أن يعد ذلك اعتداء على الحياة الخاصة لأحد، ومن ثم فلا جناح على المدعيين بالحقوق المدنية إذ وضعا على خط التليفون الخاص بهما جهاز تسجيل لضبط ألفاظ السباب الموجهة إليهما توصلا إلى التعرف على الشخص الذي اعتاد على توجيه ألفاظ السباب والقذف إليهما عن طريق الهاتف. لما كان ذلك، وكان الحكم المطعون فيه قد انتهى إلى بطلان الدليل المستمد من الشريط المسجل بمعرفة المدعيين بالحقوق المدنية من جهاز التليفون الخاص بهما فانه يكون قد أخطأ في تطبيق القانون بما يعيبه ويوجب نقضه والإعادة بالنسبة للدعوى المدنية وإلزام المطعون ضدهما المصاريف المدنية.

(الطعن رقم 22340 لسنة 62 ق جلسة 2000/5/18)

6) التعديل المدخل في المادة 206 من قانون الإجراءات الجنائية وان أوجب أن يكون الأمر الصادر من القاضي الجزئي بمراقبة المحادثات السلكية واللاسلكية مسبب، إلا أن ذلك لا ينسحب إلى الأمر الصادر من النيابة العامة بتكليف أحد مأموري الضبط القضائي بتنفيذ الأمر الصادر من القاضي الجزئي بمراقبة المحادثات السلكية واللاسلكية فلا يلزم تسبب الأمر الصادر من النيابة العامة بذلك.

(نقض 1974/2/11 مجموعة القواعد القانونية س 25 ص 138)

7) إذا كان الحكم قد أبان أن القاضي قد أصدر الإذن بمراقبة تليفون الطاعنة بعد أن اثبت إطلاعه على التحريات التي أوردها الضابط في محضره وأفصح عن اطمئنانه إلى كفايتها فإنه بذلك يكون قد اتخذ من

تلك التحريات أسبابا لإذنه بالمراقبة وفي هذا ما يكفي لاعتبار إذنه مسببا حسبما تطلبه المشرع بما نص عليه في المادة 206 من قانون الإجراءات الجنائية المعدل بالقانون رقم 37 لسنة 1972.

(نقض 1973/11/25 مجموعة القواعد القانونية 24 ص 1053)

8) استصدار النيابة العامة الأمر بتسجيل المحادثات من القاضي الجزئي بعد اتصالها بالتحريات وتقدير كفايتها لتسويغ الإجراء عمل من أعمال التحقيق سواء قامت بتنفيذ الإذن أو ندبت مأمور الضبط لذلك. ولم يشترط القانون شكلا معينا للأمر الصادر من النيابة لمأمور الضبط القضائي بتنفيذ الأمر الصادر من القاضي الجزئي بإجراء التسجيلات.

(نقض جلسة 1985/10/9 س 36 ق 148 ص 831)

9) جري قضاء محكمة النقض على أن مدلول كلمتي الخطابات والرسائل التي أشير إليها وإباحة ضبطها في أي مكان خارج منازل المتهمين طبقا للإحالة على الفقرة الثانية من المادة 91 يتسع في ذاته ليشمل كافة الخطابات والرسائل والطرود والرسائل التلغرافية، كما يندرج تحته المكالمات التليفونية لكونها لا تعدو أن تكون من قبيل الرسائل الشفوية.

(نقض جلسة 1967/2/14 س 18 ق 42 ص 219)

10) تقدير جديه التحريات وكفايتها لإصدار الإذن بمراقبة المحادثات التليفونية هو من المسائل الموضوعية التي يوكل الأمر فيها إلى سلطة التحقيق لا إلى القاضي الجزئي المنوط به إصدار الإذن تحت إشراف محكمة الموضوع.

(نقض جلسة 1967/2/14 س 18 ق 42 ص 219)

11) لا جدوى للتحدي لما تقضي به المادتان 44 و45 من دستور جمهورية مصر العربية المعمول به ابتداء من 11 سبتمبر 1971 من عدم جواز تفتيش المساكن ومراقبة المحادثات التليفونية وغيرها من رسائل الاتصال إلا بأمر

قاضي مسبب وفقا لأحكام القانون، إذ أنه فضلا عن أن القانون رقم 37 لسنة 1972 المنظم لإجراءات التفتيش والرقابة لم يبدأ العمل به إلا في 28 سبتمبر 1971 أي بعد تاريخ واقعة الدعوى فإن التعديل المدخل بمقتضى هذا القانون على المادة 206 من قانون الإجراءات الجنائية وان أوجب أن يكون الأمر الصادر من القاضي الجزئي بمراقبة المحادثات السلكية واللاسلكية مبينا، إلا أن ذلك لا ينسحب إلى الأمر الصادر من النيابة العامة بتكليف أحد مأموري الضبط القضائي بتنفيذ الأمر الصادر من القاضي الجزئي بمراقبة المحادثات السلكية واللاسلكية فلا يلزم تسبيب الأمر الصادر من النيابة العامة لذلك ومن ثم يكون منعي الطاعنة في هذا الخصوص غير مقبول.

(الطعن رقم 68 لسنة 4 ق جلسة 1974/2/11 س 25 ص 138)

12) لما كان الحكم المطعون فيه قد عرض لدفع المبدي من الطاعن لبطلان إجراءات المراقبة والتسجيل لعدم صدور إذن بها من القاضي الجزئي وبطلان تقارير تفريغ هذه التسجيلات واطرحه في قوله "...وكان من المقرر عملا بالفقرة الرابعة من المادة 206 من قانون الإجراءات الجنائية أن مراقبة المحادثات السلكية واللاسلكية يشترط لاتخاذ إجراءاتها الحصول مقدما على أمر مسبب من القاضي الجزئي- وكان الثابت من مدونات الدعوى أن النيابة العامة أصدرت أمرها في هذا الشأن بعد استصدار إذن قاضي محكمة العجوزة الواقع في دائرتها التليفون رقم ..... والخاص بالمتهم الأول .... في يوم 1987/1/18 ولمدة شهر جري مدة لشهر أخر بمقتضى إذن مماثل صادر من ذات القاضي في يوم 1987/2/14، وإذ كان ذلك، وكانت المحكمة لم تعول في قضائها على ما سلف بيانه في أسباب الحكم إلا ما جري تسجيله وفقا للأذنين سالفي الذكر دون سائر التسجيلات المقال باكتناف إجراءاتها عوار

ثارت معه شبهه بطلانها، فإن الدفع ببطلان التسجيلات على إطلاقها لا يكون مصادفا صحيح الواقع والقانون على ما سلف بيانه لعدم تعويل الحكم على ما غير ما صحت إجراءاته قانونا من هذه التسجيلات. ولما كان ذلك، وكان الحكم قد عول في الإدانة على ما جري تسجيله من محادثات وفقا للأذنين المؤرخين 1987/1/18، 1987/2/14 وأفصح عن اطمئنانه لهما وإلى كفايتها وأنها صدرت طبقا لأحكام القانون ولم تعول في الأدلة على التسجيلات التي تمت بناء على الإذن ببطلانه، فإن ما يثيره الطاعن في هذا الشأن لا يكون مقبولاً.

(الطعن رقم 33769 لسنة 68 ق جلسة 2003/4/2)

13) من حيث أن البين في الإطلاع على محضر جلسة المحاكمة في 17 مايو سنة 1994 أن المدافع عن الطاعن دفع ببطلان الإذن بتسجيل أحاديث الطاعن الخاصة لصدوره من القاضي الجزئي لمأمور الضبط القضائي مباشرة دون ندب النيابة العامة للأخير لتنفيذ ه. لما كان ذلك، وكانت المادة 95 من قانون الإجراءات الجنائية تجيز لقاضي التحقيق أن يأمر بإجراء تسجيلات لأحاديث جرت في مكان خاص متى كان لذلك فائدة في ظهور الحقيقة في جناية أو جنحة معاقب عليها بالحبس مدة تزيد على ثلاثة اشهر، وكانت المادة 199 من ذات القانون تنص على أنه فيما عدا الجرائم التي يختص قاضي التحقيق بتحقيقها وفقا لأحكام المادة 64 - وليس من بينها الحالة التي في الدعوى الراهنة - تباشر النيابة العامة التحقيق في مواد الجنح والجنايات طبقا للأحكام المقررة من قاضي التحقيق مع مراعاة ما هو منصوص علية في المواد التالية ومنها المادة 206 من القانون المشار إليه التي أجازت للنيابة العامة تسجيل محادثات جرت في مكان خاص بشرط الحصول مقدما على أمر مسبب بذلك من القاضي الجزئي بعد إطلاعه على الأوراق، بيد أن سلطة القاضي الجزئي

في هذا الصدد محدودة بمجرد إصداره الإذن أو رفضه دون أن يخلع عليه القانون ولاية القيام بالإجراء موضوع الإذن بنفسه إذ أنه من شأن النيابة العامة - كسلطة تحقيق - إن شاءت قامت به بنفسها أو ندبت من تختاره من مأموري الضبط القضائي، وليس للقاضي الجزئي أن يندب أحد هؤلاء مباشرة لتنفيذ الإجراء المذكور. لما كان ذلك، وكان الثابت من الإطلاع على المفردات المضمونة أن وكيل النيابة المختص استصدر إذنا من القاضي الجزئي بتسجيل المحادثات الخاصة بالطاعن بناء ما إرتآه من كفاية محضر التحريات المقدم إليه لتسويغ استصدار الإذن بذلك، إلا أن القاضي الجزئي ندب مباشرة أحد مأموري الضبط القضائي لتنفيذه، ولما كان مأموري الضبط القضائي قد قام بهذا التسجيل الصوتي للطاعن دون أن يندب لذلك من النيابة العامة فإنه يقع باطلا لحصوله على خلاف أحكام القانون ومن ثم يبطل الدليل المستمد منه، ومتى تقرر هذا البطلان فإنه يتناول جميع الآثار والإجراءات التي ترتبت عليه بما في ذلك التفتيش الذي إنبنى عليه وما أسفر عنه من ضبط مبلغ نقدي ولا يجوز التعويل على شهادة الضابط- من شهود الإثبات - الذين اجروا التسجيل والتفتيش والضبط الباطلين ولا على شهادة خبير الأصوات الذي قام بمضاهاة الأصوات بما ورد بهذا التسجيل إذ ما بني على باطل فهو باطل. لما كان ذلك، وكان الحكم المطعون فيه لم يعرض إيرادا وردا لدفع الطاعن ببطلان هذا التسجيل - للسبب سالف البيان - كما عول الحكم ضمن ما عول عليه على أدلة الثبوت المستمدة من هذا التسجيل والسالف الإشارة إليها رغم بطلانه فإن الحكم يكون مشوبا بالبطلان ومخالفة القانون والقصور في التسبب. ولا يغني في ذلك ما ذكره الحكم المطعون فيه من أدلة أخرى عول عليها في قضائه بالإدانة لأن الأدلة في المواد الجنائية متساندة يكمل بعضها بعضا بحيث إذا سقط بعضها أو

استعد تعذر التعرف على مبلغ الأثر الـذي كـان للـدليل الباطل في الـرأي الذي انتهت إليه المحكمة أو الوقوف على ما كانت تنتهي إليه من نتيجـة لو أنها تفطنت إلى بطلان هذا الدليل، لما كان ما تقدم، فإنه يتعين نقـض الحكم المطعون فيه والإعادة.

(الطعن رقم 19833 لسنة 64 ق جلسة 2003/6/7)

أهم المراجع

1) الدكتور/ أحمد فتحي سرور – الوسيط في قانون الإجراءات الجنائية – طبعة سنة 1980.

2) الدكتورة/ آمال عثمان – الخبرة في المسائل الجنائية، رسالة دكتوراه، طبعة سنة 1964.

3) الدكتور/ محمود محمود مصطفى – شرح قانون الإجراءات الجنائية – طبعة سنة 1976.

4) الدكتور/ محمود نجيب حسني – شرح قانون الإجراءات الجنائية – طبعة سنة 1988.

5) الدكتور/ عمر السعيد رمضان – مبادئ قانون الإجراءات الجنائية – طبعة سنة 1985.

6) الدكتور/ سامي صادق الملا – اعتراف المتهم – طبعة سنة 1967.

7) الدكتور/ عمر الفاروق الحسيني – تعذيب المتهم لحمله على الاعتراف – طبعة سنة 1986.

محتويات الكتاب

تم بحمد الـلـه وتوفيقه